Le Colombien

Laurent Fiocconi
avec la collaboration de
Jérôme Pierrat

Le Colombien

Toucan NOIR

la manufacture de livres

ISBN 978-2810003259

à Nine,
ma femme qui a toujours été à mes côtés, merci

à mes enfants,
votre amour est ce que j'ai de plus précieux

Mai 1990, prison de Bangu, Brésil.

Ça faisait maintenant deux ans que j'étais incarcéré. J'attendais mon extradition vers les États-Unis lorsqu'un matin, alors que je fumais une cigarette dans le couloir :

— Fiocconi, t'as une visite.

Le maton ne voulant rien dire de plus, je l'ai suivi en gambergeant : ce devait être mon avocat ou un membre du consulat.

Nous avons traversé le bâtiment en croisant quelques amis – « Eh, Charlot ! Que se passe-t-il ? » – jusqu'à une petite porte à droite de l'entrée de la prison. C'était le bureau du directeur. Il était avec deux mecs.

— Ces messieurs voulaient vous voir.

J'ai interrogé du regard les visiteurs.

— Nous sommes de la police française. Office des stups.

Merde, qu'est-ce que c'était encore…

— Oh, j'ai rien à voir avec vous. Ça fait vingt ans que je suis parti.

Et le plus vieux des deux :

— Si, si assieds-toi. Tu pensais que j'allais venir à Rio sans te rendre visite ?

— Pourquoi ?

— Putain, Charlot, tu ne me reconnais pas ?

— Non…

— Je suis l'inspecteur qui t'a arrêté quand tu t'es évadé de Savigny !

Alors là… J'avais 14 ans, c'était en 1955.

Le mec était maintenant proche de la retraite. Il était en mission au Brésil et, comme il savait que j'étais là…

— Quand j'ai ouvert ton dossier, il comprenait deux petits feuillets.

Et une fois passé aux stups il l'avait vu grossir, grossir…

Depuis Paris, il avait suivi ma carrière et, effectivement, en trente-cinq ans, j'avais fait du chemin.

De Montmartre à Pietralba

Mes parents se sont connus en Corse. Mon père était du village de Pietralba, ma mère de Popolasca, près de Ponte Leccia. Ils sont sortis quelque temps ensemble, et je suis né à Perpignan le 31 mars 1941. Laurent Giudicelli, mon père, était installé sur le continent depuis les années 1930. Il était parti avec ses frères à la mort de son père, un maquignon réputé dans la région. Doué pour le commerce, mon grand-père avait construit sa maison, acheté des terres, bref, il était prospère et la famille s'en sortait bien, mais il est mort du diabète. Ses trois fils ont alors quitté Pietralba. À l'époque, les Corses n'avaient pas beaucoup de solutions devant eux. Sur l'île, il n'y avait rien. Pour faire des études, il fallait aller sur le continent. Ceux qui n'avaient pas les moyens avaient le choix entre devenir militaire dans les colonies, gardien de prison, gendarme ou… voyou. Mon oncle Jean-Félix, qui était menuisier au village, gagnait à peine de quoi vivre. Avec mon père, ils ont décidé de faire carrière dans la voyoucratie, ce qui n'était pas trop mal vu à cette époque… La famille a suivi. Tous les hommes Giudicelli étaient dans le milieu. Mon père, et ses deux frères, Charles dit « Charlot » et Dominique dit « Mimi », mais aussi leurs cousins germains, les fils des deux frères de mon grand-père. D'un côté Jean-Thomas, surnommé le « Caputu [1] », qui tiendra une partie de la Côte d'Azur dans les années 1950-1960. Et les fils du troisième. Mais, sur ces quatre-là, seuls Jean-Félix et Jean-Noël étaient voyous. Jo s'était quant à lui trouvé une millionnaire à Juan-les-Pins, et le dernier était bookmaker à Toulon…

Sur le continent, les voyous corses étaient nombreux, installés dans toutes les villes qui comptaient pour le milieu. Sur la côte, à Marseille, à Nice, à Toulon, mais aussi à Paris, à Lyon, etc. Mon père et mes oncles étaient proxo, comme beaucoup, mais ils montaient aussi sur les casses et les braquages, et surtout, après le début de la guerre, ils trafiquaient les tickets de rationnement. Mon père, son frère Charlot et leur cousin le Caputu avaient touché des lingots d'or sur une affaire. Avec, ils avaient acheté Le Printemps, une brasserie-hôtel, en face de la gare Saint-Charles, à Marseille. Mais je n'ai jamais vu la couleur de cet héritage, le Caputu l'avait gardé. Je ne l'ai su que bien plus tard, par la famille…

---

1. U Caputu, la « grosse tête » en Corse.

Je ne suis pas né Giudicelli mais Fiocconi, le nom de ma mère. À ma naissance, elle s'est fait la malle et m'a placé en nourrice. Elle ne voulait pas dire à mon père où j'étais, mais il a finalement retrouvé ma trace au bout de dix-huit mois. La nourrice aussi ne voulait pas me lâcher, elle s'était prise d'affection pour moi. Mon père m'a finalement récupéré et emmené à Lyon, où il avait un bar, et m'a confié à ma grand-mère. Il l'avait fait venir sur le continent, ainsi que ses deux sœurs, mes tantes, qu'il avait envoyées à l'école pour passer le CAP de coiffeuse pour Jeannine et d'esthéticienne pour Lucie.

Mon père, je ne l'ai pas vu beaucoup, il a été déporté en 1943. Avec son frère Charlot, qui était mon parrain, il avait rejoint la Résistance. Le jour de son arrestation, il allait ravitailler des maquisards dans la région de Lyon, comme il le faisait régulièrement. Mais la voiture avait déjà servi, elle était repérée. Les Allemands l'ont embarqué. Et mon père est parti pour l'Allemagne. Mais il n'est pas mort dans un camp. C'est Martin P., frère d'une figure de Marseille, que j'ai bien connu après, qui nous a raconté la fin de l'histoire. Il avait été déporté avec lui. À la fin de la guerre, les Allemands les ont évacués de leur camp de concentration. Sur la route, mon père a vu une ouverture et a proposé à Martin de cavaler. Mais il n'a pas voulu y aller. Heureusement pour lui. Mon père a quitté la route et s'est mis à courir en direction d'un village en contrebas. Une demi-heure après, il y a eu un violent bombardement américain. On n'a jamais plus eu de nouvelles. Martin pense qu'il est mort là, sous les bombes.

Mon oncle Charlot était mort, lui, en 1942, mitraillé sur les barbelés du camp de Compiègne lors d'une tentative d'évasion. Mon père et mon oncle Jean-Félix avaient pourtant soudoyé les gardiens avec des pièces d'or provenant d'une belle affaire…

Mon père et mon parrain décédés, ma mère disparue, je suis resté avec ma grand-mère à Lyon quelque temps, puis nous sommes partis à Paris, où mon père louait un appartement villa Dancour, en bas de la butte Montmartre. J'allais à l'école du Sacré-Cœur, à côté du funiculaire. Ensuite, on a déménagé rue des Trois-Frères, où mon oncle Mimi possédait un petit appartement. C'est lui qui s'occupait financièrement de nous, il adorait sa mère. Et sa femme, Colette, était comme ma mère adoptive. Une femme admirable, très intelligente, qui m'entourait comme ma grand-mère de beaucoup d'affection.

De la rue des Trois-Frères je descendais à Pigalle, royaume de mes oncles. Le haut 9e, en bordure du boulevard Montmartre et de la Butte, c'était le quartier traditionnel du milieu corse, très soudé. À partir de 6 ans, je faisais la tournée des bars de la communauté. Il y avait tous les grands de l'époque : Pierre Cuc, qui sera tué dans un bar de la rue Godot-de-Moroy, Antoine Peretti, qui possédait Le Grand Cercle… tous des amis de mon père. Quand j'arrivais dans un café de la rue Frochot, on m'asseyait sur le tabouret.

— Ah, c'est le fils au pauvre Laurent…

Les types passaient.

— Oh ! Charlot, ça va ?

Et, tout en m'ébouriffant les cheveux affectueusement, ils me glissaient des billets dans la poche. On ne m'appelait pas Laurent, mais Charlot, comme mon parrain.

Et ainsi de suite dans tous les bars :

— Comment vas-tu, mon chéri ?

— Assois-toi là, mon coco.

J'allais au Gavroche, chez Jo Attia [1], rue Joseph-de-Maistre, et rue Fromentin aussi. Là, il y avait un monte-charge pour les cuisines et, dès que j'arrivais, mon gâteau se pointait. Mais le bar que je fréquentais le plus, c'était Le Lizeux. Il faisait hôtel et mon oncle Mimi y avait une chambre. Je mangeais avec les fils du patron des spécialités que nous servait Napoléon. J'ai également connu Le Lido, Le Rancho, Le Bar des Italiens en bas de la rue Fontaine, Le Laetitia rue Notre–Dame-de-Lorette, qui appartenait à Pierre Cuc. Dans ces bars, il n'y avait pratiquement que des Corses, ou tout au moins des voyous. Celui qui y entrait le sentait vite. Et s'il s'y aventurait quand même, on lui répondait : « On ne sert pas ! » Au Laetitia, les vieux jouaient aux cartes dans la salle du fond, il fallait montrer patte blanche pour y accéder. J'y retrouvais Antoine Fajanelli, qui avait fait équipe avant la guerre avec mon père. Il possédait toutes les boîtes de Pigalle et vivait dans un château. Il avait gardé un portefeuille de mon paternel, qu'il m'a donné plus tard.

---

1. Figure du milieu de l'après-guerre, associé entre autres de Pierrot le Fou au sein du gang des Tractions avant.

Je l'ai perdu dans mes pérégrinations… Antoine Fajanelli m'a regardé grandir avec bienveillance.

Avant d'entamer ma tournée des bars du 9e, je regardais dans quel café était mon oncle et j'attaquais dans le sens contraire. Parce que lui aussi faisait le tour, et, lorsque j'étais là, il interdisait à ses amis de me donner des sous. J'allais donc le voir au dernier bar en sachant que je n'aurais rien. Je buvais une grenadine et, ma cagnotte en poche, j'emmenais ma grand-mère au cinéma.

À partir de 6 ans, je partais en vacances en Corse, au village, avec ma grand-mère. J'adorais y aller. On débarquait à Bastia et, de là, on prenait le car pour Pietralba : deux heures et demie de trajet par la petite route. L'odeur des herbes du maquis planait partout. Une fois passé Ponte Leccia, je guettais Pietralba, accroché à la montagne. Le village n'était pas aussi étendu qu'aujourd'hui, où les maisons descendent jusqu'à la route. Je retrouvais la famille, les copains, j'étais le Parigot… Lorsque j'ai eu 8 ans, on s'y est installés avec ma grand-mère, dans la maison familiale que j'habite aujourd'hui, à l'entrée du vieux village. Je passais toutes mes soirées sur un tabouret au coin du feu qui brûlait dans la cheminée. J'écoutais les vieux raconter les histoires de maquis, de bandits corses, tout le monde les connaissait. Le seul livre que j'ai lu à l'époque, c'est *Colomba,* de Prosper Mérimée. Je l'ai dévoré dans le grenier, et l'histoire m'a vraiment marqué. Celle d'un Corse qui rentre du continent et dont le père a été tué. Sa sœur l'attend pour le venger... mais lui hésite, c'est le Corse qui a vu autre chose...

J'ai passé cinq années merveilleuses au village. On vivait en communauté. Il n'y avait pas de voitures, peu de moyens de locomotion. Nos taxis, c'étaient les bourricots, il y en avait partout en liberté dans les paillades. Chaque famille en avait un, voire deux. Aujourd'hui, il y en a deux ou trois pour tout le village. On les prenait pour aller à la rivière, on descendait et on les lâchait là-bas, puis on en prenait d'autres pour remonter. L'Île-Rousse, qui est à 20 kilomètres, je n'y suis jamais allé jeune. Le plus loin qu'on allait, à part Bastia, où l'on prenait le bateau, c'était Ostriconi, au bord de la mer. On descendait y faire les vendanges. Le camion venait nous chercher le matin et nous remontait le soir. Le premier vélo du village, c'est moi qui l'ai eu ; on me l'avait rapporté du continent. À Pietralba, on était environ 150 gamins. Notre jeu favori, c'était le U'hierchiu, le cerceau. Une roue de vélo que l'on faisait avancer avec un fil de fer.

L'été, les filles venaient du continent. On leur jouait la sérénade. On allait sous leurs fenêtres avec les guitares et les chanteurs. Pendant qu'on chantait, la famille préparait une petite fête, les femmes faisaient des gâteaux au four. Et on passait la nuit à manger, à chanter. Et à chaque fille on recommençait. Le village c'était comme une famille, tout le monde s'entraidait. Mais attention, pas question de donner rendez-vous à une fille... Pour les retrouver, on partait chacun de notre côté se promener, et l'on se rencontrait au cimetière à Sainte-Marie ou au milieu des vignes.

Les gens m'aimaient bien. Même si j'étais un peu le foufou du village, toujours à cheval sur les bourricots. Enfin, ils m'aimaient bien jusqu'au jour où je me suis battu avec le curé… Un fou qui nous tapait dessus avec un grand bâton qui ne le quittait pas. Il était à moitié vide, mais ça faisait mal quand même. Je devais faire ma première communion, mais ma grand-mère n'avait pas de sous pour payer le cierge. Finalement, elle s'est débrouillée et j'ai commencé les répétitions. Un jour, je me suis trompé dans le texte. Il fallait dire « Je renonce à Satan » et moi j'ai dit « à Dieu »… Je n'avais pas terminé que le bâton s'est abattu sur ma tête. J'ai vu rouge, je lui ai sauté dessus et je l'ai ruiné. Mais frapper le curé dans un village était inconcevable, ça n'était jamais arrivé. Ma grand-mère m'a immédiatement filé une rouste.

Avec l'instituteur, rebelote. Il avait l'habitude de nous taper sur les doigts avec une règle. Alors qu'on préparait le certificat d'études, il a violemment frappé mon cousin Jeannot, qui lui avait prétendument mal parlé. Comme Jeannot n'osait rien dire, de peur, et que j'étais assis derrière lui, c'est moi qui l'ai ramenée :

— Oh, vous pouvez pas arrêter ?

— Quoi ? Mets les doigts comme ça, toi…

Au moment où il allait me taper, je les ai retirés. Il m'a alors pris la main et là, j'ai senti un truc au cœur… Je lui ai sauté dessus et l'ai roué de coups. Nouveau scandale. Mon oncle, qui était maire, est arrivé, et ils m'ont renvoyé de l'école. Pour le village, j'étais définitivement un barjot. Mais moi, à la douleur, je réagis violemment. Cet instituteur, qui était de Calvi, ne m'en a pas gardé rancune. Des années après, lorsqu'il était déjà vieux, il a avoué à un ami que l'élève dont il gardait le meilleur souvenir c'était Charlot à Pietralba.

En attendant, j'ai dû passer le certif en candidat libre. J'ai étudié tout seul dans mon grenier, tellement j'avais peur et honte de le louper. Je l'ai eu et l'année d'après on a quitté la Corse pour Marseille.

Marseille, je n'y suis pas resté longtemps. J'allais à l'école à la porte d'Aix et je vivais chez mon oncle Jean-Félix, qui avait le bar maritime, rue des Phocéens. Il n'y avait que des marins. Ils arrivaient de voyage et cachaient de l'héro dans la cave. Mais à l'époque c'étaient de petites quantités – 5, 10 kilos –, le trafic n'était pas encore industrialisé. Un jour que j'y étais, ils ont tiré sur « Planche » Paolini : c'était la guerre du *Combinatie*, un bateau rempli de cigarettes que deux équipes se disputaient. Il avait garé sa 4 CV juste en face du bar, ils l'ont loupé.

Chez mon oncle, j'ai aussi connu Tchouch, qui à l'époque était navigateur. Son père était très ami avec mon oncle. Lorsque son bateau arrivait, il partageait la chambre avec moi. J'étais comme son petit frère. Quelques années plus tard, je l'ai revu. J'arrive à Marseille, je vois une grosse Chevrolet, on aurait dit un porte-avions, une voiture magnifique. C'était monsieur qui avait avancé dans la vie, il possédait des hôtels. C'est l'une des dernières fois que je l'ai vu. Mon oncle Jean l'a présenté ainsi que Marcel le Bègue à son cousin le Caputu, qui les a pris avec lui à Nice. Mais Caputu, comme il aimait faire des entourloupettes, ils l'ont tué. Et moi, à cause de cette histoire, je n'ai plus vu Tchouch. Quand j'ai eu 18 ans, lors d'un séjour à Paris, il a dit à Francis [1], avec lequel il était très lié :

— Ça me fait une peine terrible de ne pas pouvoir parler avec Charlot.

Alors que moi, la mort du Caputu, je n'en ai rien eu à foutre.

Après Marseille, nous sommes retournés à Paris, retrouver notre appartement du 18e. On m'a collé à Saint-Joseph, chez les curés. L'un d'eux aimait les petits garçons. Il punissait les jeunes et les convoquait dans sa chambre le soir. Il m'a appelé, il s'en ait suivi une bagarre terrible et je me suis fait la malle. Après je suis allé à Saint-Nicolas, d'où je me suis fait renvoyer. Je n'aimais pas trop l'école. Je préférais traîner à la fête foraine du boulevard Rochechouart, qui restait des mois entre Anvers et Blanche. Et dans les bars corses, bien sûr : j'adorais déjà cette ambiance…

Durant toute mon adolescence, je retournais en Corse pour les vacances d'été. Lorsqu'on arrivait au village, on était obligés d'aller embrasser tous les vieux, même les vieilles qui avaient de la moustache et qui

1. Francis Vanverberghe dit « le Belge », caïd marseillais abattu à Paris en septembre 2000.

transpiraient.On faisait le tour et, lorsque tu leur disais bonjour, ils t'invitaient à manger. Une fois ça allait, deux fois...

— Je ne sais pas si je pourrai, je vais voir.

— Ah, tu ne veux pas venir chez moi !

Si tu allais chez l'un et que tu disais à l'autre que tu ne pouvais pas, tu étais fâché à vie. Ce qui fait que, pendant un mois, il fallait manger tous les jours chez les gens. Il y avait cette mentalité spéciale qui a disparu. Celle des gens de l'après-guerre où l'on ne parlait pas. C'était l'omerta, mais la vraie. À l'époque de mes parents, les voyous ne faisaient rien en Corse ; ils « travaillaient » sur le continent : la Corse, ils la respectaient, c'était leur île. Les gendarmes étaient à Lama ; lorsqu'ils montaient – et encore ils ne venaient pas souvent – tout le monde fermait ses portes, ils se retrouvaient tout seuls.

Un été, avec mes copains du village, Philippe, Mathieu et mes cousins Dominique et Jeannot, on a volé une Traction, une 15 CV. Le soir, on était sur la place, et Christophe, l'oncle de Mathieu, qui était plus âgé que nous, avait commencé à nous chambrer :

— Vous êtes des incapables, vous pourriez même pas prendre la voiture.

La voiture en question appartenait à un type du village qui nous la prêtait régulièrement. Ce soir-là, on ne lui avait pas demandé les clés, on ne voulait pas sortir. Et moi, le titi parisien, je la ramène devant les autres :

— Bien sûr que je sais les voler, les voitures !

— Arrête de te vanter !

— Ah ouais, tu vas voir !

Je l'ai fauchée et on est partis à Ponte Leccia. On voulait faire le plein pour aller beaucoup plus loin. Mais il était une heure du matin et la station était fermée. Le patron habitait au-dessus et Philippe le connaissait. Il l'a appelé, l'autre nous a vus par la fenêtre et est descendu. C'étaient des pompes à essence avec des réservoirs de 5 litres, le mec devait pomper. Il s'y est mis et, là, on s'est aperçu qu'on n'avait pas la clé pour ouvrir le bouchon.

— On l'a perdue…

On a forcé, on a forcé et on a fini par l'ouvrir. Le pompiste a mis le truc et pfouff ! ça a dégueulé de partout.

— Mais il est plein, ce réservoir !

Comme un con, j'ai insisté :

— Non, il n'est pas plein.

— Mais si !

Alors moi, de rage, j'ai arraché un arbuste planté dans un pot devant le magasin pour jauger l'essence avec le tronc… Le mec s'est mis à gueuler ! Du coup, on est partis et, arrivés aux portes de Ponte Leccia, on a décidé d'aller manger du raisin dans la vallée, sur l'ancienne route. Mais en revenant, juste avant le passage à niveau, il y avait une courbe… On est sortis de la route, on a tapé dans un rail de fer qui a amorti le choc et fini sur la voie ferrée. Il a fallu chercher quelqu'un pour sortir la Traction de là, parce que la micheline allait passer. On est allés voir un mec qui avait un camion, mais le camion n'était pas chez lui. Le gars a pris sa voiture et on est revenus avec le camion pour dégager l'épave. De retour au village, je suis allé trouver mon oncle Jean-Félix qui était là. Chaque fois qu'on avait des problèmes, j'allais le voir.

— Bon, tu attends qu'il se lève pour lui dire que la voiture est cassée. Tu lui demandes combien ça vaut et on verra.

J'ai donc attendu que le propriétaire se lève. Je n'en menais pas large. Lorsque je l'ai vu :

— Écoute, j'ai quelque chose à te dire...

Le mec m'a interrompu tout en descendant vers la place :

— Deux minutes ! Le temps que je fasse chauffer la voiture, après tu me racontes.

Du coup j'ai chopé le fou rire. Au départ, il n'y croyait pas, il pensait qu'on lui avait caché sa 15 CV. Elle était à Ponte Leccia, la Traction, morte. Pour finir, chaque famille en a payé une partie.

Je savais faucher les voitures parce que, depuis mon retour à Paris, j'avais rejoint la bande du Sacré-Cœur, des blousons noirs dont le QG était la place du Tertre. J'avais commencé par voler des petits trucs au Prisunic. On y remplissait les poches de nos grandes capes. Puis on fauchait à l'étalage et ensuite on est passés aux agressions...

Un jour, je me suis battu avec un connard sur les boulevards en bas de la Butte. Je vais dans une pissotière et un mec m'y suit. Je m'énerve et je le frappe. En rentrant, je raconte l'histoire à mes copains. Ce qui nous a donné l'idée de dépouiller les vicelards qui rôdaient autour des vespasiennes. Et, comme j'étais le plus jeune, c'est moi qui jouais l'appât. Clichy, Pigalle, on en faisait à tout-va.

Le mec me suivait à l'intérieur et les autres rentraient tout de suite après. On le déshabillait, on lui prenait tout. Et un beau jour... celui qui faisait le pet à l'extérieur s'est mis à gueuler :

— Les condés, les condés !

Tout le monde s'est sauvé, sauf moi, le dernier à sortir. Et je suis marron. On m'a embarqué et le mec a porté plainte. Au commissariat, je n'avais pas peur des condés. J'avais plutôt le trac de mon oncle. En famille, j'entendais toujours qu'il ne fallait pas parler. Je n'ai donc rien raconté, comme on me l'avait appris. Et lorsque mon oncle est arrivé au commissariat, je le lui ai seriné bêtement :

— J'ai rien dit, j'ai rien dit...

Du commissariat, je suis passé devant un juge, qui m'a envoyé à Savigny-sur-Orge, en banlieue sud.

Savigny n'avait rien à voir avec une prison, même si on était enfermés dans des pavillons, baptisés chacun du nom d'une région française. Il y avait beaucoup d'éducateurs. C'est là-bas que j'ai appris à jouer au football, sur le terrain en face.

C'était un centre d'observation. Ils faisaient une enquête pour voir s'ils pouvaient te rendre à ta famille. Ils ont vu que c'était difficile, parce que je n'avais plus qu'un oncle. L'autre, mon parrain, était mort à Compiègne, et ils ne pouvaient pas me confier à ma grand-mère, qui était maintenant trop âgée. Ma tante Colette, qui s'occupait énormément de moi, a fait des pieds et des mains pour que je sois rendu à la famille, elle venait à Savigny pour convaincre le directeur.

Un jour, on m'a appelé :

— Un mec t'attend aux arrivants.

Je me suis pointé et j'ai vu Gérard, un de mes complices. Je ne comprenais pas, ce n'était pas possible, je n'avais rien dit. En fait, il était là pour autre chose. J'ai réussi à le faire venir dans mon pavillon. Au moins on était deux, on pouvait s'épauler. On était jeunes, il fallait se faire une place parce qu'il y avait des mecs de 19 ans. Et on a décidé de s'évader. Ma mère adoptive me disait que je n'allais pas rentrer et puis on en avait marre d'être enfermés.

On s'est arrangés, mon pote était bricoleur. Il avait dévissé la serrure de la porte arrière du pavillon et un soir on s'est fait la malle tous les deux. À peine on avait sauté le mur que l'alerte a été donnée. On s'est planqués en face du centre dans des grands bâtiments en construction. Les condés nous cherchaient, on les entendait. On est restés là jusqu'à une heure du matin et on est partis à pied pour rentrer à Paris. Orly était tout proche, et on s'est arrêtés pour voir décoller les avions, je n'en avais jamais vu, j'étais tout content. Au bout d'un moment, Gérard, qui comme moi en avait marre de marcher, a suggéré :

— On va voler une Vespa…

C'était un spécialiste, il a cassé le neiman.

Tout contents, lui au guidon et moi à l'arrière, on a foncé vers Paris. Mais, arrivés Porte d'Orléans, merde ! une voiture de flics. Tu parles ! Deux jeunes à 4 heures du mat' en Vespa…

— Où allez-vous ?

Ils ont contrôlé la Vespa : direction le commissariat.

Le policier qui m'a entendu est ensuite passé aux stups. Trente ans après, c'est lui qui est venu me voir quand j'étais en taule au Brésil… Il pouvait être fier de son poulain !

De retour à Savigny, on s'est mangé trente jours de mitard. C'est la première fois que ça m'arrivait, seul dans une cellule, en sous-sol. Le matin ils sortaient le matelas, le soir tes affaires, je n'avais jamais vu ça de ma vie.

Comme il n'était plus question qu'on me rende à ma famille, avec ma mère adoptive, on a cherché un autre biais. Elle avait vu que l'administration ne délivrait pas de formation de marin, alors quand je suis passé devant le juge pour enfants :

— J'aimerais entrer dans la marine.

Sur le moment, il a eu l'air un peu embêté mais, quelque temps après, il m'a rappelé.

— Voilà, puisque tu veux être dans la marine, on va t'envoyer à Belle-Île.

Ben putain… j'ai fait une drôle de gueule et ma mère adoptive aussi. Et me voilà parti pour Belle-Île.

L'endroit était magnifique, mais le régime assez dur. Fondé au XIXe siècle, c'était un ancien bagne d'enfants, de sinistre réputation. On habitait la ferme du Bru, dans les terres. Deux bâtiments accueillaient la centaine de gosses. À l'étage, ils abritaient quatre dortoirs de douze lits et, au rez-de-chaussée, une salle de repos. Sans oublier un mitard dans chacun d'entre eux. À Belle-Île, il y avait plusieurs formations : agriculteur, ferronnier, cuistot, tourneur-fraiseur, menuisier et, bien sûr, la section des marins où j'ai atterri. Je m'y suis fait un ami, Antoine. Sa mère avait été tuée par son amant, écrasée contre un mur sous ses yeux alors qu'il était très jeune. Ils l'avaient placé à l'orphelinat mais, comme c'était prétendument une tête dure, ils l'avaient envoyé à Belle-Île. On avait tous les deux le mal de mer, et le chef l'avait bien remarqué…

— Alors, les titis parisiens, vous voulez faire les mariolles ? Attendez un peu !

On était de toutes les expéditions pour Lamballe, Lorient… On passait notre temps à bord à dégueuler. Je n'en pouvais plus, je voulais changer. Ce qui a fini par arriver. Pour aller jouer au football, je passais devant la maison du professeur de ferronnerie d'art. Il avait une fille très belle, très gentille et on s'envoyait des petits mots… Elle m'a pistonné auprès de son père et j'ai commencé la ferronnerie. J'ai appris à faire des clés, des portails, des lampes, à souder à l'électrique, à l'oxygène. Je n'ai jamais travaillé de ma vie, mais ça m'a tout de même servi plus tard, pour faire des coffres mais surtout pour m'évader aux États-Unis. J'ai passé là trois ans à préparer le CAP. Pendant notre temps libre, on jouait au foot ou au basket. On sortait en permission le dimanche et on retrouvait notre copine, une fille de Belle-Île qui s'appelait Marie, et que l'on surnommait « bouche de vieille » parce qu'elle avait plus de dents. On ne la forçait pas, on montait au fort avec elle tous les dimanches sauf quand je jouais au foot.

Durant ces années, je me suis bien amusé, j'ai beaucoup appris, j'ai été bien éduqué. Avec Antoine, on formait une bonne équipe, on avait fait notre place. À notre arrivée, on était très jeunes – 15 ans –, il fallait raser les murs, parce qu'il y avait des garçons de 20 ans. Mais on s'est imposés… Au réfectoire, les nouveaux, on les mettait en bout de la table. Et les grands qui réceptionnaient la bouffe avaient l'habitude de se servir plus que les autres. Lorsque c'étaient des plats normaux, ça allait, on avait plus ou moins à manger. Mais quand arrivait le steak-frites, une fois par semaine… En bon titi parisien, j'adorais les frites. La première fois, ils me les ont prises. Je n'ai rien dit parce que j'avais le trac. La deuxième fois pareil, mais là je me suis dit : « La prochaine fois, rien à foutre ! Arrivera ce qui arrivera, mais mes frites on ne me les bouffera plus. » J'avais préparé un plan parce que le mec qui les avalait était assez fort. Quand ils sont arrivés, je m'étais déjà plus ou moins levé. Et lorsqu'il a pris mes frites et ma viande, le sang m'est monté à la tête – j'avais peur mais il fallait que je le sonne un bon coup –, j'ai pris un broc d'eau et de toutes mes forces je lui ai filé en pleine tête. Je l'ai ouvert à l'arcade, des flots de sang lui coulaient sur le visage. Le mec ne savait plus où il était. J'ai posé le broc et je me suis cassé, pensant qu'il allait me suivre. Mais il n'y voyait plus rien ! Une fois soigné, il a voulu me voir derrière le bâtiment. Là, j'avais également préparé le coup, mes copains étaient cachés. Quand il est arrivé, je me suis dit qu'il allait me défoncer et, de rage, je me suis battu comme un chien. Antoine m'a alors filé un coup de main. On l'a mis par terre et on te l'a ruiné. Bon... à deux, quand même. À partir de ce jour-là, avec Antoine, on est passés dans la catégorie au-dessus.

Lorsque, au bout de trois ans, j'ai eu mon CAP, le régime s'est assoupli. J'ai eu droit à des permissions pour aller voir ma famille à Paris. À la première, je me suis cassé. C'est Colette, ma mère adoptive, qui m'a retrouvé. Elle est allée voir les copains de la bande du Sacré-Cœur et leur a demandé de me dire qu'elle était malade. Ces cons-là croyaient que c'était ma gonzesse. Ils la connaissaient. J'allais avec elle aux autos tamponneuses de la fête du boulevard Rochechouart.

Ils m'ont trouvé, je dormais dans des voitures. L'un d'eux est venu me voir et :

— J'ai vu ta copine, elle est malade.

Quand je suis arrivé à l'appartement, Colette m'a pris avec elle, a donné la pièce au judas et moi, j'ai fini à poil dans la baignoire, parce que j'étais crasseux. Ensuite, elle m'a raccompagné à Belle-Île.

Enfin, un matin, alors que je devais prendre le bateau pour partir une nouvelle fois en perm, j'ai remarqué un début d'incendie dans les bâtiments administratifs, qui étaient en bois. D'instinct, je suis allé dans les flammes et j'ai sauvé le coffre en le tirant dehors. Il contenait tous les sous de l'établissement. À mon retour, le directeur a rédigé mon dossier de libération. On était en 1959, j'avais 18 ans.

Je suis retourné à Paris et j'ai commencé à travailler au

bar de mon oncle Mimi, à La Pizzeria, qu'il avait achetée pendant mon absence. Et je suis descendu un peu à Toulon. Pendant que j'étais à Belle-Île, il avait également acheté un bordel, un bar de femmes dans le vieux Toulon, La Parisienne. Je vivais là, et je mangeais avec les filles le midi. J'ai tout de suite sympathisé avec ces femmes qui travaillaient et qui valaient bien souvent les autres, entretenues par leurs maris. Elles correspondaient à ma mentalité, j'aimais ce genre de vie. Elles me donnaient beaucoup d'affection. C'était un milieu très soudé, très humain. J'ai toujours beaucoup aimé ces femmes-là. Ma première fois bien sûr, ce fut avec l'une d'entre elles. J'habitais au-dessus du bar, au quatrième étage et, pour arriver jusque là-haut, c'était du travail ! Elles avaient toutes leurs chambres là, et, lorsque je montais l'escalier, les portes s'ouvraient… L'une qui me tirait, et l'autre… je n'entrais jamais, j'avais peur de ma mère adoptive. Mais j'ai fini par me faire coincer par l'une d'elles. Je suis vite sorti sans rien faire, mais en lui promettant de l'accompagner au cinéma. Et après le cinéma, direction l'appartement, et j'ai été initié.

Après quelques mois à Toulon, je suis remonté à Paris travailler au bar de Mimi. Je préférais être là plutôt qu'à livrer le charbon avec le mari de ma tante Jeannine. On allait souvent chez elle, à Montreuil ; elle m'avait un peu élevé, avec beaucoup d'affection. Mais avec elle, qui était honnête, il fallait que je travaille et je n'aimais pas trop ça.

On était en juillet 1960 et ils venaient de tuer au fusil

de chasse le Caputu dans sa propriété du Cap d'Antibes. Tous mes oncles étaient en guerre, chacun en planque dans un petit appartement. Je m'occupais de l'intendance, j'allais acheter des chaussures en semelle de crêpe qui ne font pas de bruit…

Lorsque le Caputu est mort, un de mes cousins, qui travaillait comme serveur au Printemps, sa brasserie à Marseille, a trouvé des bijoux dans une tuyauterie. Ils venaient du braquage de la Bégum [1]. Mon oncle Jean-Félix, qui le savait, voulait les récupérer, mais tous les biens du Caputu étaient revenus à ses sœurs. Il leur a fait téléphoner.

— Vous avez quelque chose qui nous appartient, on veut le récupérer, sinon…

Après ce coup de fil inquiétant, les sœurs ont tout de suite appelé… Jean-Félix.

— Surtout ne donnez rien, je vais voir d'où ça vient.

Et une semaine après :

— Ouh ! là, là ! ça leur appartient effectivement, ton frère leur gardait. Je vais passer les chercher…

Ce cousin serveur était un modèle d'honnêteté. Des années après, alors que j'arrivais au Printemps, il est venu me voir.

— Charlot, c'est pas à toi, cette valise ?

Elle était pleine de dollars. Je l'avais déposée là un jour et depuis je l'avais oubliée…

---

1. Le 3 août 1949, la Bégum, épouse de l'Aga Khan, est délestée au Cannet de 220 millions de francs de bijoux par quatre braqueurs.

Le bar de mon oncle n'était fréquenté que par les gens du milieu avec leurs gonzesses. Ils arrivaient à une heure de l'après-midi, après s'être levés à midi, pleins d'or, en costume, pochette, et leur femme en manteau de vison… et moi je travaillais comme un con, en me disant : « Regarde les sous qu'ils ont, ces mecs. » C'était facile, les femmes tapinaient et les mecs étaient au bar. Le soir, ils arrivaient pour dîner.

— Charlot, amène-moi ci, Charlot, amène-moi ça…

J'avais une petite copine, une fille qui travaillait à côté et venait tous les matins prendre son chocolat. Elle était très belle, très jeune. On est devenus amis et j'ai couché avec elle.

Au bar, elle voyait les femmes avec leurs visons, leurs bijoux… J'avais un cousin dont la femme travaillait à Pigalle et qui roulait en Floride, ça l'intriguait.

— Mais qu'est-ce qu'elle fait ?

— Ben, ce qu'elle fait, c'est ce qu'on devrait faire, plutôt que se faire chier à travailler…

Je la baratinais et, un beau jour :

— Bien, moi je suis d'accord.

Tu penses, les « filles » à l'époque avaient leur voiture, allaient chez le coiffeur tous les jours, elles étaient très bien sapées. On vivait un peu comme les artistes. Le soir, on sortait dans les mêmes boîtes qu'eux…

Je l'ai donc mise dans les mains de ma cousine. Elle lui a appris le métier. Antoine Fajanelli possédait Le Romance, une des plus grandes boîtes, où les filles allaient le soir boire le champagne. Il me l'a prise, et j'ai commencé à vivre comme un pacha, à l'hôtel. En définitive, j'ai dû travailler en tout et pour tout quinze jours déclarés.

J'étais fait pour cette vie-là. J'avais baigné dedans, je l'aimais. Quand j'étais gosse, les gens du milieu avaient encore une certaine mentalité : tu devais respecter ton ami, la femme de ton ami, ne pas faire de mort sur les affaires, sinon c'est qu'elles étaient mal faites. Il était interdit de prendre des sous à des vieux, à des travailleurs, d'approcher la femme d'un garçon qui était en prison. Et ces commandements, on les respectait. Un soir, la femme d'un mec qui était en prison s'affichait avec un connard. Sans connaître son légitime, on est allés mettre le prétendant à l'amende. Cette mentalité, notre mentalité, je la considérais meilleure, plus droite que celle des « honnêtes » gens. On n'était pas des anges, mais je n'ai jamais mis une seule femme au tapin par la force. Cela ne ressemblait pas à ce qu'on nous décrit aujourd'hui, même s'il y avait évidemment quelques violents, et des filles qui bossaient dans les maisons d'abattage. Mais nous, nous étions dans un autre business. Les filles dont on s'occupait voulaient travailler, et nous, on était leurs impresarios. Elles avaient besoin de nous pour qu'on leur trouve des places, pour qu'on les protège, bref, on était leur amant et leur agent. À l'époque, même les « cavettes » nous adoraient. Lorsqu'on allait dans les bals, on se pointait en cravate, avec une pochette de chez Cardin et un costume de chez Cam's, parfumés avec *Pour un homme* de chez

Caron. C'était une belle vie d'être voyou. Les condés t'emmenaient au commissariat, ils te cassaient bien la tronche, et, si tu ne parlais pas, tu sortais. Ils t'avaient pété les dents pendant quarante-huit heures, c'est tout. Maintenant, ils ne font plus rien, ils te collent une association de malfaiteurs parce que tu as téléphoné à un repris de justice. Et l'inflation des peines a été galopante. Quand j'étais jeune, s'ils te prenaient avec un calibre, c'était une amende. Maintenant, tu prends trois ans. En Corse, au village, ils avaient des armes de la Seconde Guerre, des mitraillettes, et même des vieux mousquetons, sans compter les fusils de chasse avec lesquels ils tiraient en l'air lors des fêtes.

Au bonheur des hommes

La vie était belle, mais il a bien fallu que j'aille au service. J'étais appelé à Draguignan dans l'artillerie. Trois mois de classe en France, et après direction l'Algérie. En tout, j'en avais pour trente-six mois... Je n'étais pas tellement d'accord.

À la fin des classes, ils te donnaient une permission d'une semaine et je suis allé à Toulon chez mon oncle. Lui non plus ne voulait pas trop que je parte, parce qu'il y avait pas mal de morts... Alors il m'a dit :

— Écoute, on peut maquiller un truc avec du sang de gencive. Je vais te piquer et ça va te provoquer de la fièvre. Lave-toi bien les dents et, à force, ça va saigner. Il a pris la seringue, l'a remplie de mon sang et me l'a injecté dans la cuisse : ça m'a fait un mal de chien, je n'en pouvais plus. Au bout d'une heure, j'avais 40 de fièvre et une sorte d'abcès. On a appelé Sainte-Anne, l'hôpital militaire de la marine, pour qu'ils viennent me chercher. Le docteur voulait laisser mûrir… Moi je savais que c'était profond, mais mon oncle m'avait recommandé de tenir au moins une semaine, dix jours pour qu'ils ne s'en aperçoivent pas. Je souffrais le martyre, mais je fermais ma gueule.

Au bout de quinze jours, j'ai dit au docteur :

— Opérez-moi !

— Non, non, il faut laisser venir le pus.

— Opérez-moi, putain opérez-moi !

Il m'a opéré et s'est rendu compte que ce n'était pas normal…

— Comment avez vous fait ça ?

— Je suis allé à la plage et un gros fil de fer m'est rentré là.

— Ouais… Écoutez, ne vous amusez plus à ça, parce qu'à un rien vous touchiez le muscle et vous auriez été estropié à vie.

Ils m'ont gardé et, à la fin de ma convalescence, j'ai eu droit à une perm. Comme je ne voulais toujours pas aller en Algérie, avec mon oncle, on a trouvé un nouveau système : une plante corse contre les ampoules que tu te mettais sur le mollet. Cela provoquait une boule qu'il fallait crever, puis nettoyer avec le produit pour développer les photos, ça faisait comme un truc infectieux, comme si quelque chose te rongeait. Tu n'avais plus qu'à mouiller, et plus tu le faisais, plus c'était moche. Je me suis pointé à la caserne pour voir le docteur. Ils ont pris peur en voyant la plaie et m'ont envoyé à Sainte-Anne. Rebelote, tranquille. Et chaque jour je mouillais : un peu sur les bras, sur les jambes… Ils cherchaient et n'arrivaient pas à trouver, j'avais rien. Un jour, le docteur m'a annoncé qu'il me plâtrait la jambe. Tous les jours je faisais couler de l'eau le long, et, au bout de quinze jours, ils m'ont retiré le plâtre. À voir, c'était un truc de l'autre monde.

— Ahhh ! Regardez !

J'ai fait un scandale… Les mecs ne savaient plus quoi dire. Pour essayer de trouver, ils voulaient me faire une ponction lombaire. Mais il fallait mon accord. J'ai refusé au prétexte que j'avais peur. Et là, le toubib :

— Je vais être franc. Si vous ne voulez pas la ponction, c'est que vous êtes en train de nous rouler.

— Trafiquer, moi ? Si vous en êtes sûr, faites-moi un papier comme quoi d'après vous je maquille et je sors de l'hôpital. J'ai ça depuis que je suis militaire !

Ils m'ont renvoyé à Draguignan, où j'ai de nouveau eu droit à une permission. Je l'ai passée en Corse. Au village, je voulais me filer un coup de carabine 9 mm dans le pied, mais je ne voulais pas finir estropié… Du coup, j'ai décidé de me repiquer. Un soir, avec mon cousin, je me suis injecté du sang de gencive, mais cette fois dans le doigt de pied, l'un des endroits les plus sensibles du corps… Mais je n'ai pas beaucoup enfoncé la seringue, ça faisait trop mal. Une heure après, j'avais quand même à nouveau 40 de fièvre. Mon oncle, le maire, qui n'était pas au courant, m'a descendu à Bastia à la clinique. Le docteur était un ami de mon grand-oncle le Caputu. Il a pronostiqué la même chose que le premier :

— Laisse, ça va mûrir et sortir tout seul.

Je souffrais, mais moins qu'avec la jambe. Et là-dessus j'ai reçu une lettre de Draguignan, qui voulait que je rentre pour partir en Algérie.

Le docteur, compréhensif, a essayé de me garder le plus possible. Il m'a opéré et… s'est rendu compte de la manœuvre.

— Je t'ai fait une grosse cicatrice, je ne te l'ai pas refermée. Ça va se faire tout seul, mais ça va prendre un petit peu de temps.

Mais cette fois Draguignan a envoyé un télégramme : « Envoyez-le, malade ou pas il faut qu'il parte dans huit jours. »

Qu'ils aillent se faire foutre ! J'ai déserté et je suis remonté à Paris faire le julot. Un soir, ils ont failli me rattraper. Je fréquentais un bar de la place des Abbesses. J'étais bien avec la patronne, et avec son chien qui me suivait partout. Et ce jour-là les condés ont débarqué. Je me suis arraché par l'hôtel qui était derrière et le chien m'a suivi. Les condés ont fait le tour et, alors que j'enquillais les petits escaliers qui montent au Sacré-Cœur, ils m'ont tiré dessus. Au même moment, le chien m'est passé entre les jambes et je me suis cassé la gueule. Pensant qu'ils m'avaient blessé, les flics ont rengainé. Et j'en ai profité pour repartir à fond. Le temps qu'ils reprennent leurs armes, je m'étais fait la malle.

Après ce coup d'éclat, mon oncle voulait que je me rende… J'ai refusé, il y avait toujours la guerre en Algérie.

Lorsque j'allais rendre visite à ma tante Jeannine à Montreuil, l'un de mes oncles, que j'aimais beaucoup et qui était policier, venait me chercher au métro et me ramenait pour éviter les arrestations.

J'ai tenu comme ça jusqu'à la fin des hostilités. Je me suis alors présenté, poussé par mon oncle Mimi, et on m'a mis en prison à Marseille, aux Baumettes. La prison, c'était pas la première fois que j'y allais. À la sortie de Belle-Île, j'y avais déjà fait un tour.

Un jour, un copain était venu me trouver. J'avais déjà une petite voiture, une Peugeot, et il voulait que je l'accompagne chez ses grands-parents du côté de Brive. Mais, une fois chez eux, il a chouré à sa grand-mère des bons au porteur. Je n'avais rien vu. Mais la grand-mère avait porté plainte, et c'est moi qui avais ramassé. Ce ne pouvait être lui, le petit-fils ! Marron, j'étais tombé et on m'avait envoyé à Rouen…

Peu de temps après l'incarcération aux Baumettes, j'ai été jugé au fort Saint-Nicolas. L'ombre de mon père, mort pendant la guerre, a plané sur la cour. Ils ne m'ont donné que six mois parce que je n'avais pas déserté en temps de guerre. En Algérie, c'étaient des opérations de maintien de l'ordre. Ma peine, je l'ai faite aux Baumettes, assez bien. À la sortie, ils m'ont envoyé à Nîmes pour finir mon temps de service. En tant que déserteur, le capitaine m'a reçu dans son bureau :

— Ici Fiocconi, fais attention, et patati et patata…

Il m'a collé de corvée de chiottes, et d'un mot à l'autre

on s'est disputé. J'ai renversé son bureau et, en moins de deux, j'ai volé jusqu'à la prison. Les cellules situées au rez-de-chaussée bordaient une petite cour où nous déjeunions. Le mec nous ouvrait, apportait les gamelles et s'en allait. Je prenais alors mon cadenas qui fermait les portes et je le frappais avec une pierre. Et, un beau jour, à force, lorsque j'ai tiré, il s'est ouvert.

Comme les portes étaient en bois, le soir j'enlevais une latte – j'avais gratté autour –, je passais ma main et j'ouvrais le cadenas. Ne restait plus qu'à sauter le mur et je me cassais à Marseille jusqu'à 5 heures du matin. Pendant la nuit, la ronde patrouillait sans rien remarquer et avant l'aube je rentrais dans ma cellule. Je passais la journée et le soir, rebelote.

À Marseille, je fréquentais les boîtes et les bars de voyous. Je connaissais tout le monde. À l'époque, j'avais la petite qui travaillait à La Parisienne de Mimi. Mon autre oncle, Jean-Félix, était lui aussi à Toulon, et son frère Jean-Thomas avait un bar de filles à Golfe-Juan, qui faisait les escales de la marine américaine. Il le tenait avant pour le Caputu et l'avait repris à sa mort.

J'allais surtout aux Cinq Parties du Monde, à côté de la Poste, où j'ai connu Francis. Ce soir-là, il était au comptoir, il avait 18 ans. C'était un beau mec, il faisait le julot, braquait et commençait à sortir. Il s'était fait connaître lorsque les poulets avaient voulu arrêter le petit Tony dans un bar de la Belle de Mai. Il s'était interposé pour lui permettre de se faire la malle.

À la caserne, j'étais bien avec le capitaine qui s'occupait de la discipline. Il m'avait à la bonne et la journée me faisait venir dans son bureau.

— Tu te mets à la fenêtre et tous les première classe qui ont les cheveux un peu longs, les chaussettes civiles pas nettes, tu les fais monter.

Les première classe, je ne pouvais pas les voir, ainsi qu'un caporal qui m'envoyait nettoyer les chiottes. Je les appelais et, lorsqu'ils entraient dans le bureau, ils se caguaient dessus. Le capitaine aimait leur faire peur. Il leur collait une punition et, au moment où ils sortaient, il rigolait :

— T'as vu un peu comment ils fouettent !

Mes virées nocturnes ont duré des mois et des mois, jusqu'à ce qu'un voisin, un harki, qui se doutait que je sortais, me demande la combine :

— Ils m'ont mis trois mois et je voudrais voir ma femme !

Et comme un con je lui ai expliqué. Il a lui-même cassé son cadenas, mais n'a pas touché pas à la porte. C'est moi qui une fois dehors lui ouvrais. On se retrouvait le matin à 5 heures pour que je l'enferme. Ça a duré comme ça deux mois et un beau jour il n'est plus rentré, ce con. J'ai attendu jusqu'au dernier moment et je me suis enfermé. Lorsqu'ils sont arrivés, ils ont trouvé sa cellule vide. Ils n'ont jamais compris.

Mais un jour est arrivé un sergent corse, un connard fini. C'est le seul qui a vérifié les cadenas et, lorsqu'il est arrivé au mien :

— Il est vieux, ce cadenas, il ne marche pas. Comment ça se fait qu'il s'ouvre ?

Et il me l'a changé. Je suis resté encore quelques semaines à la discipline et, au moment de retourner en section, le capitaine qui m'avait à la bonne m'a gracié et j'ai été libéré. Sur mon livret, ils ont marqué : « Élément dangereux qui peut se retourner contre l'armée. »

En sortant, je suis remonté à Paris et j'ai élevé mon standing. Un mec avait « descendu à la cave » Joseph Bozzi, l'associé de mon oncle à La Pizzeria, et l'avait mis à l'amende. Ce mec, je le connaissais, c'était un ami. J'ai arrangé le coup de Bozzi et, pour me remercier, il m'a offert une énorme Chevrolet : on aurait dit un bateau. Dans la foulée, je me suis installé avec Marie, une jeune fille que j'avais rencontrée dans un bal de la place d'Italie. C'était une cavette, elle ne travaillait pas.

Elle avait déjà deux enfants, une petite fille prénommée Patricia, de 3 ans, et un fils Thierry, âgé de 2 ans. Le garçon vivait chez sa grand-mère tandis que Marie habitait une toute petite chambre place d'Italie avec Patricia. Avec le temps, je me suis pris d'affection pour les enfants et, quelques mois plus tard, je les ai installés tous les trois dans un appartement rue Lafayette. Un jour, j'arrive à l'appartement, Patricia pleurait. À l'école, les autres gosses la traitaient de bâtarde parce qu'elle portait le nom de sa mère. Ça ressemblait à ce que j'avais vécu.

— Comme ça ils disent que tu es une bâtarde ? Allez, on y va.

Et je suis allé avec Marie les reconnaître à la mairie.

Et au retour :

— Maintenant, tu leur montres que tu as un papa.

Patricia et Thierry, je les ai adoptés et élevés comme mes enfants. Plus tard, en 1968, ils ont eu un petit frère, Jean-Laurent.

Je n'ai pas profité longtemps de la vie parisienne. À peine arrivé, j'ai dû accompagner mon oncle Mimi en Allemagne. Pendant mon service, il avait acheté une maison de passe à côté de la place de l'Horloge à Avignon. Un Italien à moitié français lui avait placé une fille. Mais au bout de quelque temps elle est allée aux condés pour dire qu'elle faisait des passes. Officiellement, c'était un bar, les bordels tournaient, tolérés. Il fallait avoir la touche avec le commissaire, c'était à la bonne franquette de ce temps-là. La fille ayant fait fermer la maison un bon bout de temps, mon oncle voulait trouver l'Italien, responsable de la nana. On a appris d'un autre Italien que le mec serait en Allemagne. On y est partis avec mon oncle et mon cousin du côté de Karlsruhe. L'Italien, en plus de nous trouver une planque, nous avait donné le nom de sa boîte et l'immatriculation de sa Mercedes coupée. Une fois sur place, on est rentrés directement dans la boîte avec mon cousin ; je suis allé à sa table, je l'ai braqué, je l'ai fait sortir de là et monter dans la voiture, et on l'a emmené dans la planque. On l'a gardé toute la nuit pour qu'il nous signe des papiers. On l'a un peu tabassé, on lui a parlé à l'oreille… de la voiture, de la boîte.

J'ai seriné mon oncle pour avoir la voiture, un coupé Mercedes 300 SL magnifique. Le mec a signé les papiers pour tout, on l'a mis dans notre voiture et jeté en marche – pas trop vite quand même – devant sa discothèque. Et mon oncle est rentré en France. Moi, je suis resté pour récupérer le coupé avec l'Italien qui nous avait aidés et parlait allemand. Et le lundi me voilà au garage, pimpant, avec le papier signé comme quoi la Mercedes était à moi. Et là :

— Attendez, on va vous la sortir.

On attend, mais…

— Oh, dépêchez-vous, on va pas rester cent ans !

Et au bout d'un moment sont arrivés deux condés.

— *Polizei !*

L'enfoiré avait porté plainte contre l'Italien et moi, mais mon oncle, il n'en avait pas parlé, il avait le trac. Ils m'ont mis au ballon. Tout seul dans une cellule. La taule allemande, ça ne rigolait pas. Tu sortais une heure par jour. Et dans la cour tu tournais un mètre derrière l'autre et en silence. Là-bas, c'est pas comme les prisons françaises, tu n'entendais rien, on aurait dit un hôpital. T'avais pas le droit de recevoir beaucoup d'argent non plus pour cantiner, juste de quoi acheter du tabac et du saindoux que t'étalais avec du sel sur du pain. Et quand ils passaient avec le gros chaudron, pour les étrangers, ils tournaient bien la gamelle, ça veut dire que la viande… t'avais que le jus du goulasch. Heureusement, le juge parlait français, et il en était fier, du coup il était tout content de me voir. J'en profitais, je faisais le malheureux. Je lui écrivais pour lui dire que je n'avais pas de livres en français, et qu'en plus j'étais le seul Français. Il me faisait venir au palais.

— Je vous ai trouvé des livres en français !

Et il enchaînait :

— Bon, la victime dit que vous l'avez…

Je lui ai balancé l'Italien :

— Mais c'est un souteneur ! Je n'ai rien à voir là-dedans. Oui, je l'ai frappé, il avait emprunté des sous à mon oncle, je venais les récupérer. Lui aussi m'a frappé, c'est un voyou, vous savez.

En Allemagne, quand un type porte plainte, ils font une enquête sur le mec, mais aussi sur le plaignant. Et ce con d'Italien… Là-bas, le proxénétisme est autorisé, mais tu n'as pas le droit de prostituer ta propre femme, c'est un gros délit. Et le juge s'est aperçu que monsieur faisait tapiner son épouse. Il l'a appelé pour qu'il lui remette son passeport. Le mec s'est dit qu'il y était et il s'est fait la malle. Le juge l'avait fait exprès.

— Fiocconi, ne vous faites pas de mauvais sang. Ici, si le plaignant ne vient pas, vous ne risquez pas une grosse peine.

Il avait bien fait son travail.

Mais le jour du jugement, un vendredi, le proc demande quinze ans. Et le juge lâche :

— Nous reprendrons mercredi.

Quinze piges ! Quand tu as un peu plus de 20 ans, six mois déjà c'est beaucoup. Je n'en ai pas dormi. Le mercredi, mon avocat a bien plaidé et j'ai finalement pris dix-huit mois. Le procureur a annoncé qu'il allait faire appel.

Le juge lui a rétorqué qu'il avait raison de faire appel parce qu'il trouvait que dix-huit mois, c'était déjà trop !

J'étais tout content. Finalement, il n'y a pas eu d'appel et je n'ai fait « que » quatorze mois.

Avant d'être libéré, je devais passer une visite médicale. Et là le docteur me dit :

— Il était temps que vous partiez, Fiocconi, parce que là vous alliez perdre vos ongles.

J'étais tellement maigre que, de retour en France, j'ai été obligé d'acheter un petit costume taille 13 ans. J'avais également perdu beaucoup de cheveux. Alors que j'étais là depuis trois mois, je suis passé devant une glace – en cellule, on n'en avait pas pour éviter les suicides. J'avais un trou derrière le crâne ! C'est le truc qui m'a le plus tué dans ma vie… Je m'en doutais un peu, quand je me peignais j'avais des cheveux qui me restaient dans la main.

Le jour de ma libération, Colette, ma mère adoptive, m'attendait dehors. Elle m'a embrassé et on a commencé à s'éloigner. On avait à peine fait 10 mètres que…

— Fiocconi, venez ici…

J'étais sorti, je n'avais aucune envie d'y retourner.

— Vas-y, moi je me casse.

— Mais non, vas-y, mon chéri, va voir ce qu'il se passe.

J'ai fait demi-tour à contrecœur…

— Oui, qu'est-ce que vous voulez ?

— Tu t'es trompé de valise.

Le jour de la libération, ils nous filaient tous la même...

De retour en France, je suis monté à Toulon ouvrir une petite boîte, La Grotte, en haut de la ville.

Peu de temps après, un cousin m'a demandé de le loger dans une des piaules au-dessus de La Grotte, où j'habitais. Sa femme arrivait d'Afrique et il ne pouvait pas dormir chez sa mère avec elle. Comme on était en plein hiver et que la petite avait froid, il m'a emprunté un chauffage d'appoint que j'avais dans ma chambre.

Le lendemain matin, nous devions aller ensemble à l'abattoir pour acheter la viande pour l'affaire. Je me suis levé et j'ai frappé, ça ne répondait pas. Je n'ai pas insisté, sa femme était arrivée la veille au soir... Je suis descendu à l'abattoir, où j'ai rencontré des amis. Habituellement, je faisais juste l'aller-retour, mais cette fois-là j'ai mangé sur place avec eux et je suis remonté vers 2 heures et demie. Arrivé à l'hôtel, j'ai demandé à un Allemand, que j'avais connu en prison là-bas et que j'avais fait venir pour travailler avec moi, si mon cousin s'était levé.

— Non, il dort toujours.

Po-po-po-po, j'ai foncé vers sa porte et j'ai commencé à frapper.

— Oh ! il est 2 heures et demie, bordel ! Je vais te défoncer la porte, je te le dis.

Il m'a tellement énervé que je l'ai fait. Mais je n'arrivais pas à l'ouvrir, quelque chose coinçait derrière. C'était lui. Le matin, quand j'ai frappé à la porte, il s'était levé, mais il était tombé avant d'ouvrir. La femme, elle était sur le lit et il n'y avait pas longtemps qu'elle était morte.

Le chauffage était défectueux. Ils ont été asphyxiés au monoxyde de carbone. Je m'en servais aussi, mais j'avais trois carreaux cassés dans ma chambre, c'est pour ça que je ne suis pas mort. Je me levais avec un mal de tête mais je ne comprenais pas d'où ça venait... Je lui avais demandé de me le rendre à minuit, mais il a oublié. Et pour que sa femme ait bien chaud, il avait tout calfeutré et mis à fond.

Après ce drame, j'ai tout laissé tomber et je suis monté à Paris, à La Pizzeria. Francis m'a rejoint avec les Marseillais, Jeannot Cigare, toute la bande.

C'était la belle vie parisienne. On allait chasser des gonzesses dans un piano-bar des Champs-Élysées, Le Mexicain, dont l'enseigne lumineuse était un grand sombrero. C'était ouvert toute la nuit et, juste en face, il y avait un hôtel où on avait notre chambre attitrée. On y faisait la nouba tous ensemble ! Et de temps en temps on remontait nos billes en faisant des braquages de banque, par-ci par-là...

J'avais aussi deux filles qui bossaient, Dany et une autre à Toulon, et j'en ai rencontré une troisième, Maria.

Un soir, j'étais au Manège, un restaurant de la rue de La Rochefoucauld, ouvert quasiment toute la nuit. J'étais avec Francis et Jeannot Cigare. Deux beaux mecs. Moi, j'étais le plus moche de la bande, j'étais petit. Il y avait une très belle fille au bar. Et Francis, pour rigoler :

— Elle te regarde.

— Moi ? Oh, tu penses...

Et on est sortis. Dehors, Francis m'a relancé :

— T'es pas capable de l'emballer.

J'y suis retourné, j'ai appelé le patron, un ami :

— Demande à la petite si elle veut dîner avec moi.

Le Manège devait fermer entre 1 heure et 4 heures. Pendant ce temps-là, on allait manger. À ma grande surprise, elle a accepté. Le patron l'avait rassuré sur mon compte.

Dehors, les autres rigolaient, en pensant que j'allais me faire jeter. Mais quand ils l'ont vue sortir à mon bras pour monter dans la voiture... Je me suis vite fait la malle pour qu'ils ne me fassent pas chier et nous sommes allés au Son des Guitares. On avait à peine commencé à manger qu'ils sont arrivés. Je me suis dépêché de terminer mon assiette avant qu'ils ne me cassent le travail et je l'ai emmenée à l'hôtel. Là, j'ai joué le tout pour le tout...

Et le matin je me suis cassé en lui laissant mon numéro de téléphone. Je voulais la mettre au tapin. Je l'ai revue le lendemain et les jours suivants je l'ai travaillée, mais elle refusait.

— Ah non, moi si un jour je fais ça, ce sera pour moi, je ne vais pas donner des sous à un homme.

— Bon, je monte à Cannes, tu veux venir avec moi ?

Oui, non, et puis finalement non.

J'ai passé deux mois à Cannes, à Toulon, et je suis remonté à Paris. Je me suis pointé au Manège, et quand je suis entré je l'ai vue en train de se faire draguer par un mac, un beau mec. Je ne pouvais pas le voir ! Le barman lui a glissé :

— Attention, je crois qu'il y a Charlot dessus.

Il m'a fait demander si c'était vrai.

— Oui, c'est ma femme.

Ce qui était faux, je l'avais laissée, j'étais parti.

L'autre lui a rapporté, il s'est retiré. Maria était en plein pétard d'avoir perdu ce beau mec.

— Ah ? alors comme ça il paraît que je suis ta femme !

— Bien sûr, c'est pas parce que je suis parti deux mois…

Il a fallu que je rattrape le coup. Je l'ai donc emmenée à Cannes, et je l'ai présentée à la femme de mon cousin qui y tapinait.

— Laisse-la ici, je vais m'occuper d'elle.

Et elle a effectivement commencé à tapiner à Cannes. C'était la grande dame, qui ne se faisait pas n'importe qui. Le genre Festival de Cannes et autres rupins de la Côte. Je lui avais pris un appartement où je passais une semaine par mois. J'étais dorloté comme un chat, elle m'avait fait faire sur mesure une Cartier, une montre extra-plate tout en or martelé, magnifique, en la payant par traites chaque semaine.

Un beau jour, elle m'a annoncé qu'un client voulait passer la nuit avec elle, j'ai refusé. Elle a insisté en me disant que c'était un très bon micheton, blindé, et qu'elle allait l'essorer. J'ai accepte finalement et, quelque temps après, alors que l'on était en voiture sur la Croisette :

— Regarde mon chéri, c'est lui.

Et là, j'ai vu un play-boy dans une Aston Martin, un très beau mec, à mettre dans une vitrine. Immédiatement, je lui ai interdit de revoir ce bellâtre, j'avais trop peur qu'elle se fasse la malle avec lui. Je n'arrivais pas à comprendre qu'elle prenne des sous à un super mec pour me les donner à moi ! Je l'ai rembarquée avec moi à Paris. Mais finalement, lorsqu'on est redescendus, j'ai accepté qu'elle le fréquente à nouveau et on lui a tiré un maximum !

Les femmes, je n'avais pas besoin de les forcer, elles venaient à moi. Non pas que j'étais un tombeur. Les voyous leur procuraient les bonnes places, et j'avais un très gros carnet d'adresses. Ce qui fait que j'ai aussi marié des mecs en pagaille. Comme Ber, un Toulonnais. Il cassait les appartements, une « spécialité » où t'es souvent sur la paille. Quand il était raide, je lui glissais un billet, mais à la longue j'en avais plein le cul. Pas pour moi, mais pour lui. J'avais une femme qui travaillait bien, et comme j'étais plein de monnaie je lui ai dit :

— À partir d'aujourd'hui, ta comptée, tu la donnes à Ber, et ce jusqu'à ce que tu lui trouves une copine.

— Quoi ? Mais, Charlot, je veux pas !

— Eh bien trouve-lui une copine rapidement.

Peu de temps après, elle m'a annoncé qu'elle avait trouvé. Une belle fille que son mec avait laissée pour se marier avec une cavette.

— Invite-la à manger.

Le Ber, il était voleur, pas mac. Du coup, je lui ai fait le travail et je lui ai préparé la fille.

On a dîné tous les quatre, on est sortis, ils ont dormi ensemble et se sont installés dans un hôtel au-dessus du bar. Quelque temps après, on a fait une partie et je me suis rendu compte qu'il était un peu chiche. Alors, énervé, je lui ai demandé :

— Tu n'as pas de monnaie ou quoi ? Et la fille que je t'ai offerte ?

Alors il m'a expliqué qu'elle lui posait un fixe sur la table de nuit tous les matins au lieu de lui filer l'intégralité de sa comptée.

— Ah ouais, c'est comme ça ? Ce soir on mange ensemble.

Et le soir au resto, j'ai chopé la nana.

— Dis donc, toi, tu prends mon ami pour un micheton ?

— Non, Charlot, mais avec mon ancien mec c'est comme ça que je faisais.

— Eh bien ton ancien mec, il t'a laissée pour se marier.

Des années plus tard, elle a quitté Ber pour un marin.

J'en mariais, mais j'en faisais aussi divorcer pas mal. Un de mes bons amis, Robert – qui a été tué avec Jeannot Cigare à Marseille –, avait deux gonzesses. L'une d'elles était une tigresse. Elle retrouvait l'autre sur son lieu de travail et l'emmerdait. Un jour, aidée par deux copines, elle l'a fait monter dans un taxi et elles l'ont ruinée. Robert me le raconte le jour de l'anniversaire de la panthère.

— Elle te fait ça et toi tu lui organises son anniversaire ! Si tu es un homme, à la fin du repas, le gâteau d'anniversaire, tu le prends et tu lui files dans la tronche !

— Ah ouais, t'es sûr ?

— Dans la gueule, je te dis !

Il ne voulait pas trop, mais je le convaincs.

— Je vais le faire quand elle va souffler les bougies.

Et le soir il soulève le gâteau pour qu'elle souffle et, lorsqu'elle se baisse, vlan ! il lui écrase la tronche dans la crème ! La fille, il l'a perdue…

Avec Francis et toute l'équipe, on redescendait souvent sur la côte. À Marseille, un soir, on se rend aux Cinq Parties du Monde. J'enquille la rue avec ma grosse Chevrolet et je me retrouve coincé par une voiture arrêtée au milieu. Je descends, le calibre à la main derrière le dos, et j'interpelle le gonze.

— Vous allez rester combien de temps ? On ne peut pas passer !

— Hé, va te faire voir !

— Quoi, va te faire voir ? (Je sors le calibre). Range-toi, salopard !

C'était un Rebeu. Il voit le flingue et là, il bouge. Je retourne à la voiture et j'arrive aux Cinq Parties du Monde. Je fais la bise à tous les voyous et d'un seul coup revoilà le mec de la voiture. Il me saute dessus, j'essaie de lui filer un coup de tronche mais je ne m'y prends pas très bien. Mon ami Jeannot, qui me suivait, arrive derrière lui avec son automatique – il avait un Beretta. Il ne veut pas le tuer mais lui filer un coup de canon. Et le coup part. La balle traverse le crâne du mec, ressort de l'autre côté et me frôle. J'étais en train de lui donner un coup de boule et j'ai failli me la prendre. Le mec, quand je le reprends, je le sens lourd. Ses yeux tournent, je le lâche, mais les gens qui sont sur la terrasse et qui ont entendu le coup de feu le voient me tomber des mains. Bref, tout le monde croit que c'est moi. Oh, putain ! Je me fais la malle et je me mets en cavale à Toulon chez mon oncle préféré, Jean-Félix. Le caïd de Toulon, un vrai voyou, vraiment gentil, qui aimait et aidait les gens. Chaque fois que j'avais un coup dur, j'allais le voir. Il m'a planqué chez des gens du village le temps d'éclaircir l'affaire… À Marseille, où il possédait le bar maritime, il connaissait tout le monde. Il avait fait partie des blouses grises en 1954, une équipe de braqueurs de fourgons qui avait défrayé la chronique. Il a essayé d'arranger le coup à Marseille avec une brigade locale composée de pieds-noirs qui luttaient contre la délinquance nord-africaine, et qui ne pouvaient pas les voir.

Le condé lui a dit que je pouvais me pointer, personne ne m'accusait.

Un gendarme avait bien été témoin de la scène, mais il avait vu l'agresseur de dos. Et une femme arabe ne donnait pas la même description. Je me suis présenté, ainsi que le patron du bar, un voyou ami de mon oncle qui me dédouanait, expliquant que ce n'était pas moi qui avais tiré, etc.

Et l'Arabe arrive, une belle femme.

— Bon alors, c'est lui ?

— S'il promet de m'emmener dîner au restaurant et qu'il passe la nuit avec moi, c'est pas lui.

Alors là, aucun problème !

Ensuite le gendarme arrive. Le mec de l'évêché lui demande de m'identifier et l'autre, tout bas :

— C'est lui.

Le condé vient me voir :

— On est dans la merde…

Je m'y voyais déjà. Mais comme les condés touchaient leur billet... ils attaquent le gendarme. Lorsqu'il m'avait vu, il était en terrasse des Cinq Parties avec sa maîtresse. Mais il avait raconté aux flics qu'il y était avec son épouse. Alors ils lui ont demandé :

— Qui est-ce qui t'accompagnait ?

Le type a hésité, mal à l'aise.

— Oui, mais ça, ma femme, il faut la laisser...

— Non, non, on est obligés de la faire venir, elle doit appuyer ton témoignage, en plus tu dis que tu l'as vu de dos...

— Oui, oui, mais je suis sûr que c'est lui, c'est la même stature.

— Écoute, si je t'en mets 500 comme lui de la même stature, tu le reconnais ?

— Non.

Ils ont appelé le juge et lui ont fait le topo. Ce dernier a ordonné de me relâcher. Mais là, je dois dire que ce fut mon premier coup de chaud...

Lorsque j'étais à Toulon, mon oncle Jean-Félix me faisait porter des commissions à Antoine Guérini [1] dans sa boîte, L'Annabel's sur le vieux port.

T'arrivais là-bas, il y avait tous les voyous de Marseille. Ils commandaient du champagne en pagaille : « Ma bouteille » par-ci, « Ma bouteille » par-là...

---

1. Le Corse Antoine Guérini régna avec ses frères à Marseille jusqu'à son assassinat en 1967.

« Monsieur » Guérini arrivait vers minuit et demi ou une heure, le temps que les clients consomment bien. On aurait dit le roi, il faisait la bise à tout le monde. Seulement, le mec, pour avoir sa bise, il avait attendu deux bouteilles. Antoine mettait la sienne, mais ils en avaient déjà bu une centaine. Un jour où j'avais une course à lui faire, je l'attendais près de la piste de danse avec un ami toulonnais. Ce Pierrot avait invité une fille à danser et de la piste il me regardait genre « T'as vu la belle gonzesse ? ». Et Antoine arrive, il me fait la bise :

— T'es tout seul ?

— Non, avec mon ami qui danse.

Et je lui montre.

— Oh, putain, la nana avec laquelle il danse, c'est un travesti, hé, dis-lui !

Pierrot, je lui fais signe avec le doigt sur la bouche pour lui faire comprendre de ne pas l'embrasser. Et lui, pour me faire chier, il l'embrassait de plus belle…

Et lorsqu'il est revenu à la table :

— Alors, Charlot, t'es jaloux ?

— Non, je suis pas jaloux, mais ta nana, c'est un travelo !

— Non, tu déconnes ?

— Demande à Antoine…

Oh, il lui a cassé la tronche.

Peu de temps après, on était tous dans un bar au-dessus de Pigalle et, avec Charly d'Avignon, on avise deux gonzesses. On se fait la malle avec elles, on arrive à son appart et on s'enferme. On tronche, on se fait sucer et vroum, on les entend qui arrivent. Les amis nous avaient retrouvés.

Pierrot prend la petite qui était avec moi et s'en va dans la chambre. Par la porte ouverte, je le voyais l'embrasser et moi, comme à Marseille, je lui faisais « non » du doigt. Plus je le faisais, et plus il l'embrassait. Et quand il sort…

— Ah, tu peux déconner, mais cette fois-là, c'était pas un trav…

— Non, mais elle m'a bien sucé avant !

— Pouahhh !

Ce Pierrot, il était tombé pour un coffre, il avait fait sept ou huit ans. Des amis m'ont alors parlé de lui – c'était un brave mec – et je l'ai marié en prison, avec une fille que j'avais connue à La Parisienne, à Toulon, et qui arrivait d'Allemagne. J'avais demandé à la fille :

— T'es mariée, toi ?

— Non.

— Eh bien tu vas te marier avec un ami à moi en prison. Les six derniers mois avant sa libération, elle lui envoyait ses sous, ses affaires parfumées. Et il est sorti avec sa gonzesse.

Lorsque j'étais à Paris, il ne me quittait pas. Pierrot, c'était une force de la nature. Quand on rentrait dans une boîte :

— Charlot, il y a un mec qui te regarde, je vais le défoncer, cet enculé.

— Non, laisse.

— Mais regarde…

Un soir, à Paris, on va au Son des Guitares, une boîte corse.

S'y trouvaient des jeunes du village qui commençaient à faire un peu les voyous. Je ne les avais pas remarqués et, pour rigoler, il y en avait qui me regardaient méchamment… Et le Pierrot :

— Charlot, il y a un mec…

Au jeune, je lui ai dit d'arrêter – un peu plus et il allait lui tirer dessus.

Une autre fois, je me pointe à Ajaccio avec la grosse Chevrolet et je vais le voir. Il était sur la place en train de jouer aux cartes, et l'un des mecs me voit « rouler ».

— Oh ! les mecs, regardez, qu'est-ce que c'est que ce connard ?

Il ne lui a rien dit. Il a pris le verre et le lui a écrasé dans la bouche.

— C'est mon ami, enculé !

L'autre était défiguré. Pierrot avait un sens aïgu de l'amitié.

À Paris il y avait toute une clique de Marseillais qui fréquentaient notamment Les Trois Canards [1], rue de La Rochefoucauld. Parmi eux, Gaétan Zampa, dit « Tany [2] ». Les Trois Canards, je n'y allais pas même si j'ai connu après. J'allais à la succursale marseillaise, au Canotier, le QG de Zampa, qui commençait à monter. La première

1. Bar de truands à la sinistre réputation.
2. Voir *Zampa, caïd de Marseille*, de José d'Arrigo, éd. La Manufacture de livres.

fois, c'était pour une histoire de gonzesse. A Golfe-Juan, chez mon oncle Jean, une fille n'était pas mariée et mon cousin l'avait prise. Or, Zampa avait décrété que les femmes qui n'avaient pas d'hommes reconnus devaient travailler pour son équipe :

— Il sait que je suis pas mariée, il veut que je travaille pour eux.

— Dis-lui que tu l'es, maintenant.

Mais il a fait mine de ne pas la croire.

Alors nous sommes allés voir M. Zampa, au Canotier sur la Canebière. Ils étaient déjà une cinquantaine, une soixantaine dans ce bar. C'était le bureau, et la cantine.

Et lorsqu'il nous a vus, Zampa, qui était très malin, nous a déclaré :

— Mais ça me fait plaisir qu'elle soit avec toi et ton cousin, aucun problème.

On est devenus amis, mais après il nous a entubés…

Amicalement vôtre

C'est à cette époque-là, vers 1963-1964, que j'ai connu Jean-Claude [1]. Il faisait partie des « Italiens », qu'on surnommait ainsi parce qu'ils avaient des affaires là-bas. Jean-Claude et son ami Nedo, c'étaient les play-boys à Toulon. Ils portaient des costumes italiens étroits, alors que nous, on avait des épaulettes immenses. Par la suite, je m'y suis mis et, quand on arrivait au Lizeux avec nos petits costumes, les vieux Corses avec leurs gros costards épais nous prenaient pour des hurluberlus.

En attendant, les autres Toulonnais voulaient lui tomber dessus par jalousie. Ça commence à Paris. Un certain Lucien se pointe à La Pizzeria :

— Putain, il y a un Toulonnais, il a voulu se troncher ma femme.

— Qui c'est ?

1. Voir *L'Affranchi*, de Jean-Claude Kella, éd. du Toucan.

— Jean-Claude Kella.

Et Jean-Louis [1], qu'on appelait « Savonnette », précise :

— Il va même chez ton oncle Jean-Félix, au Grillon, à Toulon.

Il poussait, il ne pouvait pas voir Jean-Claude.

Savonnette, le futur parrain de Toulon, qui n'était absolument personne à l'époque, je l'avais rencontré dans un petit bar du vieux Toulon. Il avait à peine 18 ans et ne savait pas quoi faire. Un jour, mon cousin Jeannot meurt et sa gonzesse reste seule. Elle travaillait à Saint-Raphaël chez Toto, un Corse de Calenzana. J'y vais et je la fais appeler :

— Écoute, je ne veux pas que tu te maries avec n'importe qui. Voilà ton nouveau mari.

C'était Savonnette. C'était impeccable, il touchait sa monnaie, mais au bout de cinq ou six mois elle est venue me voir :

— Charlot, c'est bien beau le mec avec qui tu m'as mariée, mais il ne me touche pas. Je lui file seulement ma monnaie.

J'étais un peu embêté, je vais voir Savonnette, je lui dis :

— Sors-la, paie-lui le resto, les boîtes et tronche-la !

— Ah non, c'est un tapin, moi je ne baise pas les tapins.

— T'es complètement barré !

1. Jean-Louis Fargette sera considéré comme le caïd de Toulon dans les années 1980 et jusqu'à sa mort, en 1993.

Et je le fais monter à Paris. Il buvait pas mal, moi je n'aimais pas ça. Bref, avec Lucien, ils me font le tableau. Ce Kella avait essayé d'emballer sa femme qui travaillait à Milan. Et il comptait sur moi pour rendre justice…

Quelques jours plus tard, alors que je suis au bar à La Pizzeria, arrive une grosse décapotable avec une connasse que je ne connaissais pas accompagnée de deux ou trois mecs. Et ça déconnait, et que je te prends la bouche des mecs, etc.

— Qui c'est, cette gonzesse ?

— C'est la femme à Lucien.

— Celle de l'Italie ?

J'envisageais de faire du mal à quelqu'un pour une connasse pareille ? Jean-Claude, je ne le connaissais pas, je l'avais vu au bar comme ça chez mon oncle, mais j'ai commencé à douter… Un beau jour, on se décide à aller le voir. On lui donne rendez-vous dans un bar du Pont-du-Las, à la sortie de Toulon. Je pensais qu'il n'allait pas venir… Moi, tu me donnes rendez-vous là-bas, je n'y vais pas, j'en fixe un autre part… Il est arrivé, costard italien, impeccable, la classe. Les autres, ils avaient l'air de gros ploucs. Je me dis : « Tiens, le mec, il est mariolle. »

Bon, on devait s'expliquer et je vois que le Lucien s'emmêle les pédales, j'en ai plein le cul, je renverse la vapeur et je me mets du côté de Jean-Claude. Quand il s'en va, je leur lance :

— Vous êtes barjots, ce mec-là il ne faut pas le toucher.

Il s'était bien tenu, et je sentais qu'il disait la vérité.

La fille, il l'avait juste saluée dans un bar de Milan alors qu'elle était en compagnie d'une copine à lui.

En prenant son parti, je me suis mis à dos M. Savonnette, qui ne comprenait pas. Fin de nos relations.

Par la suite, j'ai recroisé Jean-Claude chez mon oncle. On n'est pas devenus amis, mais on s'appréciait. Et lorsqu'il est tombé en prison pour l'affaire du coffre de la Gaumont à Paris, sa femme est montée à Paris, je m'en suis un peu occupé.

Pendant qu'il était dedans, je me suis lié avec son pote Nedo.

Il avait mis une gonzesse à tapiner chez un des frères Guérini à Juan-les-Pins. Et l'un de leurs cousins de Toulon, venu en visiteur, l'avait levée…

Nedo, c'était notre ami, et l'autre, le Guérini, c'était un ami de mon oncle Jean-Félix. Tu penses, un Guérini, mon oncle qui marchait avec les frangins n'allait pas le désavouer. Je me suis dit qu'ils allaient le faire marron. Je les connaissais assez, j'avais grandi avec eux. Tous les jeunes voyous bandaient aux noms ronflants, ils les voyaient comme des cadors. Pas moi. J'étais habitué, je savais comment mes oncles et les autres procédaient. Ils se servaient des jeunes, c'étaient des macs d'hommes, en définitive. Une affaire où ils avaient tort, ils te la tournaient de telle sorte que, en sortant, tu pensais que t'avais déconné.

Une réunion était prévue pour régler le problème. Autour de la table nous étions trois : moi, mon oncle et le Guérini. Nedo attendait dehors. Guérini a commencé à s'expliquer :

— Si je l'ai prise, c'est parce qu'elle est venue me voir pour me dire qu'elle ne voulait pas retourner avec lui et patati et patata...

Il m'a tout de suite gonflé :

— Écoute, si elle est venue te voir, où elle t'a connu ?

Mon oncle me donnait des coups de pied pour que je ferme ma gueule.

— Ah tu l'as connue au bar ? Mais tu n'as pas demandé si elle était mariée avant de lui parler ?

— Non, mais c'est elle qui a voulu.

Mon oncle n'arrêtait plus de me filer des coups de latte. Je me suis énervé et je suis parti, j'ai dit à Nedo :

— Écoute, rentre, mais ne te laisse pas embrouiller.

Et quand il est sorti, il pensait avoir tort... Depuis ce jour-là, le Guérini, je ne pouvais pas le voir.

Au Grillon, chez mon oncle, à Toulon, il y avait une salle de jeu en bas. Je m'y pointe avec un petit Toulonnais, Orsini, à qui je faisais faire le mac à Cannes, pour l'aider (après il s'est mis à table...). À l'époque, on était un peu bouffons, moi surtout, il faut reconnaître. On mettait des pochettes avec les billets de 50 000 qui dépassaient... Quand ils l'ont vu arriver comme ça, le petit, les mecs du Grillon ont voulu à tout prix qu'il joue. Il n'avait jamais joué, ils voulaient le tondre, notamment ce Guérini, qui était un habitué. Manque de pot, le mec les a tous plumés. Quand j'ai vu ça :

— Viens, on s'arrache !

Tu parles, ils ne voulaient pas nous laisser partir, ils voulaient se refaire. Et moi, pour faire mariner l'autre connard qui avait perdu gros :

— Non, non, on se casse !

Eu égard à mon oncle, le Guérini, je ne pouvais guère faire plus contre lui.

Le lendemain de la partie, le petit Orsini s'était acheté des chaussures en croco et on est retournés au Grillon. Guérini était là. Et, accoudé au bar, je disais :

— Orsini, fais voir tes chaussures.

Il levait le bas de son pantalon et…

— Oh, mais c'est des chaussures en croco que tu as !

L'autre, il savait que c'était avec sa monnaie. Mon oncle Jean-Félix m'appelait :

— Oh, tu arrêtes ou quoi ?

— Pourquoi, tonton ? Les chaussures… ne lui plaisent pas ?

J'avais les filles mais, de temps en temps, je montais sur des affaires : des banques et des coffres, dont j'assurais l'ouverture grâce à ma formation de Belle-Île.

Un jour, avec Nedo, alors que Jean-Claude était toujours en prison, on devait rejoindre les Marseillais en Suisse ; un coffre à faire. On sort de Toulon en voiture, on passe les gorges d'Ollioules, et là un motard nous fait signe de nous arrêter. Et Nedo soupire :

— On est dans la merde…

Je ne comprenais pas ce qu'il voulait dire.

— Je t'expliquerai.

— Allez, suivez-nous.

Ils nous emmènent au fort de Toulon. Et moi :

— Vous ne savez pas à qui vous avez affaire, ma famille est haut placée.

Dans le doute, ils m'ont laissé m'asseoir le temps de taper nos noms. Mais lorsqu'ils sont revenus :

— Fiocconi, lève-toi, espèce d'enfoiré !

L'histoire, c'est qu'un des motards avait fait du gringue à la femme de Nedo. Il l'avait verbalisée une fois, s'était un peu amouraché d'elle et depuis l'emmerdait. Elle l'avait dit à Nedo, qui lui avait fait filer une trempe. Depuis, le mec était en « tarpé » après nous. Bon, finalement, comme ils n'avaient rien, ils nous ont laissés partir.

Nedo a repris la route en voiture avec les bouteilles d'oxygène et d'acétone pour le chalumeau et je suis monté en train avec le troisième larron qui nous accompagnait, Guy, un petit maigrichon. Nedo nous a récupérés à la gare de Genève sous la neige ; on devait rejoindre nos équipiers dans un appartement que des gonzesses leur avaient prêté. Mais sur la route, j'avais l'impression qu'on était suivis. On est arrivés à l'appartement, je n'étais pas tranquille. Le temps de prendre une douche et on est redescendus. Et j'ai vu la même voiture. Elle était garée en haut de la rue et avait reculé lorsque nous étions sortis. je leur ai lâché :

— On s'en va, je ne tape pas ici.

On a rejoint les autres à la frontière dans une auberge dont la moitié était française et l'autre suisse. On commençait à manger et Nedo :

— Je vais chercher ma valise.

— Tu vas être marron.

— Attendez-moi là.

— Si tu y vas, on y va tous.

Et on est retournés à Genève. Mais, lorsqu'on est arrivés sur le pont du Mont-Blanc, des voitures de condés ont surgi de partout et nous ont bloqué. Les mecs sont sortis en gueulant, les calibres à la main :

— Que personne ne bouge !

Ça courait, ça criait et on s'est retrouvé par terre avec les bracelets. Ensuite, ils nous ont jeté dans leurs voitures qui ont démarré toutes sirènes hurlantes.

En Suisse, la garde à vue, ce n'est pas vingt-quatre heures – ça on était habitués – mais un mois. Putain, au bout d'une semaine, je me suis dit que quelqu'un avait parlé.

Le plus emmerdé, c'était Nedo, qui avait la bouteille d'acétone dans la voiture. En fait, les gonzesses qui nous avaient laissé leur appartement étaient maquées avec des chauffeurs de taxi qui nous avaient balancés. Finalement, sans plus de preuves, les flics nous ont reconduits à la frontière. Et là, dans le bureau des douanes français :

— Qui c'est, Fiocconi ?

— Pourquoi ?

— Au nom de la loi, je vous arrête, vous êtes recherché pour meurtre.

— Je n'ai rien à voir là-dedans.

À l'époque, j'avais toujours le mandat d'arrêt international pour le meurtre de l'Arabe. Ils avaient oublié de le retirer. Je leur ai expliqué que l'affaire était close.

Nedo parlait pas mal de langues, le commissaire aussi. On a sympathisé. Mais ils attendaient confirmation de Marseille.

— Vous allez nous faire dormir au commissariat ? Laissez-nous aller à l'hôtel.

On les convainc. Et moi, dans le doute, je voulais me casser… On est restés, et le lendemain c'était réglé.

Quelque temps après, Jean-Claude a été libéré grâce à une erreur de procédure. Je l'ai fréquenté jusqu'au procès, qu'il a esquivé le jour du jugement. Mieux valait qu'il quitte la France. Je lui ai passé les clés de ma voiture et il a pris la route de l'Espagne. Je l'ai rejoint un peu plus tard avec la Jaguar de l'une de ses copines. Et on ne s'est plus quittés.

C'était la première fois que j'allais en Espagne. Le soir de mon arrivée, Jean-Claude m'a emmené dans une discothèque en bord de mer. J'ai tout de suite aimé. Tous les soirs, on sortait dans les boîtes de Torre del Mar, sur la Costa Brava.

Mais à faire les beaux, à un moment on s'est retrouvés sans une tune. Jean-Claude avait une copine à Cannes, une fille de bonne famille un peu plus âgée que nous. Elle nous avait un peu éduqués, nous avait appris à vivre. J'arrêtais pas de lui dire :

— Appelle-la !

Il ne voulait pas, alors c'est moi qui l'ai fait.

— Écoute, on a un problème, Jean-Claude a beaucoup joué, il a perdu… Je t'appelle parce qu'il n'ose pas.

Et la nana :

— J'arrive immédiatement.

Elle apportait 5 000 dollars, une belle somme à l'époque.

Le soir, on est allés dans un club tous les trois et, de retour à l'appartement, j'ai entendu une dispute terrible et…

— Je m'en vais !

Je suis sorti de ma chambre, elle descendait déjà l'escalier. Je vais voir Jean-Claude.

— Qu'est-ce qu'il y a ?

— Oh, qu'elle se casse, cette conne !

— Et les sous ?

— J'en ai rien à foutre, des sous.

— Comment ça, t'en as rien à foutre ?

Je suis descendu derrière elle mais, quand je suis arrivé dans le parc, la voiture était déjà sortie.

— Oh, putain ! Mais il est barjot, celui-là.

Je suis rentré dépité à la maison et, au moment de monter l'escalier, j'ai vu un petit paquet posé sur la table du salon. Et là, j'ai retrouvé le sourire, elle ne nous avait pas oubliés…

J'ai fait venir les Marseillais – Francis, Jeannot Cigare… – et on a commencé à braquer des banques. En Espagne, c'était facile à l'époque. Mais un jour, à Barcelone, un mec qui avait une valise attachée au poignet n'a pas voulu la lâcher. L'un de nous a tiré pour casser la chaîne et l'a blessé à la jambe. On a été obligés de décrocher. Le lendemain, on ne parlait que de ça dans les journaux. À l'époque,

Franco était aux manettes et, si on était pris… aïe ! aïe ! c'était la condamnation à mort.

— C'est terminé, moi je ne braque plus ici.

J'avais deux ou trois gonzesses et je montais juste pour les accompagner.

Le soir, on sortait deux par deux. Francis et moi d'un côté et Jean-Claude et Tony de l'autre. Une fois les gonzesses levées dans les discothèques du bord de mer, on se retrouvait le matin à l'appartement pour faire la fête. Et un matin, pas de Jean-Claude ni de Tony. On a attendu toute la journée, toujours personne. Pendant deux jours, on a cherché dans tous les hôpitaux du coin, en vain. On avait peur qu'il leur soit arrivé un coup dur. À l'époque, on était un peu en guerre avec Nonœil, un braqueur lyonnais qui s'était mis au vert en Espagne après une opération policière. Enfin, au bout de quatre jours, ils sont rentrés. On croyait que c'étaient les condés ! Ils avaient rencontré deux brésiliennes avec qui ils avaient fumé de la marijuana. Quand Jean-Claude m'a raconté ça, je l'ai regardé comme si c'était un détraqué. D'un seul coup, à mes yeux, il avait baissé, c'était devenu un drogué ! Moi je ne fumais ni ne buvais. À l'époque, dans le milieu, tu disais que tu avais fumé, c'était fini ! Bon après, en Colombie, j'ai changé d'avis…

D'autres amis nous rejoignaient ponctuellement : Ber, Nedo, Pierrot, etc.

Vu le nombre de mecs qu'on était dans un seul appartement, on laissait croire au concierge que nous jouions dans un orchestre.

Je remontais souvent en France. J'avais les filles qui bossaient et c'est moi qui faisais le lien avec le mitan. Les trois autres étant en délicatesse avec la justice, j'étais le seul à pouvoir monter, ce qui m'a valu de prendre l'avion pour la première fois. L'un d'eux avait besoin d'un passeport. On m'a alors conseillé d'aller voir Jean-Jé [1] à Marseille. D'après lui, les papiers, c'était possible, mais il fallait aller les chercher au Brésil. Je suis retourné en Espagne, d'où je suis parti pour l'Amérique du Sud. Patou, un mec de leur équipe qui les balancera par la suite, m'a réceptionné à l'arrivée et conduit dans un hôtel :

— Tu veux de la compagnie ?

Il m'a envoyé une superbe brésilienne pour la soirée. Et le lendemain.

— Les papiers, je ne les ai pas là, il faut que tu ailles en Argentine.

— Je n'ai pas assez d'argent, je suis parti avec mon billet et un peu de sous.

— Mais il n'y a pas de problème.

Ils étaient pleins de monnaie, nous pas encore… J'ai pris un vol pour Buenos Aires et, à l'aéroport, une femme m'attendait. Elle m'a donné le passeport et je suis rentré.

C'était le premier voyage, et ça m'a plu.

---

1. Neveu d'un caïd du milieu, Jean-Jé Colonna, lors de sa mort en 2006, était considéré comme le « taulier » de la Corse du Sud.

De France, j'ai aussi ramené une gonzesse que j'ai mariée à Jean-Claude. Il n'avait rien demandé, c'est à cause de Francis d'Avignon. Un mec très intelligent par rapport à la moyenne intellectuelle du milieu. Ce qui ne l'empêchait pas d'être toujours à la rue.

Lorsque je remontais d'Espagne, je fréquentais souvent une boîte à côté des Champs, où tous les voyous allaient. Un soir, on était au comptoir, il était tard.

— Bon, ben nous, on va se coucher.

Et ce Francis d'Avignon que je venais de rencontrer :

— Coucher, vous avez de la chance ! Moi, ça fait trois jours que je zone…

— OK, c'est bon, viens à l'hôtel.

Francis a dormi à La Pizzeria de mon oncle et, le matin…

— T'aurais pas quelques sacs pour me dépanner ?

— Mais dis-moi, toi, t'as pas une gonzesse ?

— Si, mais elle m'a laissé, elle est à Cannes.

— Comment ça, elle t'a laissé ? Quand je redescends, tu viens avec moi.

Et nous voilà partis, d'abord pour Avignon, d'où il était. Francis parlait très bien, mais il était toujours en train de tailler les gens. Je le savais, alors j'avais emporté un petit magnétophone et je commence à le faire jacter :

— Et Tintin Tramini, c'est quand même un brave mec !

— C'est un enculé.

— Et les Guérini, Antoine, quand même.

— C'est pas un enculé, c'est un triple enculé.

Il bavait sur tout le monde sauf sur Jacky le Mat, qu'il admirait.

Tout le long du voyage comme ça. Et quand on est arrivé à Avignon :

— Putain, tu tailles, toi !

— Mais non…

Et j'ai sorti le magnéto :

— Tiens, écoute. Je vais leur donner à tous ces mecs…

Il était comme un fou, il m'a sauté dessus. J'en rigolais tellement qu'il a réussi à prendre la cassette et l'a écrasée en petits morceaux comme un dingue.

À Avignon, il m'a présenté sa gonzesse du moment, qui ne bossait pas. Je lui ai suggéré :

— Si t'as besoin de monnaie, envoie-la au tapin.

— Ben non, la pauvre, regarde, elle n'a pas de dents.

— Eh bien on va lui faire refaire !

— Mais elle ne va pas vouloir travailler.

— Laisse-moi la baratiner.

Et j'ai entrepris la fille :

— Oh, ton mec, il va voler tous les soirs, tu veux qu'il aille en prison ou quoi ? Pourquoi tu ne tapines pas comme tout le monde, et patati et patata…

Elle a accepté, est passée chez le dentiste et on l'a envoiée à Paris rejoindre une de mes gonzesses.

Après Avignon, on est arrivés à Cannes, dans un bar, chez Jo. On y a bu un coup et Francis :

— Oh, regarde, mon ex-femme, elle est à la table, là-bas.

Elle était avec des voyous, notamment Henri de Toulon, un beau garçon, très gentil. Mais je ne sais pas pourquoi, c'est des trucs de jeunes, je ne l'aimais pas.

Je suis allé à leur table et, à la gonzesse :

— Qu'est-ce que tu fais là ?

— Mais, monsieur…

Et aux autres :

— Vous voyez pas que c'est la femme de mon ami, cette connasse ? Et vous êtes tous là en train de boire du champagne avec elle.

— Ah, elle est mariée !

— Mais non, je ne suis pas…

— Viens là, toi !

Je l'ai sortie de la table, et je me suis tourné vers Henri, à qui elle plaisait bien :

— Écoute, elle est à l'amende. Quand elle aura fini de payer, vous faites ce que vous voulez.

Dans les semaines suivantes, c'est moi qui suis monté à Cannes chercher les sous pour Francis d'Avignon parce que lui… Comme ça, il a eu sa monnaie.

Henri attendait qu'elle ait fini de payer et moi j'avais tellement les boules que lorsqu'elle a quasiment terminé :

— Allez, fais tes valises !

Je suis descendu avec elle en Espagne retrouver Francis, Jean-Claude et les autres.

— Si à minuit tu n'as pas trouvé un mari parmi nous, tu seras ma femme.

Jean-Claude, on l'avait mis dans le coup :

— Non, Charlot, ne sois pas comme ça…

Il l'a emmenée danser, elle le voyait en sauveur.

Je les ai attendus jusqu'à 3 heures et, quand ils sont rentrés, j'ai fait à la fille :

— Allez, passe dans ma chambre.
— Non, non, Jean-Claude va te parler.
— Parle, toi, t'as trouvé un mari ?
— C'est Jean-Claude.
— Ah ben si c'est lui !

C'est comme ça que j'ai marié Jean-Claude. Ensuite, lorsqu'il est parti s'installer à New York, elle est montée le voir. Mais il a dépensé pour elle le double de ce qu'elle lui apportait. Et elle est redescendue avec trois ou quatre fois la somme. Jean-Claude, c'était le gentleman.

Moi, c'est vrai, j'étais plus brut, pas vraiment dégrossi. Parfois, il avait du mal à s'y faire…

Maria de Cannes était venue passer quelques jours en Espagne. Je devais m'absenter et je l'ai laissé avec un de nos amis dans un grand hôtel de Barcelone. On est revenus quatre jours après.

— Oh, écoute, Charlot, la prochaine fois tu ne me laisses pas ta femme.
— Pourquoi ?
— Parce que tous les soirs c'est langoustes, homards…
— Où elle est ?
— Dans sa chambre.

Je suis monté :

— Dis donc, toi, je ne veux plus te voir manger de langoustes, espèce de connasse que tu es.

Et on est descendus au restaurant avec Jean-Claude, Guy… Lorsque le serveur a pris la commande, Maria m'a regardé, a regardé le mec…

Je l'ai mis en garde :

— Fais attention…

Et la garce :

— Donnez-moi une langouste.

De rage, je lui ai filé balançé un verre de vin dans la tronche et de surprise, elle est tombée par terre les jambes en l'air, et Jean-Claude :

— Bon, allez, on se casse, on nous a reconnus, ici !

Il ne voulait pas rester, moi je m'en foutais pas mal.

Peu de temps après, il est sorti avec une chanteuse connue à cette époque. Alors que nous devions dîner tous ensemble, il m'a regardé inquiet :

— Charlot, fais attention.

— Ouais, ouais, t'inquiète pas.

— À ta façon de parler, fais gaffe…

— Oui, oui, j'ai compris.

— Et sois poli.

— Oui, oui,

Il y avait du lapin. On m'a passé le plat en premier et j'ai pris la plus grosse part. Il m'a regardé, j'ai fait semblant de rien. Il m'a pris à part.

— Charlot, ça, c'est impoli.

— Écoute je te passe le plat, qu'est-ce que tu fais ?

— Je prends un morceau normal.

— Après tu le passes à l'autre, qui fait comme toi, et le passe à l'autre, rebelote, et enfin tu me le passes et, comme je suis le dernier, je prends le gros. Ça revient au même…

On est restés deux ans en Espagne, jusqu'à ce que Nonœil se fasse repérer à Barcelone. Les condés l'avaient remonté grâce à ses faux papiers. Lorsqu'il sont venus l'arrêter, il les a allumés et on s'est arraché. Ils se sont mis alors à rechercher des Français en Catalogne. Avec Jean-Claude, on avait acheté une ferme près de Gérone pour y faire un élevage de lapins, dont les Espagnols raffolent. Évidemment, au village, tout le monde nous connaissait…

Ce matin-là, je me suis levé à 4 heures, je devais aller en France. Quand je suis arrivé à Paris, j'ai appris que les autres avaient été arrêtés. Les condés étaient arrivés trois quarts d'heure après mon départ. Ils avaient trouvé des armes, des passeports vierges… et emballé tout le monde : Francis, Jeannot Cigare, le petit Tony… sauf Jean-Claude, qui accompagnait sa chanteuse à Madrid. Mon beau-frère avait également été arrêté. C'était un travailleur, il ne faisait pas le voyou, les avocats ont donc obtenu qu'il soit relâché. Ce qui a permis à Francis de sortir. Mon beauf avait quasiment le même nom que lui, à une lettre près ! Francis a donc été libéré à sa place et mon beauf est resté.

Nous avons perdu la ferme et Jean-Claude, dont la photo figurait sur l'un des faux passeports, s'est fait la malle au Portugal et de là s'est envolé pour New York. Parce qu'entre-temps nous avions enquillé dans la came.

Le *Caprice des Temps*, une traversée stupéfiante

À Barcelone, nous avions sympathisé avec deux Toulonnais plus âgés, Jeannot le Jap et Roch O. Ils rentraient d'Argentine et faisaient partie d'une équipe, que nous appelions logiquement les « Argentins ». Ils étaient pleins de dollars, mais on ne savait pas d'où ça venait. L'un d'eux était un ami de mon père. Un jour, on me présente à lui :

— Laurent Giudicelli-Fiocconi.

— Oh, j'en ai connu un, patati patata, un ami à moi. Et toi, ton père s'appelait comment ?

— Laurent.

— Mais c'était mon ami intime. Il m'a aidé pendant ma cavale, jusqu'à mon départ en Argentine !

La confiance s'est installée et ils nous ont proposé de passer des dollars en France. Des 100 000, 200 000, planqués dans des voitures que l'on remontait à Marseille.

Avec Jean-Claude, on croyait qu'ils faisaient les faux billets, on s'est dit qu'il fallait entrer dans le coup. Le soir, ils aimaient sortir avec nous parce que Jean-Claude, qui avait un succès fou, leur ramenait plein de gonzesses. Ils étaient plus vieux que nous, dans les 50 ou 55 ans. Tous les soirs, ils venaient nous chercher et ils payaient des caisses de champagne. Pour essayer d'entrer dans l'affaire, on s'est subitement mis à bouder leurs invitations.

— Non, on ne sort pas.

— Mais pourquoi ?

— C'est toujours vous qui payez.

— Mais t'occupe pas !

— Non, non.

Ils sont sortis sans nous, et le lendemain ils sont revenus nous voir.

— C'est toujours non.

— Mais vous êtes des barjots.

— Non, on est gênés. On n'a pas votre train de vie, on se sent humiliés. Mais faites-nous toucher et on sortira.

Toujours avec l'idée qu'ils faisaient des faux billets. Sur le moment, personne n'a rien répondu, mais deux jours après le neveu Ricord [1] nous a lâché :

— Je voudrais qu'on discute.

Rendez-vous est pris pour le lendemain. Et là, il nous a parlé de drogue. On n'y connaissait rien, Jean-Claude m'a regardé…

---

1. Auguste Ricord, truand marseillais compromis avec la Collaboration et réfugié en Amérique du Sud après la Seconde Guerre mondiale.

— Vous devez trouver la marchandise et des passeurs. L'un de vous doit monter à New York voir mon acheteur parce que notre associé, qui réceptionnait, a lui aussi décidé d'arrêter.

Ce serait le rôle de Jean-Claude. Je devais m'occuper des passeurs et de la marchandise.

— Où je peux en trouver ?

— Paul P.

— Ah bon, pas de souci, son frère Martin était avec mon père en Allemagne.

Lorsqu'on est sortis de l'appartement, on faisait des bonds comme ça. On avait touché le jackpot ! On est rentrés à la ferme, où nous avons tenu une réunion avec les autres. Une fois le biz exposé, tout le monde marchait avec nous.

Je suis monté à Marseille voir Paul, qui tenait un Bar :

— Paul, j'ai besoin d'héroïne.

— Mais t'es fou, toi ! Qui c'est qui t'a dit ça ? Il ne faut même pas m'en parler, de ça. Je ne veux rien savoir. Je te conseille d'oublier, c'est dangereux.

Je suis tombé sur le cul, alors là... Je vais voir mon oncle Jean-Félix, qui était l'un de ses proches amis, et je lui ai raconté.

Et de sa voix rocailleuse :

— Viens me chercher demain matin à 9 heures.

Le lendemain, je suis arrivé, il est monté dans la voiture, le vrai voyou à l'ancienne : chapeau, costard. On est arrivés au rendez-vous, ils se sont isolés et Paul m'a appelé :

— Lundi, tu passes à tel endroit et tu prends.

J'étais très vexé :

— Alors, je suis un enculé ou quoi ? Pourquoi tu n'as pas voulu quand je suis venu ?

— Mais non, Charlot, mais tu comprends, ça, c'est très dangereux.

Tu parles, à l'époque tu prenais cinq ans au maximum.

Ensuite, j'ai trouvé les passeurs. Des mecs qu'on connaissait, qui avaient besoin de monnaie. Au début, on les envoyait, un paquet de 2,5 kilos scotché sur le ventre. À New York, Jean-Claude les réceptionnait et remettait la marchandise à notre acheteur. Un Italo-Américain de Brooklyn prénommé Louis qui bossait pour la famille Genovese [1] et nous payait en retour. L'argent était le plus souvent rapporté par les passeurs.

Comme ça fonctionnait bien, on les a ensuite équipés de valises, histoire de grossir les envois. Un de mes cousins fabriquait les doubles-fonds dans lesquels on logeait 5 kilos. Ça passait très facilement. Les passeurs partaient en bateau, à l'époque. Nous avions remarqué qu'à New York, sur les quais, les porteurs hélaient les arrivants. Ils mettaient les valises sur leur diable et passaient la douane sans être contrôlés. Vu le nombre de porteurs, les douaniers se contentaient de faire une croix à la craie sur les valises sans les ouvrir.

Un jour, j'étais à Paris dans un bar de Picpus avec des

1. L'une des cinq familles de la mafia italo-américaine de New York.

amis. L'un d'eux m'a parlé d'un certain Jeannot qui était dans le besoin :

— J'ai un ami, c'est un joueur, mais un brave garçon.

— Fais-le venir.

Et au mec :

— T'as pas une gonzesse ?

— Si, je vais l'emmener.

— Tu vas lui faire cadeau des valises, le complet pour le bateau.

Elle ne pouvait pas refuser. Le voyage aux États-Unis plus les valoches !

La marchandise est arrivée à bon port, mais il a fallu lui faucher les valises, elle ne voulait pas les lâcher. Son mec nous a donné la clé de la chambre et celles des valises. Deux amis y sont allés, mais ils les ont vidées sur le lit avant de partir avec. La gonzesse s'est doutée d'une embrouille…

Ce Jeannot a voulu repartir, mais il était consommateur. Sur le bateau, il a essayé d'ouvrir un paquet, qu'il n'a pu refermer, du coup il a pris le trac et est allé voir le capitaine :

— J'ai découvert ça dans ma valise !

Et en bon citoyen, à l'arrivée, il a remis sa valise aux autorités.

Après les porteurs, nous sommes passés aux groupes de musiciens qui cachaient les paquets dans leurs instruments et ensuite aux voitures, chargées de 60 à 80 kilos. Un voyou installé près de Biarritz nous les préparait.

Ensuite, on les faisait partir du Havre. Il y a eu une Bentley embarquée sur le *Queen Mary II*, dont le plafond et le plancher étaient modifiés, une DS…

Un jour, un ami est venu me voir parce qu'une chanteuse canadienne, qu'il avait emballée, voulait la dernière-née de chez Citroën. Il y avait beaucoup d'attente, et ce copain savait que j'avais une gâche. L'oncle de ma première femme travaillait chez Citroën.

— OK, je lui trouve la DS… Mais on ne peut pas la farcir ? Tu sais, tu vas prendre beaucoup…

Il a accepté. J'ai réussi à avoir la DS, on y a aménagé une planque, on l'a remplie et il lui en a fait cadeau. Elle était toute contente.

— Tu viendras avec moi ?

— Non, ma chérie, je dois rester à Paris pour mes affaires, mais dès que tu arrives tu m'appelles et si je peux, je monte.

Ce qu'elle a fait. Mais lui :

— OK, j'arrive, mais je passe par New York, on se rejoint là-bas.

— Je vais prendre l'avion.

— Non, non, prends ta voiture, comme ça on visitera.

Et hop, elle est arrivée à New York en DS. On la lui a piquée dans la rue, on l'a déchargée et abandonnée. Elle l'a récupérée peu après.

À Marseille, plusieurs équipes tournaient la came, mais c'était Paul, notre unique fournisseur, qui sortait la meilleure. Son équipe s'occupait de faire venir la boule noire, l'opium, de Turquie *via* le Liban et la transformait à Marseille grâce à son chimiste. C'étaient les Arméniens de Marseille qui allaient l'acheter en Turquie. Cette partie ne nous regardait pas. On se contentait d'aller chercher notre marchandise où on nous le disait.

Paul vendait de la marchandise et, comme nous, en envoyait. Nous n'étions pas beaucoup à le faire, peu d'équipes avaient l'acheteur. Et nous avions l'un des meilleurs.

À l'époque, on s'illusionnait sur le milieu, on s'imaginait que tout le monde avait la « mentale ». On voulait donc faire croquer les braves mecs. Ça nous arrangeait aussi, parce qu'on faisait payer à l'avance le transport, 1 000 dollars par kilo. On prenait donc 20 kilos là, 30 là, etc. Et avec ces sous nous achetions notre marchandise... On était jeunes et cons, parce qu'avec ce système tout le monde était au courant. Avec Jean-Claude, les gens nous appelaient la « baraka » parce que tout ce que l'on touchait se transformait en or. Du coup, lorsqu'on battait le rappel, tout le monde mettait des sous.

On a proposé à « Tany » Zampa, que je connaissais bien, avec qui on était amis, de mettre de la marchandise. Mais lorsque c'est arrivé à New York à bord de la fameuse Bentley, il y avait 30 kilos de pilon. Les Italiens n'en voulaient pas.

On était dans la merde, on ne savait pas à qui ils appartenaient. J'ai proposé une solution :

— On enlève la perte et on la fait payer à tout le monde.

Ensuite, j'ai demandé à Alexandre, qui était également chimiste, de contrôler les lots qu'ils récupéraient. Et l'on s'est aperçus que c'était la marchandise de Zampa qui n'allait pas. On est allés le voir avec Francis :

— Dis donc, ta came, c'est de la merde.

Tany nous l'a faite à l'envers, il a joué la surprise :

— Oh quel enculé ! Il nous a fait marron, cet enculé !

Francis voulait des précisions :

— On veut savoir qui c'est, on va le charcler !

— Non, non, non, ne vous mêlez pas de ça, c'est notre affaire. Vous allez voir sur les journaux… Oh, quel enculé !

On était jeunes, on les bandait, mais on n'a pas été dupes. Et c'est là que les frictions ont commencé…

La cassure définitive a eu lieu un peu plus tard, quand j'étais en prison en Italie. Un associé de Zampa, Jo Lomini, le Toréador, s'est pointé au chalet d'Alexandre, le chimiste qui stockait la marchandise, et il a pris un lot. Alexandre l'a prévenu :

— Fais attention, ça, c'est la marchandise de Francis.

— J'en ai rien à foutre !

— Et il l'a embarquée.

C'est ce qui a déclenché la guerre entre Zampa et Francis. Tany a pris les devants et organisé un traquenard à Jeannot Cigare et à Robert, celui du gâteau d'anniversaire. Ils ont été abattus dans leur voiture à Marseille. Ce jour-là, si je n'avais pas été au trou, je mourais avec eux.

Francis a rattrapé Lomini, le Toréador, au bar du Tanagra six mois plus tard : cinq morts. La guerre s'est poursuivie pendant des années, alors que j'étais aux États-Unis puis ensuite en Amérique du Sud. Et lorsque je suis enfin rentré en France, trente ans après, Francis est mort, deux mois après.

Ça allait très bien pour nous, on était pleins de monnaie. Le kilo, on l'achetait 800 dollars à Marseille et on le revendait 12 000 aux États-Unis. Sans compter les milliers de dollars qu'on prenait pour le transport.

Et, en plus, je me faisais 20 000 dollars par mois avec les gonzesses, une fortune en 1968. J'en avais sept : à Paris, aux Halles et boulevard des Italiens, à Avignon, à Toulon et à Cannes.

Une fois, j'arrive au Lizeux, les mecs me disent :

— Oh, toi, t'as du pot !

— Quoi, j'ai du pot ?

L'une des Parisiennes m'avait fait 10 000 dollars. Pendant mon absence, elle voulait me faire voir ce dont elle était capable, elle avait travaillé nuit et jour.

J'étais assez rouleur à l'époque, on ne voyait que moi. Le genre gros mac : grosses gourmettes, grosses bagues, grosses bagnoles... Jean-Claude, ça ne lui plaisait pas, il trouvait ça vulgaire. Lui, son péché mignon, c'étaient les gonzesses, et moi les voitures. J'en changeais tous les trois mois.

J'ai acheté une Mustang Shelby chez Guy Ligier, Porte de Champerret, qui nous vendait nos américaines. Dans le garage, je la démarre, on aurait dit un moteur de bateau. J'étais avec Pierrot, qui me lâche :

— Charlot, ne l'achète pas, tu vas te faire remarquer.

Je savais qu'il avait raison. Je n'ai rien dit, j'ai encaissé et je l'ai achetée quand même. Mais, alors que j'étais dans le bureau avec Ligier, je vois Pierrot assis derrière le volant d'une Mustang bleu nuit. Pas la 500, mais une belle quand même. Je vais le voir :

— Elle te plaît ?

— Putain, c'est une voiture de rêve.

Et je la lui achète, pour lui faire plaisir et parce qu'il m'avait piqué.

— Tiens, je t'en fais cadeau, mais attention, tu vas te faire remarquer !

La Mustang Shelby, pour faire de la route, c'était de la merde, et par temps de pluie ça ne tenait pas le pavé. Je l'ai vendue pour acheter une Dino Ferrari que j'ai ensuite délaissée pour une Ferrari GT 4, deux places, moteur V12. Mais, lorsque je suis descendu à Marseille, il s'est avéré que c'était un tape-cul. Je l'ai laissée là-bas pour qu'on me la remonte à Paris et j'ai acheté la Maserati. La Ferrari, je l'ai donnée à une de mes gonzesses ; elle tapinait en GT4 à Paris…

La Maserati, qui était jaune caca d'oie, je l'avais achetée 20 000 dollars, le prix d'un appartement. J'habitais alors rue Lafayette et, lorsque je me levais, Pierrrot était déjà là. Pour le stationnement, on devait changer les voitures de côté, et il était tout content de faire un tour en Maserati.

Quelques mois avant que je ne l'achète, avec Jean-Claude, on avait fêté notre premier million de dollars dans un chalet d'Innsbruck qu'on avait loué pour le jour de l'an 1970. Dans la foulée, on avait acheté une boîte derrière la place Blanche.

C'est que, entre-temps, on était passé à la vitesse supérieure.

En 1968, le petit Tony m'avait proposé de rencontrer un mec intéressant : il connaissait un capitaine. On est monté le voir à Marseille et…

— Comment tu t'appelles ?

— Fiocconi.

— Nous sommes parents, ma sœur est mariée avec un de tes oncles.

C'était le frère de ma mère.

Orsatelli avait alors près de 60 ans. C'était une perle, l'un des mecs du milieu les plus capables que j'aie connus. Originaire d'un village à côté de Bastia, il avait tué un mec quand il avait 14 ans. Plus tard, il avait fait les cigarettes à Tanger, où il avait rencontré Marcel Boucan, un capitaine contrebandier, ancien nageur de combat.

On a sympathisé et il m'a présenté le capitaine, qui a tout de suite accepté de monter aux États-Unis. On était tout contents, sauf qu'on avait le marin, mais pas le bateau. Boucan a d'abord trouvé un mec qui en avait un.

— Je suis sûr qu'il vient avec moi.

Mais les autres n'étaient pas trop chauds. Ils voulaient même laisser tomber la route maritime. J'insistais et, en parallèle, je cherchais un grand bateau. Finalement, c'est Orsatelli qui l'a trouvé. Un soir, il m'a emmené le voir dans le port de Nice. C'était un 12 mètres. Banco. Mais, comme c'était un bateau à moteur, le capitaine nous a fait installer un mât en cas de panne, du coup il avait un peu l'air d'une épave. Un jour, on l'a montré à certains de nos amis très proches :

— Vous êtes dingues, jamais on monterait là-dessus.

On a chargé le bateau et il a pris la mer, destination Saint-Martin, dans les Antilles. Le capitaine connaissait très bien l'île, un port franc dont il avait été l'un des pionniers.

Avec Francis, on y est allés pour l'attendre, il devait mettre neuf ou dix jours. À l'époque, Saint-Martin avait des airs de Far West. On s'est installés dans un bel hôtel, vide parce que nous étions hors saison. Et tous les jours nous allions au port, guetter le bateau blanc. Au bout de quinze jours sans rien voir arriver, on en a eu plein le dos et on a décidé de se casser, on n'allait pas rester là cent ans ! On a pris le taxi pour l'aéroport, mais en chemin Francis a proposé de passer par le port.

— On ne sait jamais !

Et lorsqu'on y est arrivés, le bateau était là. Putain, le soulagement ! Avec Francis, on était tellement contents qu'on s'embrassait. Vu le rafiot, on pensait qu'il avait coulé… Pour qu'il puisse traverser l'Atlantique, on avait même dû accrocher des fûts d'essence sur le pont ! En fait, le capitaine était descendu le long des côtes africaines avant de remonter vers les Caraïbes.

Le soir, on est allés au bordel avec l'équipage pour fêter ça. Passé le bar qui avait une bonne gueule, les filles nous ont emmenés dans des piaules délabrées avec une cuvette et un broc d'eau pour se laver le cul... Mais bon, comme les mecs rentraient chez eux, ils étaient contents de faire la bringue.

Le plan avait été mis au point par Boucan, très intelligent. Il changeait les marins pour des Noirs antillais. Puis il mettait le cap sur Porto Rico et, en chemin, déposait de grands tubes en plastique sur une petite île abandonnée... Il restait ensuite une semaine sur l'île américaine de Porto Rico d'où il signalait une avarie à une société basée en Floride. En parallèle, il demandait aux autorités américaines la permission d'effectuer les réparations à Miami à une date convenue. En sortant de Porto Rico, il passait la douane, s'arrêtait en chemin pour récupérer ses tubes sur l'île et gagnait Miami. Lorsqu'il n'était pas trop loin des côtes, il appelait la compagnie de réparation pour qu'ils viennent le chercher avec leur bateau. La douane américaine montait, mais il était déjà en règle depuis Porto Rico, et, surtout, à bord, les douaniers avaient affaire aux réparateurs américains, ce qui les rassurait. Et le bateau accostait sans encombre à Miami. C'était facile. Tellement que l'on faisait croire à nos clients que l'on soudoyait un douanier. Mais, la première fois, Boucan a pris le trac en vue des côtes de Floride, il a voulu faire demi-tour. Orsatelli, qui malgré ses 60 ans avait tenu à être du voyage, lui a mis son calibre sur la tronche.

— Maintenant qu'on y est, tu rentres.

Et Boucan s'est exécuté.

Ensuite, on a changé de bateau pour ne pas se faire repérer. Le capitaine m'a parlé d'un thonier en bois, bien fait et robuste, à vendre aux Sables-d'Olonne. Je suis monté le voir et j'ai acheté ce *Caprice des Temps* 25 000 dollars. Un bateau que l'on a équipé pour pêcher la langoustine et la crevette. Et, surtout, on l'a aménagé pour transporter la marchandise dans la quille. C'est un cousin menuisier qui s'en est chargé. Il a fait les plans et est monté deux mois pour travailler dessus. C'était très bien fait. Alors que le bateau était dans le port, prêt à partir, c'est-à-dire chargé, les douaniers sont arrivés. Boucan et les autres se sont cagué dessus. Mais ils venaient pour les cigarettes et ils n'ont rien trouvé.

Je montais la marchandise de nuit avec Francis, et on redescendait aussi sec. Francis venait d'acheter une Porsche, moi j'avais la Maserati, et on faisait la course. On était cons mais ça nous a servi. On était descendus à Marseille chercher 200 kilos pour le *Caprice des Temps*. On nous a chargés et, en remontant, on s'est tiré la bourre… Ce qui nous a permis de semer les condés sans le savoir ! On avait le record du Paris-Marseille en voiture, on l'a appris plus tard, lors de l'instruction…

Une autre fois, ça a failli mal finir. On devait descendre à Marseille l'un derrière l'autre et Francis fonçait, fonçait. Je le passe avec la Maserati, il essaie de me suivre et vlan ! il monte sur la rambarde de l'autoroute et redescend de l'autre côté ; ça l'a calmé, on a fini le trajet tout doucement.

Le premier voyage du *Caprice des Temps* a été couronné de succès, et le bateau est rentré en France avec 8 millions de dollars à bord, dont une partie destinée à nos clients.

Normalement, on devait changer de bateau à chaque voyage, mais le capitaine en est tombé amoureux. Le deuxième voyage s'est bien passé, mais... avec Jean-Claude, nous sommes tombés lorsque le *Caprice des Temps* est arrivé aux États-Unis. C'était en août 1970, entre les deux tours des élections municipales à Pietralba.

En Corse, pendant toutes ces années, je n'y venais que pour les élections, un vrai régal ! Mon oncle le Caputu avait été maire de 1959 à 1961 puis, à sa mort, mon oncle Jean a pris sa place. Chaque fois, je descendais ; les élections, ça faisait partie du folklore local, un truc incroyable. Une fois, alors que étions déclarés vainqueurs, nos adversaires ont contesté notre victoire. Ils voulaient recompter. On a éteint toutes les lumières en tirant dans les ampoules et on a sorti l'urne par la fenêtre. Ma cousine Josette et un cousin sont allés la vider avant de la repasser par la fenêtre.

En 1970, j'étais accompagné par tous les voyous qui m'entouraient sur le continent. J'ai débarqué à Ajaccio avec la Chevrolet Bel Air remplie d'armes et de munitions. Il y avait de tout : des revolvers, des mitraillettes, etc. Mais le jour des élections il y avait deux camions de CRS qui nous attendaient sur la place du village. Le curé, qui était contre nous, les avait prévenus. Il avait fait du cinoche... C'était le cousin d'un ami que j'ai connu plus tard à Atlanta.

Le type qui ouvrait les bulletins et les comptait marchait avec nous. J'étais assis à sa droite, et un de mes amis à sa gauche. Ensuite venaient de chaque côté les opposants. Le mien, je le poussais pour qu'il ne puisse pas voir les bulletins pendant que le mec les lisait. Et lui : « Giudicelli », « Giudicelli », mais comme il était gêné, de temps en temps ce con en filait un aux autres pour ne pas exagérer, c'est pour ça qu'on a perdu. Je lui filais alors un coup de pied, et il reprenait : « Giudicelli », « Giudicelli »... Lorsque mon opposant a insisté pour regarder, j'ai un peu ouvert la veste pour qu'il voie le revolver...

Malgré nos efforts, ce soir-là, nous avons perdu. Enfin, il y avait ballottage. Lorsque tu perdais, les opposants venaient sous ta fenêtre tirer des coups de fusil en l'air. Ça ne me plaisait pas du tout. Nous étions alors dans la maison que j'habite aujourd'hui, à l'entrée du village, juste avant le petit pont. D'un seul coup, vers 22 heures, on a entendu des klaxons, ils montaient de Lama, parce qu'à l'époque la circonscription englobait Pietralba, Lama et Urtaca. Pour accéder au village, ils devaient passer le pont. Je m'étais caché derrière la porte, couché par terre avec le fusil. Il y avait mon oncle, les cousins, les amis. Lorsqu'ils se sont pointés... pan ! pan ! aussitôt suivi de bling, bling, bling, le bruit des plombs sur les carrosseries. Ils se sont chiés dessus. Ils ont laissé les voitures – « Ils vont nous tuer » – et sont partis en courant. L'estafette de gendarmerie qui était en queue de cortège a remonté la file jusqu'à nous :

— Gendarmerie !

— De quoi, gendarmerie ?

Pan ! pan !

Tu fais ça aujourd'hui, ils t'envoient le GIGN et tu prends trente ans ! Un de mes cousins était caché sous le pont. Il a entendu un des gendarmes :

— Mon adjudant, je ne me suis pas fait tuer en Algérie, je ne vais pas me faire tuer ici. Allez, on s'en va !

Ils se sont effectivement cassés et le lendemain ils sont revenus. Les portes et les volets étaient clos, et des tas de cartouches traînaient par terre.

Pour cause de ballottage, un deuxième tour devait avoir lieu quinze jours plus tard. Entre-temps, je suis allé rejoindre Jean-Claude en Italie, où il avait loué une superbe maison en bord de mer, près de Florence. Il avait insisté pour que je vienne. Moi ça ne m'arrangeait pas à cause des élections :

— Non, je ne viens pas, il faut que je sois là.

— Tu fais un saut et tu rentres !

Et je ne suis jamais revenu pour le second tour.

En Italie, nous devions fêter les 25 ans de Jean-Claude et finaliser une affaire. Il était 4 heures du matin, nous venions de terminer quand il a entendu du bruit dans le parc. Il a ouvert la fenêtre et…

— Oh, putain, les condés !

Ils avaient encerclé la propriété et progressaient vers la maison. Les carabiniers étaient accompagnés d'un policier américain du Narcotic Bureau. Ils avaient déployé les grands moyens : un hélicoptère survolait le coin et une vedette des douanes patrouillait devant. Dans la foulée, ils nous ont conduits devant un juge d'instruction. Nous avions sur le dos un mandat d'arrêt international avec demande d'extradition émis par le tribunal de Boston pour *conspiracy*. Un passeur arrêté par les condés à New York nous avait balancés.

En sortant de chez le juge, nous avons passé une nuit à la prison de Grosseto, en Toscane, et le lendemain ils nous ont transférés en convoi sécurisé aux Murate, à Florence, un ancien couvent transformé en prison. Chacun dans un bâtiment avec interdiction de communiquer. San Germano, l'avocat envoyé par la mère de Nedo, a signalé à Jean-Claude que la France le réclamait également pour le casse de la Gaumont. Bonne nouvelle, la demande du pays natal primait sur les autres.

Pour éviter d'aller aux États-Unis, je me suis dénoncé dans une affaire que je n'avais pas faite. J'étais invité, mais je n'avais pas pu y aller. Trois de mes amis avaient braqué des kilos d'or à Orly.

Des lingots de 22 carats. Ils l'avaient fait précipitamment parce qu'on attendait un gros sac de monnaie, des dollars. L'affaire était simple, mais en définitive ce n'étaient pas des dollars, mais des pesetas. Enfin bon, il y avait de l'or.

Le condé m'a répondu :

— Envoie-moi un lingot.

Je pouvais en avoir un, mais personne n'a voulu l'emmener.

Je lui ai expliqué, il a alors proposé autre chose :

— Donne-moi le nom des participants.

— Quand je serai en France.

Après je me serais tu, évidemment. Il n'a pas voulu. Il préférait me donner aux Américains. En France, jusqu'à la nouvelle loi qui est passée cinq mois avant notre arrestation, le trafic de drogue était un simple délit. Un braquage où il n'y avait pas de sang, c'était huit ou neuf ans ; souteneur, t'en prenais deux ou trois. Et pour la drogue, le maximum, c'était cinq ans. On s'était dit :

— On va mettre les bouchées doubles et, si on tombe, on en fera deux et demi.

Aux États-Unis, j'étais certes monté, mais je n'avais rien fait. Le seul truc qu'ils me reprochaient, c'était la conspiration contre les États-Unis. Ce que tu peux faire depuis la France. Cette loi, on ne la connaissait pas. Mais elle arrangeait la justice et la police françaises.

À Marseille, pendant qu'on travaillait, les condés avaient fait une rafle dans un bar d'amis à côté de la place d'Aix et ils avaient emballé tout le monde, moi y compris. Une fois que j'étais arrivé à l'évêché, tout le monde était passé et moi j'avais attendu. Merde ! Ils devaient avoir un truc. Finalement, ils m'avaient fait monter. Tous les flics venaient me voir, genre c'est lui, en chuchotant. Je ne comprenais rien. J'étais passé devant le commissaire.

— Charlot, vraiment tu as de drôles d'amis ! Mon téléphone n'a pas arrêté de sonner.

Moi, je croyais que c'étaient de *vrais* amis. J'étais jeune et con, aujourd'hui il me dirait ça… Plus tard j'ai compris que c'étaient les Américains qui paniquaient et qui les suppliaient de ne pas nous arrêter : ils étaient sur nous.

Il a ajouté :

— Fais attention, Charlot, tu vas te prendre vingt piges…

— Vingt piges, moi ? Je ne fais plus rien, je ne fais même plus le mac. Pour les prendre, il faudrait que je rentre chez moi, que je trouve ma femme avec un mec et que je le tue.

— Bon, c'est ce qu'on verra, tu te souviendras de moi.

Sur le coup, je n'ai pas fait attention. Après, dans ma cellule, j'ai effectivement repensé à lui…

Après un mois et demi aux Murate, un soir, Jean-Claude et moi avons été transférés de nuit et en voiture à Volterra, un village toscan. Il abritait un pénitencier de haute sécurité installé dans une ancienne citadelle. Ils ne nous ont pas placés dans le même bâtiment, mais on se voyait dans la cour de promenade. Nous avons sympathisé avec des Siciliens de Catane et de Palerme, et leur patron âgé d'une soixantaine d'années. Il avait un plan pour s'arracher. Pas lui, il était trop vieux, mais deux Siciliens qui avaient perpète. Lorsque j'étais à Florence, j'avais reçu une paire de chaussures que Toussaint, un ami corse très brillant, m'avait fait fabriquer. Des chaussures spéciales avec, caché dans la semelle, du fil à cheveux dont se servent les chirurgiens pour les trépanations. Je l'ai remis à un détenu qui avait vingt piges à faire et circulait librement dans la prison. Il devait scier les barreaux d'une fenêtre d'où on pouvait descendre et nous procurer les clés qui permettaient d'y accéder pour qu'on les reproduise. Mais tout ce qu'il a fait, c'est nous balancer ! Et un matin ils m'ont descendu au mitard, où j'ai retrouvé Jean-Claude.

Dans la foulée, le directeur m'a appelé :

— Vous êtes au mitard parce que vous vouliez vous évader.

— Pas du tout.

— Vous devriez me remercier, parce que si j'étais un salaud je vous aurais laissé descendre le mur et je vous aurais fait tuer.

Du coup, ils nous ont transférés, moi à l'île d'Elbe et Jean-Claude au pénitencier d'Ancône, sur la mer Adriatique, un établissement plus tranquille.

À l'île d'Elbe, ils m'ont directement collé au mitard. Le directeur est venu me voir :

— Fiocconi, donnez-moi votre parole d'homme que vous n'allez pas vous évader et je vous mets au régime commun.

C'est-à-dire avec la porte de la cellule ouverte toute la journée et la télévision.

— Non, je ne vous donne pas ma parole.

— Bon… Refermez la porte.

Et ça a duré comme ça un bon bout de temps. Il venait me voir deux ou trois fois par semaine :

— Bon, Fiocconi, vous avez réfléchi, vous me donnez votre parole ?

— Non.

— Refermez.

Et un jour :

— Vous savez ce qu'il faut faire en prison, Fiocconi ? Laisser ses couilles à la porte.

Ça m'a travaillé. J'étais bien con ; qu'est-ce que j'en avais à foutre de donner ma parole à un directeur de prison ? J'en avais plein le cul de rester enfermé, en plus, cet été-là, il y avait la coupe du monde à la télévision. J'ai finalement accepté.

Dans cette prison, le football occupait une place primordiale : le directeur avait son équipe, comme le chef des gardiens, le sous-directeur... On faisait carrément un championnat. La première chose qu'ils te demandaient quand tu arrivais :

— Tu joues au football ?

Comme je jouais plutôt bien, je me suis retrouvé dans l'équipe du directeur.

À l'île d'Elbe, il y avait de tout, et pas mal de mafieux. Je me suis lié avec un Sicilien... et nous avons préparé notre évasion. Mais le directeur et les gardiens se méfiaient. Quelques années avant que je n'arrive, un Français s'était fait la malle. Il avait demandé à aller chez le dentiste. Il ne se déplaçait pas, il fallait aller le voir au village. Deux associés y attendaient le Français. Ils ont braqué les gardiens et sont partis avec une vedette rapide directement en Corse. Depuis, le dentiste consultait en prison... Avec Jean-Claude, on avait imaginé de faire venir le *Caprice des Temps*. J'aurais pu trouver le moyen de sortir du pénitencier et de plonger dans la mer.

On pensait avoir le temps. Notre avocat, Leone, était candidat à la présidentielle. Et, du temps où il nous défendait, il s'était opposé à notre extradition, car il n'y avait aucun traité avec les États-Unis. Les Ricains ont coupé court. Avant que l'on ne fasse appel de notre extradition, ils nous ont embarqués. Ce jour-là, j'allais jouer au football. Tu parles… Quelques heures après, avec Jean-Claude, on se retrouvait à l'aéroport international de Rome, attachés comme des bêtes. À quelques jours près, on les faisait marron. Jean-Claude aurait pu partir avant et m'attendre, mais il n'a pas voulu. On devait le faire le même jour. Il pensait que, s'il partait seul, pour moi ce serait foutu. À notre époque, les principes et la parole valaient plus que tout.

Nous sommes montés à bord d'un 747. Les condés de la DEA nous avaient réservé l'étage.

Bye bye, New York

De l'aéroport de Boston, ils nous ont conduits en convoi jusqu'à la prison municipale de Charles Street. Un bâtiment rond de quatre étages, avec un poste de garde « panoramique » au milieu. Nous avons partagé la même cellule au troisième étage et, le lendemain, ils nous ont présentés à un juge du tribunal fédéral de Boston. Un avocat envoyé par nos amis nous attendait. Sur ses conseils, nous avons plaidé non coupables et le juge nous a fixé une caution de 250 000 dollars chacun. À notre sortie, les télés nous attendaient devant le palais.

Bien que la caution soit pharaonique, nous n'avons pas eu de mal à la réunir. Toussaint, l'ami corse du fil dans les chaussures, avait un banquier dans la poche qui s'occupait de nos transferts d'argent internationaux. Mon oncle s'est chargé de transférer la monnaie de Suisse aux États-Unis, au nom d'une de mes femmes. Et sur place, pour ne pas perdre, ils ont acheté des bons du Trésor américain avec.

Quelques jours plus tard, un vendredi, les avocats ont apporté un chèque suisse de 500 000 dollars. Le juge a bien dû nous relâcher, je n'y croyais pas. Mais notre joie a été de courte durée. À peine dehors, ils nous ont ramenés en prison, prétendument le temps de vérifier la validité du chèque. On l'avait saumâtre, mais le lundi on ressortait, suivis par les condés qui ne nous ont plus lâchés. Ils étaient comme des fous. À l'hôtel, en centre-ville, ils ont pris des chambres à côté des nôtres ; au restaurant, ils s'asseyaient à côté de nous… On les faisait chier avec le sourire :

— Vous voulez manger quelque chose ?

Mais le lendemain, alors que j'essayais un pantalon dans un magasin :

— Police, que personne ne bouge !

Le tribunal du district fédéral de Brooklyn nous réclamait. Ce qui n'était pas légal : l'Italie avait donné son feu vert uniquement pour l'affaire de Boston. Mais arrivé à un certain niveau…

C'est dommage, ils nous ont refait marron avant que le *Caprice des Temps* n'arrive. Lorsqu'ils nous ont arrêtés, il remontait le fleuve qui conduit à Boston pour venir nous chercher. À quelques jours près, on s'arrachait.

Ils nous ont conduits à New York en avion. Un autre passeur, Richard Berdin, nous avait balancés. Le juge de Brooklyn nous a fixé une nouvelle caution à 100 000 dollars chacun. Cette fois, pour la réunir, tout le village a donné : 500 dollars pour l'un, 1 000 pour un autre, ma grand-mère

4 000. Mon oncle, le maire, les a collectés et déposés à la Banque de France. Et c'est lui qui est monté pour les remettre à la justice américaine. Il se caguait tellement dessus qu'il n'est même pas venu me voir. Là, les Américains, voyant l'affaire leur échapper, ont fait pression sur la banque. Lorsque notre avocat s'y est rendu, ils lui ont dit qu'ils avaient renvoyé l'argent en France… et à Marseille le juge avait bloqué les fonds. Il les a finalement rendus ; il était obligé, c'étaient des sous déclarés. Une semaine plus tard, la police, qui soupçonnait une embrouille, est allée au village demander aux gens qui les avaient récupérés de leur montrer les billets…

Lorsqu'ils sont arrivés chez ma grand-mère, qui avait fait le plus gros don :

— Mon argent, je ne vous le montre pas, je le tiens caché.

C'est ce qu'ont répondu la plupart des gens. Le juge voulait démontrer que c'était le nôtre…

À New York, ils nous ont envoyés à la prison de West Street, le long de l'Hudson. Un bâtiment de quatre étages sans cour de promenade. Les détenus logeaient dans de grandes cellules communes de dix ouvertes dans la journée. On s'est retrouvés au deuxième étage, celui des Blancs, où nous avons rencontré des Italiens, des amis de Louis, notre acheteur new-yorkais. Ensuite, ils nous ont envoyés à Nassau County Jail, à Long Island. Jusqu'au procès, où nous avons pris chacun vingt-cinq piges.

Les jurés ont délibéré pendant quatre jours. Le vendredi

enfin, ils sont sortis de la salle. Sans avoir pris de décision… Le juge leur a alors dit :

— D'accord, mais je ne pourrai être là ni lundi ni mardi.

Ils se sont mis à calculer : le week-end, plus la semaine…

Ils sont repartis et revenus rapidement, mais avec une question :

— Avant de délibérer, on aimerait comprendre ce qu'est la conspiration.

Le juge s'est lancé dans une explication tout en images :

— Dans le cas d'un crime de sang, vous pouvez avoir une preuve contre l'assassin présumé, comme l'arme du crime avec le sang de la victime dessus. Pour la conspiration, il n'y a pas forcément de preuve, mais un faisceau d'indices. Prenons un exemple : si vos fenêtres sont ouvertes et que vous regardez dans la rue et que vous voyez de la pluie, vous êtes sûr qu'il pleut. C'est la preuve. Mais si les fenêtres sont fermées et qu'une personne entre avec un parapluie mouillé, vous allez légitimement penser que dehors il pleut. La conspiration, c'est pareil ; si vous pensez qu'ils sont capables de commettre les actes qu'on leur reproche, ils sont coupables.

Ils sont alors sortis et, quinze minutes après, ils sont revenus ! Coupables… Et le juge :

— Durant ma carrière, je n'ai jamais remercié les jurés, mais aujourd'hui je vous remercie.

On était vraiment des jeunes cons ; payer un demi-million de dollars de caution ! Jean-Claude avait 25 ans et j'en avais 29… Au procès, on avait les meilleurs avocats, on faisait les beaux dans les costumes de chez Cam's que je nous avais fait faire : chemise, cravate, etc. On pensait que tout nous était permis. Si j'avais été juré, je nous aurais condamnés à coup sûr !

Avant le procès, le proc nous avait, par la voix de nos avocats, proposé de collaborer. Avec à la clé une libération immédiate, une chirurgie faciale, la nationalité américaine et une nouvelle identité. Et si nous plaidions coupables, il nous filait vingt ans au lieu des cent prévus. On avait refusé et commencé à se faire à l'idée qu'on ne sortirait plus. Même si, le soir, on avait du mal à trouver le sommeil... Du coup, lorsque le juge nous a donné vingt-cinq ans, on était tout contents. Bon, sur le moment, parce que quatre jours après, vingt-cinq ans... on s'est rendu compte que c'était assez long.

Après le jugement, nous sommes retournés à West Street, où on a vu arriver un Italien tout endormi. Les Américains l'avaient kidnappé en Argentine, fait passer au Brésil, où ils l'avaient torturé pour qu'il balance, et lui avaient demandé de choisir sa destination finale : l'Italie, où il était recherché, ou les États-Unis, qui l'accusaient de trafic. Il a choisi l'Italie, ils lui ont dit qu'il devait être vacciné, lui ont fait une injection, et il s'est réveillé à West Street.

Dans la foulée, on a aussi croisé Richard, un pied-noir de l'entourage des Zemmour [1]. Lorsqu'il est arrivé dans

1. Fratrie de truands pieds-noirs du faubourg Montmartre, à Paris.

notre cellule, ne le connaissant pas, on s'est immédiatement tus. Les condés envoyaient des moutons pour piéger les détenus.

— Vous inquiétez pas, je suis français.

Il était bien habillé et dans le même état d'esprit que nous à notre arrivée.

— Je vais sortir, moi ci, moi ça…

On en avait déjà pris plein la gueule, alors…

— Mec, tu sais, la conspiration…

— Quoi, la conspiration ? Mais moi, non…

On a laissé tomber et on l'a retrouvé à Atlanta avec vingt-cinq piges sur la tronche.

Après cet intermède, ils nous ont envoyés à Boston pour le second procès. À la moitié des audiences, le juge nous a proposé de plaider coupables. Nous pourrions ainsi bénéficier de la confusion avec la condamnation de New York. Si on refusait, les vingt ans que l'on allait sans doute prendre à Boston s'ajouteraient aux vingt-cinq de New York. Sans possibilité de libération conditionnelle avant les deux tiers de la peine, parce que c'était une affaire de stups, soit trente piges à faire… Mais la condamnation de New York n'étant pas définitive, nous pouvions encore faire appel. Donc, selon de savants calculs, en plaidant coupables, soit on prenait vingt-cinq avec libération au bout de seize ans, soit vingt en cas d'acquittement à New York avec une sortie à treize. Dans le cas contraire, il fallait parier sur un acquittement à New York ou à Boston.

D'après l'avocat, pour Boston, Jean-Claude y était. Le

passeur qui avait balancé était le frère d'Émile, le mec que Jean-Claude avait remplacé à New York. Il était cuisinier à New York, avait besoin d'argent, et Émile avait demandé à Jean-Claude de le faire travailler. Moi, je pouvais m'en sortir. Émile me l'avait envoyé à Marseille, le mec m'avait parlé d'héroïne, et je ne sais pas pourquoi j'avais fait comme Paul avec moi :

— Moi ? L'héroïne ? Mais qui t'a parlé de ça ?

Je ne le sentais pas.

— Mais c'est mon frère.

— Ton frère ? Mais il est fou !

— Appelle-le.

Je l'appelle devant lui et je bats :

— Mais si tu veux je peux l'aider et lui trouver quelqu'un qui est là-dedans.

Ce quelqu'un lui a fourni 3 ou 4 kilos, qu'il s'est scotchés sur le ventre et a dissimulés dans le double-fond d'une valise. Mais, lorsqu'il a été arrêté, pour ne pas balancer son frère, il m'a donné. Et nous, on ne pouvait pas balancer son frère. Mais je pouvais m'en sortir. Jean-Claude étant obligé de plaider coupable, je me suis dit : « Allez, comme en quatorze, on y va ensemble ! » Et d'emblée ce con de juge nous a donné dix-neuf ans. On est sortis du tribunal avec quarante-quatre ans à faire. Mais dans les trois mois nous avions le droit de demander la confusion. Ce que nous avons fait, et elle a été acceptée. On a perdu en appel à New York, et à Boston ils nous ont mis quinze ans. On avait fait le bon calcul, même si on devait faire seize ans au minimum. Deux ou trois ans après mon évasion, la loi a changé. Les congressistes avaient décidé que tous les détenus devaient avoir droit à la conditionnelle au tiers de la peine. Jean-Claude est sorti au bout de huit ans. Si j'avais su, je serais resté, j'en avais déjà fait quatre.

En attendant, nous sommes partis faire notre temps au pénitencier de haute sécurité d'Atlanta. Nous étions en avril 1972. La porte du bâtiment principal s'est ouverte sur un long couloir d'une centaine de mètres qui traversait les bâtiments de détention – A, B, C, D et E – et conduisait au réfectoire de 400 places. De là partait une route qui menait aux ateliers, au mitard, à la bibliothèque et à l'immense cour entourée d'un mur de 8 mètres de haut et équipée de trois terrains de sport pour le football et le baseball et sept de tennis. Les 2000 détenus portaient un uniforme vert et circulaient librement. Le matin, les matons ouvraient les cellules – trois murs et une rangée de barreaux donnant sur la coursive –, qui dans chaque bâtiment occupaient quatre étages.

Ils nous ont mis ensemble en cellule au bloc A d'abord, celui des arrivants, puis au B, où nous avons retrouvé une dizaine de Français, tous là pour la came et avec des peines de vingt piges au minimum. Il y avait là Doudou Rimbaud, qui balancera par la suite, et son associé Christian, avec qui il réceptionnait sur le port de New York des boîtes de paella farcies de came. Jeannot N. de Sartène s'était lui enrichi en faisant monter la marchandise dans des frigos. Une affaire qui marchait bien : sur l'île, il avait un chauffeur pour sa voiture, un majordome à la maison.

À Atlanta, Jeannot ne s'entendait pas très bien avec Jean-Claude, qui acceptait difficilement d'avoir tort. Tous les jours, Jeannot engageait la conversation sur un sujet différent, moi je n'y connaissais rien, je me taisais, mais Jean-Claude, par esprit de contradiction :

— Non, tu as tort.

Et Jeannot :

— Ah bon ! On va parier.

Et, effectivement, il gagnait tout le temps. J'ai compris pourquoi un soir, alors que j'étais monté le voir dans sa cellule, je suis tombé sur une encyclopédie ; il en lisait une page tous les soirs, le pari du lendemain.

Jeannot N. ne s'entendait pas non plus avec Lucarotti. Avec son frère, ils s'étaient évadés de la centrale de Melun et réfugiés en Amérique du Sud, où ils avaient intégré les filières de came. On en a retrouvé un à Atlanta. Ils l'avaient chargé de marchandise et envoyé aux États-Unis avec un passeport argentin, sauf qu'il ne parlait pas espagnol. Et, à la douane américaine, il y a des mecs de toutes les nationalités. Si t'es argentin, c'est un hispanophone qui te reçoit…

À Atlanta, comme dans tous les pénitenciers américains, les détenus se rassemblaient par origines : les Noirs, les Latinos, les bikers, les rednecks… et les Italiens. Jean-Claude avait retrouvé nos clients new-yorkais qui nous avaient introduits auprès de leurs compatriotes. Les grosses pointures de la mafia nous invitaient à leurs « spaghettis-party ».

La journée, nous bossions, c'était obligatoire, au nettoyage des salles de classe, un boulot pépère. Et les loisirs, on les passait à jouer au tennis. Il y avait des tournois tous les week-ends.

Avec Jean-Claude, nous gambergions des projets d'évasion, mais il n'y avait pas beaucoup de failles et les tentatives étaient rares. Pendant les deux ans de mon séjour, il y en a eu deux. Sans succès, pourtant les mecs étaient bons. La première avec un camion de poubelles. Des Ricains avaient fabriqué un cadre en fer soudé, qu'ils ont jeté à l'arrière avec les sacs d'ordures pour voir si ça bloquait la benne. Quand ils ont vu que ça marchait, ils en ont fabriqué un deuxième et sont montés dans le camion. Ils ont été repris quatre mois après. Mais ils ne se sont pas résignés pour autant. Ils ont alors monté le coup du train. Ces mecs bossaient à l'atelier de fabrication des matelas. Matelas qui sortaient ensuite de la prison à bord d'un train de marchandises. Ils ont aménagé une cache dans le plancher d'un des wagons et projetaient de s'y glisser à l'insu du maton qui le cadenassait. Restait une place libre, ils nous l'ont proposée. Nous avons tiré à la courte paille entre Jean-Claude, Jeannot Orsini et moi. Et c'est Jeannot qui a gagné. Le jour dit, avec Jean-Claude, on s'est installés sur les gradins du stade, d'où l'on voyait la ligne de chemin de fer et le train rangé le long du quai de chargement. Jeannot et les autres étaient dedans. Après quelques minutes d'attente, le convoi s'est mis en route, il a franchi le portail et disparu de notre vue. Dans quelques heures, Jeannot serait libre. Au lieu de ça, deux heures après, on l'a vu passer, traîné comme un chien par les matons. Un mec les avait balancés et la direction les avait laissés sortir pour mieux les faire marron.

Après les matelas, on a imaginé de sortir par les égouts. Les vieux pénitenciers américains sont tous sillonnés en sous-sol par d'immenses tunnels d'évacuation des eaux qui se jettent toujours dans une rivière voisine. Nedo aurait pu venir scier les barreaux de la grille qui fermait l'accès à la rivière. On avait fini par trouver la trappe d'accès aux souterrains et on allait régulièrement y faire des repérages. Mais un jour l'alerte a été déclenchée dans la prison pour une autre raison et les prisonniers ont été sommés de se rassembler dans la cour pour le comptage. Des mecs qui étaient descendus sont remontés précipitamment… les pantalons pleins de merde. Les gardiens se sont doutés de quelque chose et le projet a été abandonné.

C'est là qu'on a pensé à l'hélicoptère. Ce n'était pas dur d'en détourner un, des compagnies proposaient des survols touristiques d'Atlanta. Mais il fallait trouver un terrain d'atterrissage invisible des miradors, parce que les terrains de sport étaient à portée de fusil. On a fini par dénicher l'endroit idéal, entre les bâtiments. Mais nous n'avons pas eu l'occasion de la faire.

Cela faisait deux ans qu'on était à Atlanta lorsqu'ils ont appelé Jean-Claude. Il était convoqué chez le juge à New York ; j'étais un peu triste qu'il y aille sans moi. C'était la première fois. D'habitude, les haut-parleurs crachaient systématiquement : Fiocconi-Kella. Jamais l'un sans l'autre. On ne se quittait pas, je ne parlais pas anglais.

Un juge Marseillais, voulait l'entendre à propos du *Caprice des Temps*. Les douaniers l'avaient arraisonné en février 1972 alors qu'il venait de quitter le port de Villefranche-sur-Mer, lesté de 425 kilos. Après notre arrestation, nos associés avaient décidé de laisser tomber Les Sables-d'Olonne pour charger sur la Côte. Ils avaient réussi un parcours, et décidé d'en faire un second...

Lorsqu'ils ont serré le *Caprice des Temps*, ils n'ont d'abord rien trouvé. Jusqu'à ce qu'un des douaniers remarque que la ligne de flottaison était bien basse pour un bateau vide.

Ils l'ont hissé hors de l'eau et ont appelé un spécialiste qui a immédiatement remarqué que le lest de béton sous la coque avait une forme bizarre... Ils ont tout cassé et trouvé la demi-tonne de marchandise. Lorsque les condés ont demandé à Boucan qui le livrait, il a lâché mon surnom, Charlot. Mais il ne m'a pas reconnu sur les photos qu'ils lui ont présentées. Le sien était grand, comme ci, comme ça, bref, tout mon contraire. Les flics n'étaient pas dupes, et se doutaient que c'était moi. Avec Francis, ils nous avaient filés et perdus près des Sables-d'Olonne quand nous avions fait la course. Ils ont également arrêté mon cousin, le charpentier qui avait réalisé les aménagements. Ça leur paraissait suspect qu'un gars de Paris travaille aux Sables. Comme s'il n'y avait pas de charpentier sur place ! Mais il a eu un non-lieu. Il s'est rappelé que les charpentiers locaux étaient alors en grève, ça l'a sauvé ! Francis, arrêté en 1973, a lui été condamné à quatorze ans l'année suivante.

Nous avons refusé de voir le juge français comme la loi américaine nous y autorisait. Un mois après son départ pour New York, Jean-Claude était de retour.

— Charlot, ils vont t'appeler, j'ai entendu ton nom.

En fait, j'aurais dû y aller avec lui, mais ils avaient fait une erreur.

— Si tu montes, il y a des Italiens, des amis à nous, qui sont en train de préparer une évasion.

Quelques jours après, ils m'ont effectivement appelé. J'ai laissé à Jean-Claude la médaille en or que je portais en pendentif. En cas de cavale, je ne voulais pas être identifié à cause d'elle. À New York, j'ai contacté les deux Italiens en question. Ils préparaient une évasion, mais je la voyais difficile. Ils envisageaient de faire sauter l'un des murs du bâtiment…

Quelques années avant, deux Chiliens s'étaient fait la malle en douceur. En fait, ils ont été cinq à ramper dans les conduits d'air conditionné jusqu'à la grille qui donnait sur l'extérieur. Une fois qu'ils l'ont descellée, l'un des mecs a voulu sortir le premier. Les autres n'ont pas accepté et il a hérité de la troisième place. Les deux premiers sont sortis, le troisième s'est avancé vers la liberté, a sorti la tête, le buste, mais le cul n'est pas passé. Ils l'ont poussé, tiré, mais, rien à faire, il est resté là comme un con… empêchant les deux derniers mecs de s'arracher.

Ce gros Chilien, je l'avais connu à Atlanta. Il avait déjà fait pas mal de temps, il allait bientôt sortir. Et je le retrouvais à West Street. Il est venu me dire bonjour, je lui ai refusé la main.

— Oh ! mec, il paraît que t'as balancé !

— J'ai balancé ! Viens ici, Charlot, je vais te raconter mon histoire. C'est sûr, j'aurais pas dû le jeter mais…

Le gros envoyait de la marchandise aux États-Unis, dans des bombonnes de vin. Jusqu'à ce qu'il se fasse serrer et soit extradé. Son associé, qui était passé au travers, en a profité pour se taper sa femme et dépenser ses sous, qu'il avait en pagaille. Mais, après toutes ces années, il s'est fait attraper à son tour. Lorsque Pinochet a pris le pouvoir, il a déclaré la guerre aux trafiquants qui étaient pleins de monnaie : chevaux, propriétés, etc. Il les a chargés dans des avions et envoyés aux Ricains. À son arrivée à New York, l'associé a tout balancé. Et c'est là que le gros, qui se voyait déjà dehors, s'est mis à table :

— J'ai presque fini et il faudrait que je me fasse encore vingt piges pour cet enculé ! Je l'ai balancé, je vais sortir et reprendre ma femme et ma monnaie !

Alors qu'on travaillait avec les Italiens sur leur scénario explosif, j'ai été affecté au nettoyage. Je passais la cireuse dans le couloir du rez-de-chaussée conduisant à une sorte de garage fermé par un rideau métallique qui donnait sur la rue. C'est par là qu'entraient les cars de détenus. C'est aussi par là que sortaient les poubelles. Bref, il y avait du passage… Mais, entre la rue et moi, il y avait sept portes. L'endroit étant sensible, il était interdit aux détenus condamnés à plus de vingt ans. Un jour, le directeur est passé et s'est aperçut que le plancher était impeccable, il ne l'avait jamais vu comme ça.

— Qui a fait ça ?

Il m'a appelé et m'a félicité. À cette occasion, les gardiens se sont aperçus que j'avais vingt-cinq ans à faire…

— Laissez-le là, des comme celui-là, on ne va plus en trouver.

Le parquet pouvait être bien ciré… J'y passais des heures, à observer la clé du gardien, et avec de la mie de pain à prendre l'empreinte de la serrure de la première porte. Et, grâce à mon CAP de ferronnerie passé à Belle-Île par les bons soins de l'administration pénitentiaire, j'ai réussi à reproduire la clé. L'un des Italiens avec qui je devais partir m'a procuré des bouts de métaux que le curé avait rentrés dans la prison. À son insu bien sûr. Les Italiens lui demandaient de menus services – rentrer des boîtes de gâteau, etc. –, qu'il rendait avec plaisir. Le soir, assis sur mon lit, je passais des heures à façonner la clé. Tous les détenus de la cellule étaient bien sûr au courant et me prévenaient quand le maton arrivait.

Lorsque je pensais avoir fini, je la brûlais, ce qui la noircissait, et je l'essayais. Là où je relevais des traces, c'est que ça frottait. Alors je limais. Un vrai travail de fou, mais j'y suis arrivé.

J'étais content de moi, je m'amusais à l'essayer. Je m'approchais avec la cireuse de la serrure et hop, d'un seul coup, j'ouvrais et je refermais. Ce qui m'a donné l'idée de faire les six autres. Excepté que, pour la première, j'avais accès à la serrure, mais pour faire la suivante il fallait ouvrir celle-là, et ainsi de suite. L'un des Italiens qui cogitait bien a proposé autre chose :

— On va essayer de faire rentrer une clé et tu n'auras plus qu'à limer les dents.

Ce qu'ils ont fait, mais c'était impossible à réaliser, trop long, trop compliqué.

J'ai alors songé à emprunter d'autres chemins pour sortir. Nous dormions dans de grandes cages, fermées sur le couloir par une grille mais dont la paroi du fond était un mur. Et ce mur ne montait pas jusqu'au plafond. Je l'ai franchi avec un codétenu pour voir ce qu'il y avait derrière. On s'est retrouvés dans l'espace compris entre cette paroi et le mur du bâtiment… où l'on s'est fait surprendre par un maton. Direction le mitard. Grâce à leurs touches, les Italiens m'en ont vite sorti, j'avais toujours la première clé.

Alors que l'on gambergeait pour trouver une solution, un de nos amis italiens nous a apporté une bonne nouvelle :

— Ils ont mis un de nos « amis » gardiens à la salle des clés.

Là où sont conservés tous les sésames de la prison… Ce gardien estropié aimait la monnaie, il rentrait de la coke aux Italiens. Ils l'ont alors fait toucher dehors. Il était d'accord pour nous aider :

— Je ne peux pas vous donner les clés, mais je peux vous en faire des empreintes.

À l'aide d'un gobelet à café en polystyrène coupé en deux.

En échange, le mec voulait 50 000 dollars... Putain, et si ça ne marchait pas... On lui a proposé un marché, toujours par l'intermédiaire des Italiens qui le contactaient dehors : 5 000 tout de suite et 45 000 lors de la remise de la dernière clé. Celle que j'avais, mais il ne le savait pas... Nous avons également pu compter sur le curé. Toujours à son insu, il nous a rentré de petites limes, des ciseaux, et d'autres morceaux de métal à la dimension requise. Ce petit matériel était caché dans de grandes cartes postales en tissu brodé sur des cartons de 30 centimètres sur 30 que les Italiens à l'extérieur lui confiaient. Prétendument pour que l'on écrive à nos femmes.

Grâce à l'outillage, à la matière première et aux empreintes, je pouvais travailler le soir dans ma cellule.

Tant qu'à partir, je voulais faire profiter de l'aubaine à certains compatriotes.

D'habitude, lorsqu'on montait à New York, on rencontrait pas mal de Français. Cette fois, il n'y en avait que trois. Dont deux frères, qui n'étaient pas en population, il était donc difficile de les emmener. De toute façon, les Italiens ne voulaient pas, ils les trouvaient bizarres. Le troisième était un Parisien appelé Jimmy Bornsztein. Il avait 40 ans, pesait 130 kilos et avait pris vingt-cinq ans pour la came. J'en ai parlé aux Italiens, qui n'étaient pas très chauds. Je suis quand même allé lui proposer. Il était d'accord pour partir, mais il voulait emmener un ami, un

Cubain, du nom de Barrera. Lorsque j'ai raconté ça aux Italiens, j'ai vu leur regard s'éclairer :

— Barrera ? Putain, mais c'est bon, ça, il est plein de monnaie, il va nous aider.

Finalement, ça leur plaisait bien. Barrera, tombé également pour la came, était le pape de la musique latino aux États-Unis. Maisons de disques, chaînes de télé, il s'était constitué un empire. En résumé, Barrera était riche et bourré de contacts. Bornsztein, qui n'avait pas un rond, ne le quittait pas et vivait à ses crochets.

Lui, il ne nous servait à rien pour l'évasion, et d'ailleurs il n'en connaissait pas les modalités. En revanche, Barrera devait nous trouver l'appartement où nous nous planquerions une fois dehors.

En homme sérieux, il n'a pas traîné. Quelques jours après, c'était fait. J'en ai informé les Italiens, qui, en retour, voulaient l'adresse. Barrera a refusé.

— Quand nous serons dehors, vous saurez où l'on va...

Sur le moment, je n'ai pas vraiment apprécié, mais ensuite je me suis dit qu'il avait bien fait...

J'ai également proposé deux autres Cubains condamnés pour la came avec qui j'étais monté d'Atlanta. Pendant le transfert, on s'était mis d'accord. Le premier qui avait un plan pour s'arracher en faisait profiter les autres. Je les ai donc emmenés. En tout, nous étions sept candidats à la belle : deux Italiens, trois Cubains et deux Français.

Pendant ce temps-là, je passais des heures à fabriquer les clés. Avec la même technique que pour la première.

Je les brûlais pour les noircir et, pour les essayer, je les confiais à de jeunes Italiens qui travaillaient au garage et donc franchissaient tous les jours les sept portes. Je leur passais, ils essayaient et, là où ça frottait et marquait, je limais. Tellement que j'en avais mal aux mains.

Les morceaux de métal étaient plus ou moins à la dimension des clés, je n'avais plus qu'à faire les dents et les rainures au milieu. Mais il me fallait tout de même près d'une semaine par clé. Pour rester à West Street tout ce temps-là, je me suis servi de mon avocat. Lorsqu'ils ont voulu m'interroger sur le *Caprice des Temps* :

— Écoutez, je veux voir mon avocat, sinon je ne parlerai pas.

Mon avocat français bien sûr, qui un coup était en vacances, une autre fois malade, etc.

Je me concentrais sur les clés et mes codétenus se chargeaient de les cacher dans la cellule. Ils les descendaient attachées à un bout de ficelle à l'intérieur des tubes en fer qui tenaient les gonds de la porte. Ensuite, ils collaient la ficelle à l'intérieur avec un chewing-gum.

J'ai réussi à faire toutes les clés sauf la dernière. Rien à faire, je n'y arrivais pas ; la porte et sa serrure étaient toutes neuves et il fallait que la clé soit bien droite. Les autres qui étaient vieilles et donc irrégulières, ça passait, mais pour celle-là il m'aurait fallu un établi et non mes genoux. Les jeunes qui travaillaient dans le garage l'essayaient, elle ne fonctionnait pas. Je suis resté des jours sur cette clé, je n'en pouvais plus. Et pour arranger le tout, un matin, un gardien est venu me voir :

— Lundi prochain, vous retournez à Atlanta.

Merde ! Il fallait à tout prix que je m'en aille, sinon j'étais marron.

Ça faisait quatre ou cinq mois que j'étais là et, comme ils ne voyaient toujours pas arriver mon avocat, ils avaient décidé de me renvoyer au pénitencier fédéral.

Le soir, alors que nous discutions avec les jeunes du garage, l'un d'eux me voyant abattu a fait la proposition de la dernière chance :

— On rigole beaucoup avec le gardien, on lui vole sa casquette, on se la passe, il nous aime bien. Si vous êtes d'accord, vendredi on lui pique les clés, on se les passe comme d'habitude en déconnant, et on en profite pour ouvrir la porte et la laisser comme ça. Normalement, le gardien ne contrôle pas avant de quitter son poste. On ne vous promet rien, mais on va essayer.

Je n'y croyais pas, mais ça ne faisait rien ; le vendredi soir, j'étais pendu à mes barreaux à les attendre. À six heures, rien, à sept, toujours pas là, et, à huit heures et demie, ils sont enfin arrivés. En passant, l'un d'eux nous a fait « OK » avec le pouce. La porte était tirée et coincée comme si elle était fermée. Le moral est remonté en flèche.

Nous devions partir le dimanche, le jour des visites. Les gardiens, au lieu d'être devant les écrans de surveillance, sont occupés à faire entrer les familles. Mais le samedi matin, des Italiens qui travaillaient dans les bureaux sont venus nous avertir : un bus de prisonniers devait arriver le soir même.

C'était la catastrophe. Les prisonniers devant entrer par le garage, ils allaient franchir la porte et la refermer derrière eux. Putain, c'était fini, j'en avais pour des années. J'avais le moral dans les talons. On avait tant bataillé, eu tant de hauts et de bas.

Mais quand la chance est avec toi… parce qu'il en faut, dans les évasions ! Dans la soirée, les Italiens sont revenus nous voir avec une très bonne nouvelle. Lorsque le bus était arrivé, il n'avait qu'un seul détenu à déposer. Il s'était donc garé devant la porte principale et n'était pas entré dans le garage.

Le lendemain, à l'heure du déjeuner, le trac au ventre, nous sommes descendus au réfectoire. Nous logions tous au même étage et la journée les portes restaient ouvertes. Nous pouvions donc circuler librement. Mais, au lieu d'aller au réfectoire situé au rez-de-chaussée, nous avons gagné le fameux couloir.

Cet escalier était une voie de circulation centrale dans le bâtiment. Lorsqu'on arrivait au rez-de-chaussée, en prenant à gauche au pied de l'escalier, le couloir menait au réfectoire et aux bureaux administratifs. À droite, on butait tout de suite sur la première porte qui menait au garage. Pour l'ouvrir, il fallait donc faire assez vite, car il y avait du passage. On ne craignait pas tellement les détenus, qui étaient presque tous au courant, mais les gardiens, qui montaient et descendaient sans arrêt.

C'était maintenant à moi d'œuvrer ! Habituellement, lorsque je travaillais, la première porte, je l'ouvrais en un clin d'œil et je la refermais, comme ça, pour rigoler. Là, avec le stress, je suis resté plus de dix minutes à essayer de l'ouvrir. Il fallait faire vite ; toutes les deux ou trois minutes, un gardien passait pour aller au réfectoire. Et, dès qu'il s'en pointait un, il fallait se cacher dans un renfoncement et attendre.

À voir les yeux des Italiens, je croyais qu'ils allaient me bouffer. Finalement, j'ai ouvert, et ils sont tous passés. J'étais censé refermer derrière moi. Je m'étais déjà fait chier à l'ouvrir ! Je l'ai coincée avec une poubelle et je les ai rejoints devant la deuxième porte. Celle-là, comme les quatre autres, je l'ai ouverte sans problème. Nous avons ainsi progressé dans le couloir, porte après porte, en regardant fébrilement derrière nous. Personne ne parlait, la tension était très, très palpable. Une fois dans le garage, nous devions lever de quelques dizaines de centimètres la porte coulissante en fer qui nous barrait l'accès à la rue. Les jeunes italiens qui travaillaient dans le garage nous avaient bien expliqué qu'il y avait deux boutons : l'un pour l'alarme et l'autre pour lever le rideau de fer. Sauf que, avec le stress et la peur, aucun de nous ne se rappelait sur lequel des deux il fallait appuyer… On s'est posé la question, mais pas longtemps. Tant pis, on ne pouvait pas s'interroger des heures. On s'est regardés … L'alarme ou la porte, on jouait notre vie !

L'un de nous a appuyé, et le moment de vérité est arrivé.

Si c'était l'alarme, on allait nous entendre de loin ! Et quand bien même ce serait le bon bouton, il resterait un obstacle de taille à franchir : de l'autre côté de la rue, juste en face, se trouvait un commissariat avec deux hommes armés qui faisaient les cent pas devant. Si les mecs entendaient ou voyaient le rideau bouger, ils allaient nous accueillir chaleureusement. Quand le gros Bornsztein, qui suait la peur depuis le début, l'a su, il ne voulait plus s'en aller.

— Avec mon poids, je ne peux pas courir, ils vont me tirer dessus.

J'ai dû un peu le secouer :

— À ton âge, t'as vingt-cinq ans à faire, et tu vas avoir un autre procès qui va peut-être t'en redonner vingt-cinq, alors mourir ici ou dehors…

Il a presque fallu le supplier.

On a poussé le bouton que l'on pensait être celui de la porte en serrant très fort les fesses et… nous n'avons entendu que le grincement métallique du rideau qui se levait doucement, mais dans un bruit d'enfer ! L'un de nous s'est couché au sol pour regarder, il n'y avait personne devant le commissariat. On s'est faufilés l'un derrière l'autre et on a rejoint une voiture qui nous attendait depuis la veille au soir, placée là par les Italiens. On a sauté dedans et filé immédiatement. La chance était toujours avec nous, tous les feux de l'avenue étaient au vert. Un peu plus loin, un camion nous attendait avec des perruques et des vêtements. On est montés, on s'est changés… sauf Mario, l'un des deux Italiens : sa gonzesse l'attendait dans une voiture.

Ça n'était pas prévu. D'autant qu'il avait 50 000 dollars à moi qui devaient nous servir pour la cavale. Je les avais fait monter de France par ma mère adoptive, Colette, qui me visitait au parloir. Elle ne croyait pas à l'évasion mais, pour me faire plaisir, elle avait accepté de les convoyer et de les remettre à la femme de Mario. Dans le camion, j'en ai parlé à l'autre Italien.

— Ne t'en fais pas.

C'est à ce moment-là que je me suis dit que le Cubain avait eu raison de garder secret notre point de chute. Le Mario, je n'avais plus trop confiance en lui… Il est parti de son côté et nous avons rejoint la planque. Un appartement dans un grand immeuble avec des matelas par terre, de la bouffe et de petits postes de radio pour chacun. À peine arrivés, on en a allumé un. Un flash spécial était consacré à notre évasion. Le barnum commençait ! Peu de temps après notre départ, un gardien qui passait dans la rue avait remarqué que la porte du garage était levée. Lorsqu'il l'a signalé, nous étions déjà dans la planque. Nous avons attendu là tranquillement, hormis un coup de chaud un matin. Vers 8 heures, quelqu'un a frappé à la porte :

— Je sais que tu es là !

C'était sans doute le gars qui nous louait, une relation du Cubain. Nous n'avons pas répondu.

À la même époque, Mario s'est fait rattraper alors qu'il était aux sports d'hiver avec sa gonzesse. Heureusement, grâce aux bons réflexes de Barrera, il ne savait pas où nous étions. Enfin, pas exactement, parce qu'il pouvait se douter :

il avait rencontré l'autre Italien pour que je récupère mes 50 000. Et comme il lui avait donné rendez-vous pas loin et que celui qui est capable de te faucher est capable de te balancer, Barrera a dit :

— On se casse !

Il a réussi à contacter un de ses sbires pour qu'il nous trouve une nouvelle planque. Un couple de Cubains nous a laissé son appartement pendant quinze à vingt jours, le temps de dénicher la piaule. Barrera connaissait beaucoup de monde, il était plein de monnaie et les Cubains pauvres voulaient tous travailler pour lui.

On a bien fait de se tirer, parce que le Mario s'est mis à table.

Mais, pour rattraper sa cote dans le milieu italien, il a dit à ses pairs :

— Vous avez vu, je n'ai pas balancé d'Italiens !

En revanche, ça ne lui a pas posé de problème de jeter le curé qui nous avait rentré les bouts de métaux. Le curé n'était pas au courant, même s'il s'en doutait un peu – une fois il avait tâté une carte et senti un truc... Il a eu beau nier... En plus, le jour de l'évasion, il était chez ma mère, Colette, à Paris. J'avais bien essayé de l'en dissuader lorsqu'il était venu me voir quelque temps avant :

— Je dois aller à Rome et je vais passer par Paris, donne-moi l'adresse de ta mère, j'irai la saluer.

Il savait qu'elle avait un hôtel à la gare du Nord. J'ai essayé de trouver des excuses parce que, me faisant la malle, il aurait peut-être des ennuis. Mais il a tellement insisté qu'à la fin j'étais à court d'excuses et je lui ai filé l'adresse. En parallèle, j'ai téléphoné pour qu'elle le reçoive comme il le méritait.

Avec le coup de balance de l'Italien, il a pris cinq ans avec sursis et le Vatican l'a expédié en Amérique du Sud, où il est mort d'un cancer quelques années plus tard.

Finalement, après l'appartement du couple, où d'ailleurs les deux Cubains et l'autre Italien ne nous avaient pas suivis, partant chacun de leur côté, nous avons atterri à trois – Barrera, Bornsztein et moi – chez une femme qui vivait seule avec son fils. Très gentille, elle a pris de gros risques pour nous. On était sur toutes les télés, dans les journaux…

C'était une belle femme, et quand j'ai vu ça, connaissant les deux autres, je les ai prévenus :

— Vous la laissez tranquille, on est en cavale. Alors pas de conneries, on va se retrouver à la rue et les condés au cul.

Quelques jours après, le Cubain m'a balancé Bornsztein.

— Ton compatriote, il veut se la faire.

Je suis allé le voir, je l'ai viré… et c'est le Cubain qui en a profité pour la brancher !

Barrera avait un pilote qui pouvait nous emmener au Mexique. Il a fait toucher ses sbires pour qu'ils nous trouvent une planque à Miami, où nous devions prendre l'avion. Mais un matin des sirènes se sont mises à gueuler dans la rue. J'ai bondi de mon lit à la fenêtre : des voitures de condés étaient garées devant la maison. J'ai réveillé les deux autres.

— On y est, les mecs, on est encerclés !

Le cœur à 100 à l'heure, j'ai demandé au fils de la maison d'aller voir. Trois minutes après, il était de retour :

— Ce n'est pas pour nous, des mecs ont attaqué la banque à côté.

On a soufflé…

Dans les jours qui ont suivi, on a réfléchi à la meilleure façon de rejoindre Miami. Le plus sûr, c'était d'y aller en voiture, mais pas tous les trois avec un chauffeur…

En aparté, Barrera m'a alors confié :

— Je ne descends pas avec lui. Il est énorme et il est signalé de partout. Qu'il y aille en premier et, s'il arrive sans problème, on y va.

Bornsztein est arrivé sans encombre à Miami. On a suivi une semaine après, accompagné de deux gonzesses, comme des touristes. Sur place, le pilote nous attendait. Nous devions embarquer sur un petit aéro-club, je l'ai accompagné pour me rendre compte. L'affaire avait l'air bien.

Quelques jours avant le départ, le pilote est venu nous voir.

— Le Mexique, ce n'est plus possible. Je vais vous laisser en Colombie.

— Laisse-nous où tu peux, du moment qu'on se barre.

De nous trois, j'étais le seul à avoir des papiers. Pendant qu'on attendait le départ, un ami de Barrera était venu nous voir :

— J'ai le passeport d'un Français naturalisé vénézuélien, il est à vendre.

Je savais faire les tampons à froid, j'ai demandé à Barrera de me l'acheter. Moi, je n'avais plus d'argent, Mario s'étant barré avec mes 50 000 dollars. Dont je me foutais d'ailleurs pas mal, j'étais dehors !

Pour modifier le passeport, j'ai fait bouillir un œuf dur, dont j'ai enlevé la coque. Je l'ai posé bien chaud sur le tampon de la photo. L'encre s'est déposée sur le blanc, que j'ai alors appuyé sur ma photo. J'avais mon passeport.

Quelques jours après, on s'est rendus à l'aéro-club, le pilote nous y attendait avec sa femme. Le temps qu'il dépose son plan de vol, il est revenu et nous avons décollé, sans plus de formalités.

Premiers pas à Bogotá

Nous avons fait escale à Haïti pour faire le plein, sans descendre de l'avion, puis nous avons mis le cap sur Carthagène, sur la côte atlantique au nord de la Colombie. Mais lorsque nous sommes arrivés, vers 22 heures, il était trop tard, l'aéroport était fermé. Nous pouvions toujours aller à Barranquilla, mais, l'aéroport étant plus important et les contrôles nombreux, le pilote n'était pas très chaud. Il a appelé la tour de contrôle pour leur dire qu'il était en panne et devait atterrir de force. Seul problème, avec le vent de face nous arrivions au pied de la tour de contrôle, où se trouvaient les condés. Il s'est donc posé avec le vent dans le cul pour nous mener au bout de la piste, qui n'était pas éclairée. Lorsque l'avion a fait son demi-tour pour revenir vers la tour, j'ai sauté, suivi de Barrera et du gros. Avec ses cannes de sauterelle, Bornsztein s'est cassé la gueule sous l'avion. Le pilote ne l'a pas vu tomber, on l'a tiré de justesse sinon l'engin lui passait dessus.

On est sorti de l'aéroport pour attendre le pilote, qui se faisait engueuler par la tour de contrôle. Il nous a rejoints avec sa femme et nous avons commencé à marcher en direction de Carthagène. On a traversé un village désert avec des buissons d'épineux qui roulaient, comme dans un western. Sous un cagnard terrible, en costume, cravate, pochette, petite sacoche… on se croyait à Paris ! Et tous les mecs du coin en short qui nous regardaient.

— Putain, on se fait pas remarquer…

Une fois arrivés à Carthagène, il n'y avait qu'une seule chambre d'hôtel disponible. On l'a laissée au pilote et sa femme, et nous sommes allés faire la tournée des bouibouis pour finalement dormir dans un bordel. Et le matin…

— *La policia, la policia !*

La policia, merde ! À peine arrivés, on allait être marron.

Je suis sorti de la chambre, le gros était dans le couloir tout apeuré. En fait, c'était la visite sanitaire pour contrôler les gonzesses.

On est retournés à l'hôtel, qui nous avait gardé des piaules. Je les ai louées avec mon passeport, les autres n'ayant pas de papiers. Ensuite, on est sortis boire un verre dans un bar. C'est là que j'ai rencontré Nina, qui avait débarqué de son village une heure avant. Je l'ai tout de suite remarquée, elle semblait perdue dans ce rade. Elle n'avait même pas 20 ans et était d'une beauté à couper le souffle, avec un superbe visage d'Indienne et de longs cheveux noirs. Je l'ai invitée à boire un verre, faute de sièges disponibles, elle s'est assise sur mes genoux et on ne s'est plus quittés jusqu'à aujourd'hui. Bon, sur le moment, ça m'arrangeait pour me débrouiller dans le pays. Je ne parlais pas espagnol, je ne connaissais rien aux mœurs et aux habitudes ; elle m'évitait de me faire arnaquer à chaque coin de rue.

J'allais la chercher tous les matins et on passait la journée ensemble.

Les deux autres n'arrêtaient pas de me gonfler.

— Largue-la, elle reste avec toi pour l'argent…

Un jour, j'ai reçu de Paris une valise pleine de monnaie. On allait bien voir…

Lorsque je l'ai ouverte devant elle, j'ai cru qu'elle allait faire une attaque.

— Compte-moi les sous.

Nous avons compté ensemble et, pour voir ce qu'elle avait dans les tripes :

— Écoute, je descends pour payer et après tu me suis avec la valise, je t'attends en bas.

Bon, il n'y avait qu'une sortie, j'avais déjà repéré…

Je me suis planqué en me disant que si elle restait pour l'argent, elle allait se faire la malle… parce que moi, c'est ce que j'aurais fait… J'ai attendu et, au bout de cinq minutes, elle est apparue avec la valise. Je voyais qu'elle avait le trac, sans doute parce qu'elle ne savait pas d'où ça venait. Elle me cherchait du regard, je l'ai laissée deux ou trois minutes et je suis sorti de ma planque. Lorsqu'elle m'a vu, elle était soulagée.

— J'ai eu si peur !

Là, je me suis dit que ce n'était pas mauvais… Un

autre jour, alors que nous étions à Bogotá, un mec a fauché un passant devant nous. Je me suis tourné vers Nina :

— Appelle les condés.

— Pourquoi, il t'a volé quelque chose ?

Je me suis dit : « Putain, là c'est vraiment bonnard. » Dans son village de la région d'Antioquia, celle de Medellin, personne ne parlait, ils appartenaient tous aux Farcs. Depuis toute petite, elle était habituée, son père était chef dans la guérilla.

On est restés à Carthagène un bon bout de temps. Au plus bel hôtel de la ville, un cinq étoiles sur la plage. Devant l'entrée il y avait en permanence une bande d'enfants des rues, qu'ils appellent « *los gamines* ». Tout débraillés, ils faisaient la manche. Je n'avais jamais vu une misère pareille. Je leur aurais bien donné de l'argent, mais Nina m'a affranchi : ils le filaient à leur patron pour qu'il se bourre la gueule. À la place, je les ai invités au restaurant du palace. Tous les jours. J'avais en permanence une bande de petits jeunes à ma table qui commandaient ce qu'ils voulaient. Fallait voir la gueule des clients et du personnel.

À Carthagène, Barrera connaissait un chanteur qui lui-même connaissait des gens. Ils nous ont fait des papiers colombiens. J'avais de plus en plus de mal à supporter les deux autres. Barrera était bien, mais Bornsztein… Je l'avais fait sortir uniquement parce qu'il était Français. En fait, comme il était à la rue, c'était le larbin du Cubain. Moi, j'avais mon argent, mais même si ça n'avait pas été le cas, et Barrera le savait, il ne m'aurait pas traité comme un chien, sinon je lui mangeais le foie.

Après quelques semaines sur la côte, nous sommes descendus à Bogotá avec « Nine », toujours suivis par les deux autres. On a loué un appart-hôtel quelque temps en périphérie de la ville, tandis qu'ils en prenaient un en centre-ville, au-dessus d'un bar de gonzesses. Comme ils ne pensaient qu'aux filles, ils en faisaient monter tous les soirs. Sauf que, pour qu'elles acceptent de coucher avec Bornsztein, on devait les baratiner alors qu'on les payait déjà. J'allais de temps en temps les voir, mais un soir le portier s'est pointé dans l'appartement, un peu inquiet :

— En bas, il y a une femme qui veut monter !

C'était Nine. Elle savait où ils habitaient, nous étions venus les voir.

— Ne la fais pas monter. Je vais descendre !

Quand je suis arrivé en bas, elle était fâchée :

— Je suis sûre qu'il y a plein de putes là-dedans ! Je vais monter !

— Mais non, qu'est-ce que tu vas monter ?

— Bon, alors rentre à la maison.

— Non.

Elle m'a sorti le calibre que je lui avais offert, un petit 38. Je lui avais appris à tirer ; je suis rentré avec elle.

Après Bogotá, nous sommes allés à Cucuta, à la frontière vénézuélienne. Séparément, parce que Bornsztein se faisait remarquer partout où il passait. Nous comptions rejoindre le Venezuela pour prendre le bateau et rentrer en France. Nine me rejoindrait plus tard. Mais, une fois à Cucuta, elle m'a annoncé avec un grand sourire qu'elle était enceinte. J'étais moi aussi très heureux. Pour le moment, il n'était plus question que je la laisse, nous sommes redescendus à Bogotá, où Barrera et le gros nous ont rejoints peu après. Ils ne nous lâchaient pas. On est finalement retournés à Cucuta; Barrera y connaissait un chirurgien, ils voulaient se faire refaire la tronche. Moi, je n'avais aucune envie de changer de gueule.

Comme d'habitude, je préférais rester avec Nine à l'écart. Nous faisions donc notre vie tous les deux et le soir nous allions souvent manger dans le même restaurant. On y servait du cabri comme en Corse. Un beau jour, alors que nous passions à table, nous rencontrons des amis. Le mec se lève pour nous saluer.

— Tu viens souvent ici ?

— Oui, oui.

— Ah, bien, le patron est un ami.

On a parlé de tout et de rien, et à un moment j'ai lâché :

— Putain, il a un cabri terrible !

— Quoi, un cabri terrible ? Tu manges le cabri ?

— Oui, pourquoi ?

Et tout bas, en baissant la tête :

— Ce sont des chiens, mec…

C'était vrai. Le proprio en avait une palanquée au premier étage, qu'il servait pour du cabri.

Après tout, c'était bon et, en Italie, un codétenu nous avait déjà fait bouffer du chat pour du lapin.

Une fois les deux autres opérés, nous sommes allés à Barranquilla.

À Bogotá, j'avais sympathisé avec un mec qui faisait des escroqueries – les Colombiens sont des spécialistes des faux papiers, faux billets, etc. – et qui connaissait beaucoup de monde. On sortait pas mal ensemble et un beau jour il s'est confié :

— J'ai un ami à Barranquilla, Carlos Guerra, c'est le taulier de la côte.

— Présente-le-moi !

Je suis monté avec Nine me mettre en planque là-bas.

Guerra savait que j'étais recherché par les Américains.

— Viens chez moi, j'ai une grande maison.

Carlos faisait l'herbe en très grosse quantité. Depuis la fin des années 1960, les Colombiens fournissaient les États-Unis. La demande avait explosé et les Mexicains ne pouvaient pas fournir plus. Avec ses associés de la côte, on ne disait pas encore cartel, il était plein de monnaie. Ils achetaient la marijuana cultivée par les paysans à la pointe nord de la Colombie, à La Guajira, après Santa Martha. Il n'y a que là que sortait la gold, de couleur dorée, le summum. La Guajira, c'est à l'ancienne. Si une fille te plaisait – elles sont très belles –, t'offrais des chevaux ou des vaches à son père et tu pouvais la marier. Il te la vendait, quoi.

Quand je suis arrivé en Colombie, c'était quasiment la fin du trafic d'herbe. À l'époque, ils la vendaient directement aux États-Unis. Ils l'embarquaient sur la côte par ballots, pressée comme de la paille, et la déchargeaient au large de Miami. Pour l'embarquement, les condés colombiens fermaient les yeux.

Un jour, on allait charger un bateau avec Carlos lorsqu'ils nous ont arrêtés sur la route de la côte pour contrôler les papiers. Carlos a dit deux mots et nous sommes passés. En fait, c'est lui qui les casquait. Ils faisaient des barrages pour voir qui passait les jours de chargement... Ils aidaient même à descendre les ballots de la route jusqu'au bateau.

Je ne connaissais pas le biz. En France, le milieu ne s'y intéressait pas encore. Alors que nous étions installés à Barranquilla, un mec est monté me voir de France, envoyé par un ami. Je l'avais connu à Paris, il tenait une discothèque rue Fontaine. Maurice, presque 60 piges, c'était le voyou à l'ancienne. Je l'ai bien reçu, à la colombienne. La première chose qu'ils font là-bas, c'est de te mettre une gonzesse dans les pattes. Je lui ai collé une nana de 20 piges.

— Occupe-toi de mon ami.

Le soir, alors que j'étais en train de fumer de l'herbe, Maurice s'est pointé.

— Putain, qu'est-ce qu'elle est belle !

— Prends ça ! Et je lui ai tendu une cigarette. Les filles aiment bien fumer.

— Et toi, tu fumes ?

— Oui, pour troncher, ça fait même bander !

Il s'en est allé avec la cigarette pour la petite et le lendemain soir...

— Tu peux pas en faire deux ?

— Si tu veux, t'as fumé ?

— Oui !

Visiblement, ça lui avait plu. Alors, tous les soirs, c'étaient deux cigarettes. La petite, elle te l'a retourné, il ne savait plus où il était. Maurice est resté quinze jours et, au moment de s'en aller…

— Charlot, je peux te demander un service ? Surtout que personne ne sache que j'ai fumé !

C'était ce qui le travaillait le plus.

À Barranquilla, j'ai acheté un hôtel à Nine, une belle résidence coloniale avec un jardin. J'avais toujours l'intention de m'en aller, je n'allais pas la laisser à la rue. Et puis elle s'était habituée à vivre bien. Mais, un soir, j'étais en train de jouer aux échecs sur la terrasse et je vois arriver deux mecs. Dans leur dos, j'aperçois des calibres. Il y avait le couvre-feu, personne ne pouvait être armé la nuit.

Quand j'ai vu ça, j'ai dit à Nine :

— Ce sont soit des voyous, soit des condés.

— J'en sais rien, ils viennent de prendre une chambre.

— Écoute, demain matin tu me réveilles à 5 heures, je m'en vais.

Elle croyait que je la baratinais pour retrouver une autre femme, alors elle ne m'a pas réveillé… et à 8 heures, *policia* ! C'était pour le faux passeport. Ils m'ont emballé pour *estoffa*, « escroquerie », je ne comprenais rien, j'entendais *estouffa*, la « cuisinière ».

Ils ont également arrêté Nine et ils nous ont conduits à la F2, la prison du DAS, la police secrète, de Barranquilla.

De la F2, j'aurais pu partir, il y avait un trou dans le mur de ma cellule. Mais je ne voulais pas laisser Nine, enceinte. De toute façon, nous n'y sommes restés que quarante-huit heures. Ensuite, ils nous ont transférés à la F2 de Bogotá, où Nine a été libérée. Je pouvais de nouveau envisager de cavaler.

Je lui ai alors demandé de m'apporter de la scopolamine, des fleurs jaunes en forme de cloche dont on extrait une poudre. Les tapins en mettaient dans les verres des clients pour les endormir et leur faucher la monnaie. Mais si tu en mets trop, le mec clamse.

Nine venait me voir tous les jours en taxi à minuit. Je filais de la monnaie aux deux condés de garde pour qu'ils la laissent entrer et on passait la nuit à côté des cabinets ; ça puait, on s'en foutait, on était jeunes…

Les deux condés aimant boire, on leur a versé de la scopolamine. Ils sont tombés dans les vapes, j'ai pris l'un des calibres, les clés et j'ai ouvert la porte aux autres détenus.

— Vous voulez vous faire la malle ?

Un seul a voulu partir, l'ami d'un gros trafiquant. On est sortis, il était 2 heures du matin et je ne connaissais pas Bogotá. Alors, pour rejoindre Nine, j'ai appelé son hôtel, mais après une heure la réception ne répondait plus. J'étais dans la merde, je ne savais pas où aller en pleine nuit. Et d'un seul coup des policiers sont arrivés, j'ai juste eu le temps de jeter le calibre avant qu'ils ne nous fouillent.

— Vos papiers ?

Et l'autre :

— Ils sont à la maison. On est descendus acheter à boire parce qu'on n'a plus rien.

— Tu connais ton numéro de carte d'identité ?

Il répond.

— Et toi ?

— Heu, zéro, zéro... (Je ne parlais pas bien espagnol...)

— Ça ne peut pas commencer par un zéro.

— Mais vous voyez pas qu'il est saoul ? Je vais le ramener.

— Rentrez à la maison !

Et ils sont partis. Je suis allé récupérer le calibre, on a pris un taxi et on est retournés à la F2. J'ai ouvert la porte, je l'ai refermée derrière nous, j'ai remis le calibre au mec et nous sommes rentrés dans nos cellules. Les condés ne se sont aperçus de rien. Parfois, lorsqu'ils ouvraient la porte principale, je leur demandais de me laisser regarder dehors.

— Non, tu vas te faire la malle.

— Mais qu'est-ce que je vais me faire la malle ! L'autre soir, je suis sorti et je suis revenu.

— Allez, arrête ton cinéma !

Ils n'y croyaient pas... Ils ne savaient pas que j'étais en cavale des États-Unis. Mais, dans le doute, je me demandais comment éviter l'extradition. J'ai pensé à faire un mariage bidon, j'en ai parlé à Nine pour qu'elle me trouve une candidate.

— On n'a qu'à se marier !

Ce que l'on a fait, le 5 août 1975, avec pour témoins les deux inspecteurs qui m'avaient arrêté à Barranquilla.

C'est là qu'elle a su mon vrai nom et, surtout, que j'étais évadé. Jusque-là, elle ne m'avait jamais rien demandé.

À Bogotá, j'ai su pourquoi j'étais là. Mon passeport avait auparavant servi à une équipe d'escrocs colombiens. Le gouvernement octroyait des subventions aux exportateurs de café. Ils avaient monté une filière fictive avec l'aide de la banque des *cafeteros*. Les faux envois visaient les États-Unis, où un complice encaissait les primes. Mais, au bout de deux ans, le système a pété et les mecs se sont mis en cavale. Et le con qui était aux États-Unis, pour se faire un billet, au lieu de jeter son faux passeport, l'a vendu à l'insu des autres. Ce qui fait que les condés qui cherchaient ce mec pour escroquerie étaient dessus et donc sur moi. Ils m'avaient suivi à la trace dans tous les hôtels où je descendais.

C'était une aubaine pour ceux qui avaient fait l'affaire. Si la justice trouvait le coupable, elle fermerait le dossier. Lorsque je suis arrivé au F2 de Bogotá, le juge m'a interrogé :

— Vous habitez à tel endroit chez deux sœurs aux États-Unis.

— Mais vous êtes fou !

Sauf que je ne pouvais pas leur dire que j'étais en prison aux États-Unis. Je n'avais pas envie qu'ils me signalent aux Américains...

— Montrez ma photo à des gens qui le connaissent, vous verrez que ce n'est pas moi.

Mais les deux Colombiennes qui l'hébergeaient avaient été prévenues et payées.

— Oui, c'est bien lui !

Alors, au juge :

— Faites une expertise graphologique, vous verrez que ce n'est pas ma signature sur les chèques.

Résultat : c'était bien moi !

Avec les deux nanas plus l'expert, j'étais mal barré. J'ai commandé une contre-expertise à un indépendant. Lorsque mon avocat l'a portée au juge, il lui a répondu :

— Trop tard, j'ai terminé l'instruction.

Bref, ils avaient tous été casqués.

Entre-temps, ils m'avaient conduit à la prison de Bogotá, la Modelo. Cinq patios de trois étages et 4 500 détenus.

Nine a alors touché le directeur, là-bas tout est une question de monnaie, et il m'a envoyé dans le meilleur patio, le 3. J'avais une cellule tout seul et, dans notre cour, il y avait cinq ou six restaurants.

La Modelo, comme souvent en Amérique du Sud, est une petite ville dans laquelle les détenus circulent librement. Ils y font ce qu'ils veulent, c'est beaucoup moins contraignant qu'en France, mais, revers de la médaille, c'est beaucoup, beaucoup plus dangereux, il y a des morts sans arrêt. En revanche, la prison, tu ne la vois pas passer. Le samedi, toute la journée, tu as la visite des hommes, et le dimanche celle des femmes. Elles entrent le matin à 8 heures et partent le soir.

Deux fois par semaine, j'achetais de la viande pour le

patio d'à côté, rempli de pauvres malheureux qui n'avaient rien à manger. Je leur faisais livrer des os avec de la viande, ils se faisaient une soupe. Ils m'appelaient le « *Frenchy* », j'étais le roi. Mais je le faisais parce que ça me faisait plaisir. En plus ça m'a rapporté, parce que c'est comme ça que je me suis vite évadé.

Un beau jour, on m'a appelé chez le directeur, les Américains avaient retrouvé ma trace… Le monde s'est écroulé sur ma tête. J'étais d'accord pour faire deux ou trois ans pour escroquerie, mais là…

Ils ont attaqué d'emblée :

— Tu croyais nous échapper encore longtemps ? C'est fini, maintenant tu retournes là-bas, à moins que tu ne collabores…

— J'ai pas collaboré la première fois, vous m'avez filé quarante piges, et je le ferais maintenant ? Vous rigolez !

Le directeur, quand il a entendu ça, a dit aux amis de ma femme :

— Celui-là, ça vaut le coup de faire une affaire avec lui parce qu'il ne parle pas.

Du coup, Nine l'a sollicité.

— Bon OK, 15 000 dollars et je le fais sortir par la porte.

Nine, qui voulait voir son mec dehors, lui a porté les sous.

Mais un ami m'a prévenu :

— Fais attention, c'est un enculé, il va te filer aux Ricains. Il a une sale réputation.

Je l'ai écouté et j'ai préparé un deuxième parcours. Dans

la prison, il y avait une usine de cartons. Un camion venait régulièrement en prendre livraison. Les cartons pliés étaient eux-mêmes rangés dans des cartons ; je pouvais me glisser dans l'un d'eux et sortir. Parmi les mecs à qui je filais à bouffer, certains travaillaient dans cet atelier ; ce sont eux qui m'avaient filé la combine et avaient proposé l'affaire au chauffeur. Évidemment, ils prenaient leur monnaie. Dans leur cellule, ils ont réuni deux cartons et en ont fabriqué un capable de résister à mon poids : 70 kilos. J'allais les voir, je me glissais dedans et ils s'entraînaient à me hisser à la hauteur du camion.

Pendant que l'on répétait, un matin à 5 heures, les matons sont venus me chercher et m'ont descendu dans la cour. Tous les gardiens étaient là pour la relève de la garde. Et le directeur, devant tout le monde :

— Faites attention à cet homme, c'est un dangereux gangster susceptible de s'évader !

Et l'enculé m'a collé un gardien chargé de me suivre en permanence.

Je suis allé le voir, pas content du tout :

— Non, attends, c'est pour éviter qu'ils ne me soupçonnent lorsque je te ferai sortir.

Il m'a fait son cinéma, je n'y croyais pas trop. J'ai alors prévenu Nine que j'allais me faire la malle.

— Envoie-moi l'avocat à 3 heures pile.

Parce que, pour la visite de l'avocat, il fallait traverser toute la prison. Ce que les détenus pouvaient faire librement, mais pas moi, grâce à la chaude recommandation du directeur !

Mon maton personnel m'a accompagné jusqu'à l'entrée du couloir qui menait aux parloirs des avocats, je suis rentré tandis qu'il restait à la porte. Le temps que l'avocat, qui était bien évidemment au courant, arrive, j'avais enlevé mon pull-over ; j'en avais un autre dessous. Ensuite, devant le baveux, j'ai retiré à l'aide d'une lame de rasoir – en sectionnant les fils aux quatre points d'encrage – la perruque fixe que je m'étais fait poser lorsque j'étais libre. Personne n'avait remarqué que je portais un postiche. Et, surtout, lors du petit numéro du directeur, tous les matons m'avaient « photographié » avec une belle chevelure volumineuse. La perruque était tellement bien faite que le détenu chargé de nous couper les cheveux à l'arrivée n'avait rien vu. Le mec je lui avais filé une pièce pour qu'il y aille mollo quand même. À la suite de mon évasion, d'ailleurs, les perruques seront interdites.

Ensuite, j'ai chaussé une paire de lunettes que j'ai sortie de ma poche.

Sans cheveux, changé et avec les binocles, je suis repassé dix minutes après devant le gardien qui m'attendait et il ne m'a pas reconnu. Il fallait que je sois à 16 heures à l'usine de carton pour l'arrivée du camion. J'ai traversé la prison tranquillement, en franchissant les différentes portes gardées par des matons qui séparaient les patios, jusqu'à l'atelier. Le camion était là. J'ai rejoint les autres, qui m'ont tout de suite fait entrer dans le carton qu'ils avaient préparé. Mais, lorsqu'ils l'ont porté, ils se sont loupés et je suis retombé les quatre fers en l'air. Après cette première tentative, les mecs ne voulaient plus. Ils avaient peur d'être balancés par les autres détenus qui traînaient autour.

— On ne peut plus, on ne peut plus…

— Comment, vous ne pouvez plus ? Recommencez !

Ils m'ont remonté, et une fois dans le camion l'un d'eux s'est avancé :

— Euh, Carlo, la *plata*, donne-moi la moitié !

Dans leur cellule, les mecs m'avaient expliqué que le chauffeur voulait la moitié avant et l'autre après. Déjà que le directeur m'avait fauché 15 000… et là, c'était la même somme.

— Mon cul !

J'avais pris la liasse et je l'avais coupée en deux, bien comme il faut avec un couteau que mon cousin m'avait fait rentrer. J'ai tendu les billets amputés.

— Qu'est-ce que c'est ?

— Et bien, c'est la moitié, l'autre, je l'ai là, quand je serai dehors je lui donnerai, il n'aura qu'à les coller.

— T'es fou, il va pas vouloir !

— S'il ne veut pas, on n'y va pas !

J'étais bien décidé. Les mecs étaient emmerdés parce qu'ils n'avaient pas dû annoncer au chauffeur la même somme qu'à moi et qu'ils voulaient étouffer une commission supplémentaire. Ce qui n'était plus possible.

Ils ont discuté et d'un seul coup j'ai entendu le moteur, j'étais tout content. Le camion est sorti de l'atelier en roulant doucement et, deux minutes plus tard, il s'est arrêté devant la dernière porte, celle qui donnait dans la rue. Je me voyais déjà dehors quand, blotti dans mon carton, j'ai entendu un drôle de bruit qui se répétait : « Tscheeuuuuuuu, tscheeuuuuuuu… » Putain, qu'est-ce que c'était que ça ? Et d'un seul coup j'ai compris. Un mec vérifiait les cartons au hasard avec un pic ! Et, vu la durée du bruit, il devait être sacrément long. Putain, personne ne m'avait prévenu ! Le ventre très, très noué, j'ai gambergé à toute vitesse : soit je sortais maintenant, avant qu'il n'arrive à moi, et c'en était fini de la cavale, soit je ne bougeais pas et je risquais de me faire embrocher… Je devais me décider rapidement, le bruit s'approchait de plus en plus. J'ai fermé les yeux, retenu ma respiration et… tscheuuuuuu ! Le pic en fer m'est passé à 5 centimètres du dos !

Je l'ai entendu s'enfoncer encore dans un ou deux cartons et le camion est sorti.

Devant la prison m'attendait un cousin, que j'avais fait monter de France pour l'occasion. Située dans un quartier assez miséreux, la Modelo était entourée d'un no man's land de sable et de cailloux de 60 mètres sans même un arbre. Il s'était donc garé le plus près possible des premières maisons pour éviter d'être repéré par le militaire armé d'une M16 qui faisait les cent pas sur le haut mur d'enceinte. Mais, au bout d'une demi-heure, le mec le regardait de travers. Mon cousin, pensant que l'autre n'allait pas tarder à l'allumer au fusil d'assaut, était sur le point de s'arracher lorsqu'il a vu le camion débouler.

Il devait le suivre et me récupérer plus loin, en s'assurant d'abord que j'étais bien dedans. Sauf qu'avec la grosse bâche qui recouvrait le bahut, il ne me voyait pas. Comme je ne pouvais pas me montrer, j'ai découpé la bâche avec mon couteau et par une fente j'ai sorti un doigt. Je le voyais qui secouait la tête, l'air de dire : « Il n'est pas là, non il n'est pas là. »

Et moi j'agitais désespérément le doigt. Il m'a enfin aperçu et m'a suivi pendant 20 bornes, jusqu'à ce que le chauffeur me laisse sur le bord de l'autoroute. Je lui ai filé l'autre paquet de monnaie et j'ai rejoint mon cousin, qui, lui, m'a remis un 9 mm tandis qu'il gardait un 38. Ensuite, j'ai appelé le directeur depuis la première *posada* rencontrée sur la route :

— Ça y est, je suis dehors.

— Arrête tes conneries Fiocconi, comment ça tu es dehors ?

— Je le suis et l'argent que tu m'as pris, tu vas me le rendre.

N'y croyant pas, il est allé dans mon patio, en a fait descendre tous les détenus dans la cour et…

— Fiocconi, un pas en avant !

Ils se sont rendus à l'évidence. Il a été emmerdé parce que les gardiens étaient remontés contre lui, ils savaient que j'allais souvent le voir…

Je ne suis resté que trois mois à la Modelo. Avant que je ne m'évade, des mecs de l'évasion de New York passaient en procès. Le juge :

— Bon, on va reculer la séance parce que Fiocconi vient d'être arrêté, nous allons attendre son extradition.

Et lorsque je me suis fait la malle, un des prévenus s'est pointé avec un journal.

— Inutile d'attendre Fiocconi, monsieur le juge, il s'est encore évadé…

Après mon coup de fil au directeur, ils m'ont conduit dans un appartement loué pour l'occasion, dans une résidence de Bogotá appelée « La Tour blanche ». Nine a choisi de m'y rejoindre. Soit elle ne me voyait plus pendant six mois, soit elle restait en cavale avec moi, mais sans possibilité de sortir. Le temps qu'ils m'oublient. Elle est venue avec notre premier fils, Dominique, dont elle avait accouché entre-temps… et nous avons fait le deuxième, Thomas. Six mois sans bouger dans un appartement, avec juste la télévision…

Dès l'instant où j'ai été arrêté, je n'ai plus jamais eu de nouvelles de Barrera, et encore moins de Bornsztein, alors qu'avant ils ne me lâchaient pas. Et en plus j'étais tombé pour les papiers que les potes de Barrera m'avaient fournis… et pour lesquels j'ai pris quatre ans. Après la venue des Américains à la prison, j'étais repassé devant le juge.

— On réclame mon extradition devant tel tribunal colombien parce que je me suis évadé des États-Unis. J'étais en prison, donc ce n'est pas moi.

— Certes, mais qui me dit que vous ne sortiez pas le soir ?

Le mec croyait que toutes les taules marchaient comme chez lui. Des mois après, j'ai appris qu'il m'avait filé quatre piges.

La *Picota* : jamais deux sans trois

Je sortais de prison, j'avais des contacts, je commençais à connaître le biz local. L'escroc qui m'avait présenté Carlos Guerra connaissait beaucoup de monde. Notamment un chimiste qu'il m'avait également présenté et que j'avais retrouvé à la Modelo. En sortant, je me suis branché avec son équipe. C'était le début du business de la coke en Colombie. Depuis deux ou trois ans, ils abandonnaient l'herbe pour passer à la poudre, beaucoup plus lucrative.

Nous allions acheter de la pâte de coca au port amazonien de Leticia, un petit bout de terre à la frontière avec le Brésil et le Pérou, situés sur la rive opposée. Le soir, les Indiens du Pérou traversaient l'Amazone et venaient vendre leur pâte. Leticia, c'était la plate-forme où se retrouvaient les agriculteurs et les trafiquants. Un vrai supermarché. Les narcos achetaient très peu de pâte en Colombie, elle n'était pas aussi forte que la péruvienne, la meilleure, issue d'une variété de feuilles de coca qu'on appelle la « *pararita* ». Quand elle était travaillée, elle donnait beaucoup plus. Et tu voyais qu'elle était beaucoup plus forte quand tu la cristallisais : elle gardait son huile, sa texture était grasse alors que la colombienne, semi-sauvage, brûlait facilement et donnait beaucoup moins. Il fallait 12 kilos de feuilles pour sortir entre 20 et 30 grammes. Sinon, ils utilisaient la bolivienne, moins productive, mais meilleure que la colombienne.

Pour aller à Leticia, il y avait quatre heures d'avion. On louait un DC3 à Bogotá, que l'on remplissait de café, et que l'on revendait là-bas. À l'époque, on atterrissait normalement sur l'aéroport de la ville. Ensuite, lorsque c'est devenu plus difficile, ils se sont servis de l'aéroport abandonné situé dans l'enclave brésilienne sur la rive colombienne. Les avions allaient charger là-bas. La douane, c'était un mec assis qui te regardait passer.

Une fois à Leticia, on faisait la tournée des bars. Les types nous renseignaient : « Untel a 50 kilos qui viennent d'arriver, l'autre 200… » C'était un commerce normal, personne ne se cachait et tout le monde était au courant. La pâte étant un laxatif, le mec que j'accompagnais se faisait une cigarette avec, la fumait et, si cinq minutes après il allait aux chiottes, il achetait.

Les Indiens, ces malins, mettaient des plombs dedans pour augmenter le poids. Quand on la liquéfiait pour l'oxyder, les billes apparaissaient. Ou alors ils la mélangeaient avec une terre de la même couleur que la pâte.

On louait une villa en ville pour se faire livrer du poisson séché pêché dans l'Amazone. Les paquets ouverts, on y mettait la pâte et on refermait. Ça puait tellement que, une fois les colis arrivés à Bogotá, personne n'y touchait. Après avoir récupéré la pâte, on vendait le poisson, ce qui nous payait les frais.

À Leticia, on était tellement bien, on restait une semaine. C'était le Far West, il y avait des maisons closes, tout le monde faisait la fête. On descendait chez Mike Tszalikis, un américain qui possédait un hôtel avec des bungalows luxueux et une belle piscine. Tszalikis, qui était le plus grand vendeur de pâte de Leticia, envoyait également de la marchandise aux États-Unis dans des boas vivants. Ses mecs les opéraient pour leur mettre la came, les refermaient et les expédiaient. Là-bas, rebelote, ils les réopéraient, sortaient la came et les recousaient. Ils étaient ensuite vendus. À force, il a été marron. Lorsqu'ils ont voulu l'extrader, il s'est caché chez les Indiens, qui l'aimaient beaucoup, mais ils l'ont finalement arrêté.

Le business se faisait ouvertement, mais les embrouilles étaient récurrentes. Une fois, des mecs avec qui on travaillait nous ont fauchés. On était allés acheter de la pâte à Leticia mais, lorsque nous sommes rentrés à Bogotá, il nous en manquait. On ne savait pas d'où ça venait, on a laissé tomber. Deux ou trois mois après, un mec de Leticia se pointe à notre « bureau » à Bogotá, une sorte de garage.

— Je voudrais voir Untel.

— Pourquoi tu veux le voir ?

— Parce que je suis emmerdé. Ses mecs ont jeté des paquets de pâte dans ma fosse septique et tout va se perdre. Après, qu'on ne vienne pas dire que c'est moi…

On a récupéré les paquets dans la merde et séparé la pâte de la daube en l'oxydant avec du permanganate avant de la cristalliser.

On tournait dans des fermes immenses autour de Bogotá avant de la vendre à d'autres équipes et d'envoyer le reste aux États-Unis. Personne n'envoyait en Europe à l'époque, ce n'était pas lucratif, pour vendre un kilo tu mettais des mois.

Ça partait notamment dans des valises à double-fond. On en achetait deux identiques et, en démontant l'une, on faisait le double-fond de l'autre. Si c'était bien fait, à l'époque, les douaniers ne voyaient rien. Et les nôtres, faites avec beaucoup de patience, avaient une finition impeccable. À tel point que, une fois au Canada, ils m'ont téléphoné pour me dire qu'ils ne trouvaient rien.

— Tu t'es trompé de valise, c'est pas possible !

— Casse-la ! Coupe-la ! Et tu verras !

J'avais également acheté un petit voilier que j'avais confié à un capitaine. Mais un jour, je l'ai envoyé charger à Bonnaventure, où les coefficients de marée sont très importants. Le capitaine n'a pas fait gaffe et il est resté planté à la sortie du golfe. Et le soir des mecs sont montés à bord, ils ont violé sa femme et lui ont pris les sous que je lui avais donnés pour le voyage.

Une autre fois, c'est mon cousin qui a failli y rester. Il était allé avec un capitaine acheter un voilier en Guadeloupe, mais, pressés, ils n'avaient trouvé qu'un bateau sans équipement de navigation, pas même un pilote automatique. Comme ils allaient devoir se relayer à la barre toutes les deux heures, le capitaine a suggéré d'embaucher un petit Noir pour 50 dollars. La came était dissimulée dans des batteries de bateau, qu'ils ont chargées dans le port de Carthagène avant de prendre la mer. Mais, avec une simple boussole, ils ont dérivé et se sont vite retrouvés perdus, à court de nourriture et d'eau. Ils ont essayé de pêcher en se servant de poissons volants coupés en morceaux comme appâts, mais ils n'attrapaient rien et se voyaient déjà mourir comme des cons au milieu de l'océan. Alors le capitaine a pris mon cousin à part :

— On tient encore vingt-quatre heures et sinon on bouffe le nègre.

Le Noir s'endormait tout le temps à la barre, mais là, je ne sais pas s'il l'a senti ou quoi, putain il ne dormait plus !

Heureusement pour lui, après vingt heures de dérive, ils sont arrivés de nuit dans un port. Ils ont cru que c'était Carthagène, alors que c'était Santa Martha, un port militaire. Ils étaient tellement crevés qu'ils n'ont rien remarqué et ils se sont amarrés au quai. Et le lendemain matin, comme ils entendaient du bruit, ils sont sortis sur le pont : trois mètres plus haut, des militaires les braquaient avec leurs fusils. Ils les ont gardés près de quarante-huit heures et ça a été toute une histoire pour qu'ils les relâchent !

Le pays était dur, mais je me suis bien intégré. La Colombie, c'est magnifique : bordée par deux océans, une végétation et des paysages hallucinants, avec tous les climats, du froid de Bogotá à la chaleur sèche de la côte pacifique en passant par l'éternel printemps de l'Antioquia. La vie était tranquille, sans les contraintes de chez nous ; il suffisait de savoir se démerder et avec de la monnaie tout s'arrange. Et, surtout, j'avais une très belle femme qui allait bientôt me donner un deuxième enfant ; j'envisageais sérieusement de faire ma vie ici. Après y avoir longuement réfléchi, le meilleur moyen de rester, c'était de devenir colombien. Ça avait un autre avantage : la Colombie n'extradait pas encore ses ressortissants vers les États-Unis. Je savais que la cavale n'aurait qu'un temps. Les évadés finissent toujours par se faire rattraper.

Alors j'ai cherché une solution, j'ai gambergé, gambergé et, une nuit, ça m'est venu comme ça, d'un seul coup.

À 2 heures du matin, j'ai réveillé mon cousin.

— Demain matin, tu peux aller m'acheter la Constitution ?

Le lendemain, lorsqu'il me l'a apportée, je l'ai immédiatement ouverte au chapitre « Nationalité » : « Est colombien celui qui est né en Colombie de père et de mère colombiens », etc. Et à un moment : « Est colombien celui qui est né à l'étranger de père ou de mère colombien. »

Bingo ! Mon père n'avait pu me reconnaître. Il était déjà marié et, à l'époque, tu ne pouvais reconnaître un fils illégitime. Je suis donc de père inconnu. J'avais un vieil ami, Rojas, un trafiquant d'émeraudes, je suis allé le voir.

— T'as pas un ami de ton âge comme ça, pour faire ci comme ça ?

— Mais moi je peux te le faire !

Je n'avais pas pensé à lui. Je l'ai envoyé en France voir ma mère. Ils se sont fait prendre en photo bien serrés. Il m'a reconnu à la mairie de Paris, et ensuite ils sont allés au consulat de Colombie. Pour être sûr, à son retour, il m'a reconnu devant un notaire. Et je suis allé chercher ma carte d'identité au nom de Rojas Fiocconi. J'étais pourtant en cavale, mais un bon billet a suffi.

Là, je me suis dit qu'il ne pouvait plus rien m'arriver : les États-Unis, je m'en battais les couilles !

Ça faisait huit mois que j'étais dehors et j'ai appris qu'un Français venait de s'évader du F2. Il s'était arraché du taxi qui l'emmenait au palais de justice. Les flics colombiens n'avaient pas assez de voitures, ils convoyaient les prévenus en taxi. Des amis m'ont sollicité. C'était un Parisien d'origine algérienne, un super voyou. Je l'ai hébergé à la maison.

— Ici, tu ne sors pas, mec, je ne veux pas qu'à cause de toi…

Il était très sérieux, mais il ne pouvait pas non plus rester enfermé en permanence. Tous les matins il faisait le tour du pâté de maison à vélo et il a rencontré une nana au coin de la rue. Il l'a baratinée, elle frétillait et il se l'est faite mais… c'était la femme d'un condé du DAS. Le mari s'est douté de quelque chose, il s'est mis en planque et a organisé une descente à la maison. Ils nous ont trouvés avec Francis d'Avignon, que Zampa avait envoyé pour que je prenne ses patins contre le Belge.

Mes couilles, oui !

Ils ont libéré Francis et nous ont gardés, l'autre et moi. Je suis parti à la Picota et lui à la Modelo.

Nine a également été emballée. Ils ont trouvé 10 grammes sur elle, un échantillon que je lui avais demandé de garder. Elle l'avait mis dans son sac et je ne le lui avais plus demandé. Les condés en ont profité.

— On va l'envoyer en prison…

Ils voulaient savoir où était la « cuisine », qui est le terme local pour désigner le laboratoire.

— Si tu nous dis où elle est, on ne la met pas au trou.

— D'accord.

— On parle ?

— Non, d'abord on passe devant la juge et après on parle.

— Fais attention, Fiocconi.

— Au juge, vous dites que vous l'avez trouvé sur moi.

Ce qu'ils ont fait. Et une fois dehors…

— Alors, la cuisine ?

— Vous l'avez vue à la maison, je n'en connais pas d'autre.

Ils allaient me défoncer, mais j'ai sorti Nine.

La Picota, c'est la prison de haute sécurité de Bogotá, dont personne n'avait réussi à s'évader. Quand je suis arrivé, le directeur m'a mis au trou et ne voulait plus m'en sortir. Il avait la hantise de la belle. Il a averti ses troupes.

— Celui-là, faites-y attention, il est capable de sortir dans une de vos poches.

Nine faisait les cent pas du matin au soir devant la prison. Elle s'est mise à fréquenter un restaurant où elle s'est liée d'amitié avec la femme du sous-directeur de la prison. Et elle a plaidé ma cause. Un jour, au mitard, nous étions plusieurs, une femme appelle :

— Qui c'est, Fiocconi ?

— C'est moi, madame.

— Prenez vos affaires et venez.

Et on m'emmène dans le meilleur pavillon avec une cellule tout seul. Elle avait profité d'un déplacement de dix jours du directeur. Lors de son retour quelques jours après, il est allé comme d'habitude visiter le pavillon des riches.

— Qu'est-ce que vous faites ici, vous ?

— Je ne sais pas, on m'a mis là.

— Mais c'est de la folie !

Et il est parti comme un fou pour savoir… Mais Nine, qui faisait des relations publiques du matin au soir, l'a séduit. Finalement, il m'a eu à la bonne et m'a laissé là où j'étais.

La prison de Bogotá, c'est l'une des plus dangereuses que j'aie connues. Je n'y ai pas souffert, non, mais il a fallu que je montre vraiment les dents… Après j'étais tranquille : le singe, il sait à quel arbre il monte.

Quand je suis arrivé dans la cour, les mecs voulaient tout me prendre. Ils faisaient le marché devant leurs clients.

— Elles te plaisent, les chaussures ?

— Tu crois que c'est ma pointure ?

— Oui, dix dollars.

Et ils t'enlevaient les chaussures.

Moi, j'avais toutes mes bagouzes et une croix en or énorme autour du cou que Nine m'avait offerte. Et le directeur :

— Madame Fiocconi, dites à votre mari qu'il enlève ses bijoux, ils vont le tuer !

Je ne les ai jamais enlevés, mais je me suis battu comme un chien…

Les mecs avaient des couteaux de 30 centimètres.

Mon voisin de cellule m'en a lancé un.

— Défends-toi, petit !

Le couteau, je ne savais pas trop le manier, mais avec la rage et la peur je me suis défendu comme un lion et ils sont partis. C'est comme ça qu'on est devenus amis avec le Ganzo. Pour rigoler, je l'appelais l'« assassin », parce qu'il avait tué des gens en pagaille. Et un jour…

— Viens, assois-toi là, tu m'emmerdes avec tes « assassin ».

Il m'a raconté sa vie. Il avait travaillé dans des ranchs comme majordome. Mais un soir où il était en vacances chez lui, à Pietrablanca, avec toute sa famille, des bandits sont descendus de la montagne, ont violé les femmes et assassiné tout le monde. Le Ganzo, qui a survécu, les connaissait. Il s'est fait bandit, est parti dans la montagne et les a tous tués. Ensuite, comme ça devait lui plaire, il s'est acoquiné avec un mec comme lui, un vrai assassin. À Pietrablanca, on trouve les meilleures mines d'émeraudes.

Il a décidé qu'elles appartenaient aux gens du coin et non aux militaires qui les exploitaient parce qu'elles étaient nationalisées à l'époque. Avec ses hommes, il s'est mis à creuser de petits tunnels dans les mines pour voler les précieux cailloux. Et il massacrait entièrement les contingents de soldats qui descendaient chercher les pierres. Ils l'ont finalement jeté en prison à la Picota. Il y possédait un restaurant. C'était un homme avec des valeurs, comme un vieux Corse, avec des œillères. C'est le Colombien le plus sérieux que j'aie connu.

Le samedi, jour de visite, les gens ne pouvaient pas rentrer pour le voir tellement ils étaient nombreux à descendre de la montagne. Ses gardes du corps avaient du mal à canaliser la foule. Parce qu'il avait beaucoup d'amis mais également beaucoup d'ennemis avec tous les mecs qu'il avait tués.

Comme le Ganzo, j'avais une double personnalité. Autant j'étais gentil, autant...

De toute façon, il fallait survivre. Et comme il vaut mieux faire le boucher que le veau, j'ai appris à manier le couteau. Les Colombiens, ce sont des spécialistes. Ils fabriquaient des lames avec n'importe quoi et, au bout de la poignée, faite avec un tissu enroulé, ils attachaient un lacet en cuir pour que le couteau ne leur échappe pas. Lors des bagarres, on enroulait nos ponchos autour de l'avant-bras pour parer les coups.

Quand tu es au pied du mur, tu trouves des ressources insoupçonnées. Bon, certains n'arrivent pas à contrôler leur peur et se font tuer en restant immobiles comme un petit cabri. À la Picota, la plupart des meurtres survenaient quand la victime était aux chiottes. Accroupi au-dessus des WC à la turque, le futal sur les jambes, le mec ne pouvait pas faire grand-chose. Et en plus, planter un type dans les toilettes portait bonheur, disait-on.

J'en ai connu un qui s'était fait poignarder en passant dans le couloir. Le mec lui a planté une lame dans le dos, et là-bas ce ne sont pas des canifs, mais des mini-épées. Il a réussi à le désarmer et à le tuer. Ensuite, il est parti à l'infirmerie avec le couteau dans le dos.

Des morts, il y en avait toutes les semaines. Un jour, sept mecs avaient été tués dans une bagarre et ils les avaient mis dans des caisses alignées dans l'entrée de la prison. Et Nine, en venant me voir au parloir, était tombée dessus. Elle est arrivée en pleurant :

— Oh, fais attention !

Et moi qui n'arrêtais pas de lui dire qu'il ne fallait pas s'inquiéter, que tout allait bien…

En fait, à n'importe quel moment soit tu donnais, soit tu te faisais donner.

J'ai eu notamment un problème au football. Lorsque le grand pacha de la taule jouait, tout le monde avait le trac. Ils s'écartaient pour que monsieur marque le but. Mon cul que j'allais le laisser passer ! Alors, dans l'action, sans faire exprès, je l'ai ruiné. Il est tombé, il s'est relevé furieux, est venu sur moi et pan ! je te l'ai pris ! Je n'ai jamais fait de karaté, mais il est retombé par terre et je l'ai défoncé. Il allait prétendument me tuer, alors je me suis armé, au cas où il viendrait, ce connard. En plus j'avais quelques mecs qui m'épaulaient. Quand Nine venait au parloir, elle pleurait. Ces cons de matons, qui savaient que je m'étais disputé avec le grand manitou, lui disaient que j'allais mourir. Et un beau jour je le vois qui arrive, je me dis ça y est, on y est. Au contraire…

— *Tranquilo amigo*, donne-moi la main, je n'en ai pas vu beaucoup des mecs comme toi.

Et ça s'est terminé comme ça, heureusement…

Pour les Américains, en revanche, c'était plus chaud. Ils les mettaient au mitard, un petit trou insalubre où l'on vivait à quatre ou cinq, les frappaient, leur prenaient tout. Leur pays faisait chier tout le monde, personne ne les aimait.

Dans mon bâtiment, il y en avait un qui envoyait de la coke par colis. Ils lui ont donné cinq piges. Son ambassade venait tout le temps gueuler. J'en ai eu marre.

— Chez vous, c'est vingt-cinq piges, et là, pour cinq ans, vous nous cassez les couilles.

J'avais la rage contre eux. Avec ma nationalité, je pensais être tranquille, et voilà que je risquais d'être extradé à nouveau. Lorsque j'ai été arrêté, les Américains ont réitéré leur demande, mes avocats ont immédiatement objecté que j'étais citoyen colombien. Mais les autorités voulaient quand même me livrer, elles soupçonnaient une embrouille et contestaient ma nationalité. J'ai attaqué de partout et mon dossier est monté jusqu'à la cour suprême.

Déjà au F2, la prison du DAS par laquelle j'étais passé

avant d'atterrir à la Picota, un attaché de l'ambassade de France était venu me voir :

— Mais vous êtes français !

— Je ne suis pas français, monsieur, je suis colombien !

— Vous allez me signer un papier comme quoi vous renoncez à la nationalité colombienne.

— Je ne signe rien du tout !

Finalement les condés, qui ne l'aimaient pas beaucoup, l'ont jeté. Mais il n'a pas lâché ; à la Picota, il m'a envoyé un journaliste d'*El Tiempo* pour me faire marron.

Avec la monnaie que j'avais, je vivais bien : cellule tout seul, la télé, etc. Et dans le patio, on était tous copains, on faisait des pâtes à la marijuana, on rigolait bien. Le mec, on l'a invité, il aimait fumer, on l'a bien reçu, il est resté toute la journée, et le soir il s'est mis à table.

— Tu sais pourquoi je suis là ? C'est l'ambassade de France qui m'a envoyé pour te faire avouer, mais là je retourne ma veste.

Et je suis resté six mois sur le journal… « Fiocconi le Colombien est venu au pays pour son père », etc. Un vrai roman-feuilleton. Tous les Colombiens étaient avec moi : il ne faut pas l'extrader ! Quand ma femme venait me voir, les chauffeurs de taxi prenaient mon parti : « Le pauvre, ils l'ont abandonné. » Même la cour suprême me trouvait sympathique parce que je m'étais toujours évadé en douceur, sans violence. Lorsque je me suis sauvé de la Picota, le président de la cour suprême a eu le malheur de déclarer que ça lui faisait plaisir !

Le scandale !

Les articles m'ont servi, parce que le journaliste venait me voir tout le temps et me suivait partout. C'est pas comme en France, là-bas ils rentrent partout et tout de suite. Du coup, le directeur avait le trac. Il ne pouvait plus me transférer subitement ou me mettre au mitard après une bagarre. Hop, l'autre arrivait et le directeur me relâchait.

Finalement, le jugement de la cour suprême qui devait décider de la validité de ma nationalité est arrivé. Mon père était convoqué pour raconter les circonstances de sa rencontre avec ma mère à Paris en pleine guerre… Ce devait être un mercredi, et le dimanche il est mort. Il était venu me voir le samedi, le jour de visite des hommes, en me disant qu'il était convoqué. Je lui avais dit de ne pas s'en faire et le lendemain, à 16 heures, après la visite conjugale, des matons sont venus frapper à la porte de ma cellule.

— Fiocconi, on voudrait vous parler. On vient de nous avertir que votre père est mort.

Il avait succombé à une crise cardiaque. Évidemment, les esprits malveillants ont insinué que je l'avais tué en lui administrant un truc mortel le samedi pour éviter qu'il ne se présente.

Le jour de l'audience, le juge de la cour suprême m'a interrogé :

— Pourriez-vous nous expliquer comment votre père s'est rendu en Europe à l'époque ?

J'étais décontracté, j'avais tout bien préparé. Je me suis même permis de faire le malin :

— Moi, de ce temps-là, j'étais dans les couilles de mon père, alors comment voulez-vous que je vous le dise ?

— La police dit que ce n'est pas votre père.

— Mais moi je ne dis pas que c'est mon père ! Ma mère le dit et lui m'a reconnu, je ne peux pas vous en dire plus. Si la police en sait plus que moi et qu'elle était présente lorsqu'ils m'ont conçu, d'accord.

Le mec a rigolé. La cour suprême a confirmé ma nationalité colombienne à cinq voix contre quatre. Je pensais avoir gagné, mais il restait encore le procès concernant l'extradition.

En attendant, je devais aller à l'enterrement de mon père. Le directeur a demandé l'autorisation au ministère, mais personne n'a voulu se mouiller. Il est venu me voir.

— Si tu me donnes ta parole d'homme que tu reviens – parce que sinon je saute –, je te laisse y aller.

— Je promets.

Il m'a collé deux condés et on est partis en taxi chez Nine. J'aurais pu me faire la malle 150 000 fois. Les deux condés sont restés en bas, je rentrais, je sortais... mais j'avais donné ma parole, je suis rentré. Le mec avait confiance et il appréciait Nine. J'avais des parloirs sauvages à la porte de la prison. De toute façon, je ne voulais pas m'en aller parce que j'étais colombien. Pourtant, le directeur de la première prison faisait ma pub. Il n'était plus directeur mais comme je ne l'avais pas jeté... Lorsqu'ils m'ont arrêté huit mois après l'évasion de la Modelo, il était en prison pour complicité d'évasion. La juge en charge de son instruction me convoque.

— Non, madame, il n'a rien à voir, mais entre nous j'en ai rien à foutre, il peut rester en prison, cet enfoiré.

— Alors comment vous êtes-vous évadé ?

— Pendant le match de foot de la coupe sud-américaine. Tout le monde regardait la télé, je suis sorti fumer un peu de marijuana. Dehors, je suis monté sur un toit, et d'un toit à l'autre j'ai sauté et je me suis retrouvé dans la rue.

Bon, elle n'y a pas cru, mais c'est la version qui a été retenue.

L'ex-directeur me recommandait aux policiers et aux gardiens dans les guérites, il les connaissait tous et était très apprécié : on pouvait faire quelque chose avec moi. J'avais des propositions d'évasion toutes les semaines. Je ne voulais pas, je pensais que j'allais sortir par la porte. Sauf qu'ensuite il y a eu le jugement pour l'extradition, et là j'ai perdu de quatre voix contre cinq. Au motif que, lorsque j'avais commis mes délits, je n'étais pas colombien. Mon avocat s'est voulu rassurant.

— On va retarder l'extradition grâce à la procédure.

Je connaissais… Allez, je me casse !

Ma « mère » Colette venait depuis Paris me rendre visite à la Picota. Je l'ai prévenue :

— Je vais m'en aller.

Cette fois, elle m'a cru ! Parce qu'à chacune de mes incarcérations elle montait me voir et je lui servais le même refrain. À New York, elle ne m'avait pas cru, à la Modelo, un peu plus mais... là, à la Picota, elle ne doutait plus.

— De toute façon, autant que tu essaies plutôt que tu te fasses tuer ici !

J'ai vite monté mon truc, je l'avais dans la tête, je ne pensais pas que ça allait finir comme ça, mais au cas où...

Quand tu arrives dans une prison avec une réputation d'évadé, les détenus viennent te voir. C'est comme un bon braqueur, tout le monde lui propose des affaires. Là, les mecs venaient me suggérer des idées... Je n'avais plus qu'à choisir comment faire et avec qui. C'est pour ça que ça a été assez vite. Pendant dix-huit mois, je les tenais au chaud. Je pensais m'en sortir légalement, mais dans le doute je ne leur disais pas non.

— OK, on va voir...

En parallèle, je m'étais mis dans la poche les gardiens des miradors, un corps spécial. Ces mecs traversaient les patios et, lorsqu'ils passaient dans le mien, ils s'arrêtaient à notre kiosque. Une petite échoppe que j'avais montée avec les frères Danilo, qui étaient là pour des kidnappings. On leur offrait le café ou des assiettes de pâtes que je venais de cuisiner.

Pendant tout ce temps, on les observait et on les sélectionnait. Tu repères ceux qui ont l'air capable et tu les travailles.

— Tu gagnes pas beaucoup, tu as une maison, toi !

— Tu parles, une maison ! Et comment ? Putain, j'aimerais bien.

— Mais t'as qu'à travailler à côté…

— Justement, fais-moi travailler, toi, je suis capable…

À la fin, je savais exactement à qui proposer l'affaire. J'avais déjà dans l'idée de me casser par les toits. Pendant des heures, j'avais observé la prison. Mais il nous fallait aussi des complices. Parce qu'entre-temps le directeur avait changé. Il avait été remplacé par l'ancien sous-directeur de la Modelo, je ne pouvais pas le voir. Il avait décidé que la nuit je serais enfermé dans ma cellule du rez-de-chaussée alors que tous les autres restaient portes ouvertes. Il fallait donc des gens décidés pour neutraliser les deux gardiens qui se trouvaient à chacun des trois étages et descendre m'ouvrir. Comme entre détenus on se fréquentait du matin au soir, là aussi on savait qui il fallait choisir.

J'ai proposé à trois mecs du M19, une guérilla concurrente des Farcs, tous là pour enlèvement. Ainsi qu'à Christian Montalvo, un narcotrafiquant. Avec les Danilo, nous étions sept, et moins de trois mois après le jugement autorisant mon extradition tout était prêt.

Le vendredi précédant l'évasion, les matons demandaient des volontaires pour repeindre les couloirs le lundi suivant. Je me suis proposé, les autres ne comprenaient pas :

— *Gringo*, on s'évade !

Même le maton s'y est mis :

— T'es pas devenu fou ?

Je m'en foutais, je savais que le lundi je serais parti !

J'en ai parlé au Ganzo, mais il n'a pas voulu venir. Il avait trop d'ennemis dehors et il était trop connu. Il avait peur qu'un petit mariolle le tue pour la gloriole. Il est sorti par la porte quelques années après et c'est Gacha, un grand narco surnommé « le Mexicain », que j'ai connu par la suite, qui l'a fait tuer pour prendre le contrôle des mines de Pietrablanca. J'ai aussi voulu faire partir le Français avec qui j'avais été arrêté, mais ils n'ont pas voulu le transférer de la Modelo.

Cette évasion-là, je la sentais bien. Quand j'en parlais avec ma femme, je me voyais déjà dehors. Le dimanche, elle est venue me voir, j'ai brûlé tous mes papiers et je lui ai donné mes dernières recommandations. Comme c'était le jour de la loterie, j'ai aussi acheté des tas de numéros.

— Je te les paierai lundi…

Et le soir même, à 2 heures du matin, on est partis.

Les mecs dont les cellules étaient ouvertes ont braqué les gardiens des trois étages simultanément avec des couteaux qu'ils avaient fabriqués. On s'était arrangés pour que le chef des matons, surnommé « Pablo Nero », soit de service. Il devait partir à la retraite quelques semaines après. On s'est dit qu'il n'allait pas se rebiffer, tu parles ! C'est le seul qui s'est mis à gueuler. Ils ont été obligés de lui filer un coup de lame pour le calmer. Une fois qu'ils avaient attaché les gardiens tous ensemble, ils devaient descendre au rez-de-chaussée, où il n'y avait pas de gardien, et m'ouvrir.

La semaine précédente, je les tannais pour en être sûr.

— Mais non, ne t'en fais pas.

La famille sur le continent vers 1935. Avec de gauche à droite sur le banc, reconnaissables à leurs chapeaux et costumes croisés, l'uniforme du milieu de l'époque : mon oncle et parrain Charlot, mon oncle Jean, et mon père Laurent.

Mon oncle Jean-Félix, c'était le caïd de Toulon, le vrai voyou à l'ancienne. Jeune, dès que j'avais un problème c'est vers lui que je me tournais.

Mon père Laurent qui mourra en Allemagne en 1943 alors que j'avais deux ans.

A quatre ans, quand je ne suis pas à l'école du Sacré Cœur, je me balade sur la butte Montmartre avec le chien de mon oncle Mimi.

A treize ans, je fais ma communion au village en Haute-Corse où j'habite alors avec ma grand-mère.

Pietralba dans les années 50. Dans le fond, derrière la voiture, la maison familiale.

Avec deux copains – je suis au milieu – en maison de correction à Belle-île en mer où je séjourne de 15 à 18 ans.

Photo de groupe à Belle-île.
Debout au deuxième rang,
je suis le huitième en partant de la droite.

1965, j'ai 24 ans et je navigue dans le Milieu entre Paris, Marseille et Toulon.

1969, en compagnie de Jean-Claude la fête bat son plein dans les clubs de la Costa brava espagnole. A 24 et 28 ans, nous allons bientôt célébrer chacun notre premier million de dollars.

Avec mon ami et associé Jean-Claude Kella à la prison italienne de Volterra en 1970, peu de temps avant notre extradition vers les Etats-Unis.

En 1975, je me marie avec Nina à la F2 de Bogota, la prison du DAS, la police secrète colombienne. Je porte la perruque qui me permettra de m'évader de la prison de la Modelo, quelques semaines plus tard.

Avec mon fils Thomas en 1980 dans notre ranch de Palmyra à 15 kms de Cali. Je porte le Ruana, le poncho colombien.

A Cali, j'offre à ma femme Seleno (à droite sur la photo, son « montador », le « jockey »), un cheval de Paso fino qui deviendra champion de Colombie.

Avec Thomas et Seleno, l'un des mes huit chevaux, devant « son » camion lors d'une compétition de Paso fino, la grande passion des narcos colombiens, qui sont aussi les seuls à en avoir les moyens.

Nine, avec Thomas, Dominique et l'un de leurs copains dans les brumes andines de Colombie.

En 1976, ma femme Nina avec les enfants – Thomas à gauche et Dominique – devant le palais de justice de Bogota où se joue mon extradition vers les Etats-Unis alors que je suis incarcéré en haute sécurité à la prison de la Picota.

Les enfants sur le fleuve Vaupez dans le sud-est de la Colombie. Derrière, un bout de la jungle où nous avons habité trois ans après mon évasion de la Picota.

Nine s'occupe de la crèche à la prison pour femmes de Talavera Bruz à côté de Rio de Janeiro.

En 1996, avec des amis au pénitencier fédéral de Maximum security de Terre-Haute dans l'Indiana. Sur la photo de gauche, je porte la casquette et la moustache et sur celle de droite, je suis accroupi avec à ma droite mon ami Mister Nice, l'un des plus gros trafiquants d'herbe au monde.

— Prenez-moi pour un con ! En pleine évasion, vous allez venir m'ouvrir…

Alors une semaine avant, j'ai commencé à prendre des trucs pour la diarrhée. Je me caguais dessus, je tapais à la porte, le condé arrivait, j'étais plein de merde.

— Ça fait une heure que je vous appelle, vous ne voyez pas que je suis malade ?

Un jour, deux jours… jusqu'au dimanche. À la fin, au condé, le samedi :

— Bon, t'entends jamais rien, je me cague dessus, la cellule pue la merde. Je te laisse 50 dollars et tu me laisses la porte ouverte quelques jours.

Tu penses, 50 dollars ! En plus, avec une excuse valable.

Lorsque j'ai entendu du bruit, je suis sorti de ma cellule. Leurs portes étant ouvertes comme celles des autres, Danilo et son frère, mes voisins de rez-de-chaussée, étaient montés filer un coup de main dans les étages. En attendant qu'ils descendent, j'ai enquillé tranquillement le couloir vers la porte de sortie dans le patio. J'étais calme, mais j'avais eu le trac dans les heures précédentes. Et si on avait oublié un truc ? Et si ces cons nous tiraient dessus ? En cas d'échec, c'était fini, ils m'enverraient directement aux États-Unis, Nine serait seule et les enfants étaient encore petits. Comme d'habitude, dès que j'étais dans l'action, c'était fini. Comme pour un braquage. La peur avant, l'adrénaline pendant. Dans ces situations extrêmes, tout le monde a peur, celui qui dit le contraire est un menteur. La seule différence, c'est que certains arrivent à la contrôler.

Les autres m'ont rejoint dans la cour au pied du *caspete*, c'est le nom que l'on donne aux petits restaurants des patios. En étudiant attentivement la cour, j'avais repéré une barre en béton qui dépassait de la façade du corridor qui reliait les bâtiments de détention. Corridor qui longeait le mur d'enceinte et dont le toit n'était qu'à un mètre du faîte. Un mec athlétique – on faisait du sport du matin au soir – pouvait se hisser sur la barre et de là atteindre le toit 50 centimètres au-dessus. Le problème, c'est qu'il fallait pouvoir l'attraper, cette barre.

On a donc eu l'idée de monter un *caspete* dessous, il n'y en avait pas à cet endroit. Mais vu nos pedigrees, le directeur nous l'a refusé. Tout comme il m'avait refusé de faire du sport au début. On a changé de méthode. L'un des détenus était une grosse balance, tout le monde le savait, mais il m'aimait bien. Je suis allé le voir.

— J'ai un peu d'argent à mettre, pourquoi on ne monte pas un *caspete* tous les deux ?

— Où ? Il n'y a pas d'emplacement…

— Là, c'est le meilleur, mec.

Emballé, il a demandé au directeur, qui lui a donné l'autorisation.

Tout le monde a grimpé sans difficulté et s'est retrouvé sur le toit. On a couru jusqu'au bord, qui touchait quasiment le premier mur de ronde. On a grimpé dessus, parce qu'il était un peu plus haut, et on a attaché notre corde – des câbles électriques tressés et reliés avec des bouts de tissu – à une pièce électrique en porcelaine. Ensuite, on l'a lancée au gardien de l'un des trois miradors en face de nous, qui l'a fixée sur le deuxième mur d'enceinte. Juste au pied de la guérite du milieu, qui était vide.

Lors de la préparation de l'évasion, on avait touché deux des gardiens qui les occupaient, mais le troisième, c'était un enfoiré terrible. Ses collègues, avec qui il était pourtant copain, ne pouvaient pas lui proposer, il aurait refusé et balancé.

— Le seul moyen, c'est qu'on le saoule et qu'il ne vienne pas au travail.

Avant de prendre leur service, ils l'ont fait boire. Il ne pouvait plus marcher. Comme c'était au dernier moment, la direction n'a pas pu le remplacer.

La corde attachée, donc, nous avons gagné le second mur en progressant sur notre pont de singe. J'étais le deuxième à passer. Une fois sur le mur, nous avons sauté de 4 mètres dans l'immense terrain vague qui bordait la prison et montait vers la route sur un kilomètre.

On a alors couru l'un derrière l'autre, Tout en faisant gaffe à la caserne des parachutistes située à 200 mètres sur notre droite. Personne n'a rien remarqué et nous avons commencé à gravir la pente légèrement boisée mais très, très abrupte. Nine, mon beau-frère et un ami nous attendaient en haut, au bord de la route. On a crapahuté non sans mal et, alors qu'on était quasiment au sommet, on a entendu du bruit. Merde, des mecs descendaient vers nous ! On a fait demi-tour et dévalé comme des fous la colline. Et, arrivés presqu'en bas…

— Revenez, c'est moi, c'est moi !

C'était mon beau-frère qui descendait à notre rencontre avec un calibre au cas où... On a dû se retaper la montée une seconde fois, mais l'adrénaline nous a fait oublier la fatigue.

Enfin, en haut, on s'est engouffrés tous les dix... dans une R12 ! L'un au-dessus de l'autre. On a roulé comme ça jusqu'à une place sur laquelle un bus vide venait de s'arrêter. Les autres ont braqué le chauffeur avec un calibre tandis que Nine, trois autres évadés et moi, on a continué avec la voiture. C'est le chauffeur du bus qui, une fois les mecs descendus à Bogotá, est revenu donner l'alerte à la prison. Pourtant, dans la caserne qui était à côté, toutes les semaines, les paras faisaient un exercice d'alerte. T'entendais les sirènes et en moins de rien ils encerclaient la prison. Quand je voyais ça, j'avais la chair de poule...

La première planque, c'était dur. L'un des mecs qui étaient avec moi s'appelait José Viariegal. Il avait flingué un général sur la route de l'aéroport. José était un ancien coiffeur qui avait tué une première fois pour se défendre et y avait pris goût. Il avait rejoint le M19 comme *sicario*, et c'était devenu un plaisir pour lui. Lui aussi, pour rigoler, je le traitais d'assassin. Il se marrait et me répondait :

— Je m'en fous, ça me fait bander de tuer !

En planque avec un mec comme ça... je voulais m'en aller. Si les condés arrivaient, on mourrait tous. José allait sûrement tirer de tous les côtés, même s'il savait qu'on allait y être. Moi, s'il y avait une ouverture, je voulais bien allumer, mais si c'était mission impossible... reculer pour mieux sauter !

Lui, non, il était décidé à assassiner tout le monde.

Nine m'a trouvé une planque dans une grande exploitation de caféiers, par l'intermédiaire de Carlos, du cartel de l'Atlantique. Elle m'y a rejoint, c'était près de Tunja, une propriété magnifique, il y avait du café à perte de vue. Nous y sommes restés pas mal de temps et ensuite on est allés dans une très belle maison de Bogotá, chez une femme maquée avec un restaurateur français, Jacques, et qui avait été mariée avec un vieux trafiquant. Jacques est venu nous chercher pour nous y emmener. Nous étions quatre : Nine, moi, Danilo et son frère, qui s'étaient évadés avec moi.

Nous roulions tranquillement sur une petite route de campagne et soudain, à la sortie d'un virage, des militaires, mitraillette en main, avaient dressé un barrage. Impossible de faire demi-tour. L'un d'eux nous a fait signe de nous arrêter, j'ai regardé Danilo et son frère, qui avaient l'air résigné, et nous avons obtempéré. Deux soldats se sont approchés, et là, on s'est vus très mal. Sur la galerie de la voiture, nous trimballions une valise pleine d'armes et de matériel divers : pistolets, mitraillettes, talkies-walkies, etc.

— Vos papiers !

Par la fenêtre, j'ai tendu ma carte d'identité en parlant avec mon accent bizarre. Le mec l'a examinée, me l'a rendue et a commencé à faire le tour de la voiture. Au bout d'une minute, il a montré le toit :

— Descendez-moi ça !

Oh, putain, là, si on n'était pas marron...

Avec Danilo, on est sortis de la voiture pour attraper la malle, et nous l'avons descendue du toit en traînant.

— Bon, maintenant ouvrez-la !

Au moment fatidique, Nine s'est avancée, aussi belle que d'habitude, vers le militaire. Et d'une voix charmeuse, mais suppliante, elle l'a attaqué :

— Oh, non, vous n'allez quand même pas me faire ouvrir cette valise ? J'ai mis une heure pour la fermer, vous n'êtes vraiment pas gentil.

Le mec l'a observée, il hésitait. Nous, on regardait nos pompes pour ne pas avoir l'air crispé. Il lui a expliqué :

— Il y a eu un kidnapping dans la région, toutes les routes qui sortent de l'État sont contrôlées.

Nina est revenue à la charge en souriant, elle ne l'a pas lâché. « Un type ne peut pas entrer là-dedans, c'est trop petit... »

Et l'autre, qui faisait durer le plaisir :

— Il y a quoi, dedans ?

— Des habits, nos affaires personnelles, nous allons nous installer à Bogotá.

Et finalement, à force de baratin, le mec a cédé.

— Remontez la valise !

Ouf ! Nine l'a gratifié d'un immense merci et nous sommes remontés dans la voiture sans nous attarder.

Après quelques heures de route, on est enfin arrivés à Bogotá. Nous sommes restés quelques jours chez la dame et ensuite on est allés chez El Conejo (« le lapin »), le plus grand escroc de Colombie que j'avais connu à la Modelo.

Il possédait une très grande propriété à la sortie de Bogotá et nous avait laissé un petit appartement. On ne pouvait pas trop en sortir, alors je lui ai demandé de me trouver autre chose. Dans les jours qui ont suivi, il m'a déniché une maison à côté de chez lui. Une grande villa à l'écart, avec du terrain. Nous nous y sommes installés avec Nine et les enfants, mais sans Danilo et son frère, qui sont partis de leur côté. Enfin, après quelques semaines là, nous avons loué une autre maison près de chez Carlos, qui habitait maintenant à Bogotá. C'est là qu'ils ont tué José, l'assassin du général, dans un terrain vague à 200 mètres de la maison.

Il a été marron parce que sa femme le trompait avec un lieutenant qu'elle avait connu lors de ses arrestations. Pendant sa cavale, il avait planqué de l'argent dans un four, et sa conne de femme l'a fait brûler. Il lui a filé une rouste terrible, c'était un violent, il te l'a ruinée. Pour se venger, elle est allée voir son lieutenant et l'a balancé. José avait rendez-vous dans ce grand terrain vague, derrière chez nous, où ils l'ont cerné. Il s'est allongé dans un creux et les a allumés. Dans la fusillade, ils l'ont blessé et le lieutenant, ne le voyant plus, l'a cru mort. Il s'est levé et est allé vérifier en courant. Lorsqu'il est arrivé, José s'est retourné et l'a tué avant de mourir. Je crois qu'il se doutait que c'était l'amant de sa femme. Mais tout ça, je ne l'ai su qu'après. Sur le coup, j'ai juste découvert un matin dans le journal qu'ils l'avaient tué à côté.

J'ai commencé à me dire qu'il fallait bouger. Surtout qu'ensuite ça a été le tour de Danilo et l'un de ses frères, mais pas celui qui s'était évadé avec nous. Lui, ça s'est passé quinze jours après Danilo… Je ne voulais pas mourir comme un rat.

Nous n'étions plus que trois : Christian le narco, qui s'était tiré au Pérou, un mec du M19 et moi.

Quand j'ai vu que ça tombait à tout-va, je suis allé voir Carlos.

— Ne bouge pas, je vais me renseigner.

Et il est allé toucher un flic de ses connaissances, qui lui a confirmé ce que nous redoutions :

— On a ordre de tous les tuer.

Avec deux évasions au compteur, ils me prenaient pour un cerveau… et ils avaient peur que nous, narcos et guérilleros, nous nous associions pour le pire.

Carlos m'a proposé de monter à Barranquilla chez l'un de ses associés, dans le biz de marijuana, que je connaissais. Il possédait une ferme où nous serions tranquilles. Et, par son intermédiaire, j'ai connu un mec qui cherchait un chimiste. Le gars qui était pilote vivait dans la jungle et cherchait un associé pour monter un parcours. Je savais cristalliser pour l'avoir déjà fait avant de tomber à la Picota. Mon hôte m'a encouragé à partir :

— Il paie tout ! Et là-bas tu seras vraiment tranquille.

La planque de Barranquilla, je me la faisais bien, il leur était difficile de me baiser, mais bon ils auraient pu finir par me retapisser et me les filer. C'était une opportunité et, après une courte réflexion, j'ai accepté. Lorsque j'ai annoncé à Nine que je me cassais et qu'elle allait rester tranquillement là avec les enfants, qui avaient 4 et 3 ans…

— Non, non, nous venons avec toi !

Et nous sommes partis pour la forêt amazonienne.

El Mago

Je suis arrivé le premier à Caruru. Avec mon nouvel associé, nous sommes partis de Barranquilla en Beechcraft direction Villavicencio. Après une courte halte, nous avons mis le cap sur la région du Vaupez, au sud-est du pays, en pleine Amazonie. Pendant tout le trajet, on a survolé à perte de vue une mer verte, uniquement serpentée de cours d'eau. Et d'un seul coup l'avion est descendu, on ne savait pas trop vers quoi. On avait beau regarder par la fenêtre, on ne voyait rien. Caruru se résumait à une petite piste ressemblant à un mauvais chemin entouré de maisons en bois sur pilotis. Sur place, le mec connaissait tout le monde. Alors que nous étions à peine arrivés, il m'a conduit chez lui, l'une des cases qui bordaient la piste-place du village et m'a présenté à la communauté. Le tour du bled était vite fait : vingt baraques, une épicerie et point barre. Quelques Blancs vivaient là, mais la plupart des habitants étaient des Indiens. Mon « assoce » avait bien fait les choses : en plus d'une maison, il m'avait acheté un petit bateau, le seul moyen de locomotion.

Un mois après mon arrivée, Nine m'a rejoint avec les enfants.

On est restés là un petit bout de temps avant de s'installer à quelques kilomètres de là, à Julupari, un coin beaucoup plus joli. Et qui avait l'avantage d'être éloigné de la piste d'atterrissage. Le village n'était accessible que par le fleuve Vaupez ou par avion, mais il fallait se poser sur une piste privée située dans un ranch.

Julupari, j'y avais emmené Nine en pirogue et, lorsqu'au bord du fleuve elle avait vu cette maison en bois avec son toit de palme sèche, près d'une cascade avec un « lac » et une petite plage, entourée de fleurs, d'orchidées, d'arbres fruitiers, elle s'était tournée vers moi et, avec un large sourire...

— Si tu achètes cette maison, je reste ici.

Et c'est ce qui s'est passé. Enfin, je ne l'ai pas achetée, je l'ai échangée contre un moteur et un bateau.

À Julupari, on vivait avec les Indiens Cubellos et Los piratapoyo.

Ils habitaient à cause des serpents dans des huttes *maloca* sur pilotis, faites en écorce d'un arbre spécial. Le toit, en grosse paille, genre bananier, ne laisse pas entrer une goutte d'eau. Chaque famille a la sienne.

Nine avait apporté des tissus, elle faisait des habits pour les petites filles. Et, comme elle est aide-soignante de formation, elle a commencé à s'occuper d'eux et on s'est fait des amis.

Dans la jungle, on n'avait pas les soucis du quotidien. Pas de téléphone à l'époque, pas de télévision, tu n'étais au courant de rien et tu t'en foutais pas mal. On dormait dans des hamacs, on mangeait du poisson séché. Nine laissait les gamelles dans l'eau du « lac » et les poissons se chargeaient de la vaisselle. Je me baignais de temps en temps, mais Nine était, elle, tout le temps dans l'eau. Elle plongeait et observait les trous dans les rochers. Un jour, les Indiens lui ont conseillé d'arrêter.

— Le *guir* (l'anaconda) dort là.

J'en ai vu un traverser le village, il faisait 5 mètres. Tout le monde lui tirait dessus, mais les balles n'entraient pas, il continuait comme si de rien n'était. Les Indiens disaient qu'il ne sort qu'une fois par mois, le reste du temps il est au fond de l'eau. D'où, selon leur légende, il t'hypnotise et t'aspire…

Lorsque nous sommes arrivés, c'était la saison des pluies et nous n'avions aucune réserve de nourriture. On ne savait pas que les avions ne pouvaient pas atterrir pendant deux mois parce que les pistes étaient trempées… ni qu'il n'était pas possible de pêcher sous la pluie. Nous chassions, mais est arrivé le moment où nous n'avions plus que deux cartouches. Je suis parti dans la jungle avec un Indien et nous nous sommes séparés. D'un seul coup, j'ai entendu : « Pan, pan ! » Et il est revenu avec deux petits singes.

— Qu'est-ce que t'as tué, mec ? Tu vas bouffer ça ?

— Ouais.

— T'es fou, j'en mange pas.

Putain, on n'avait plus de cartouches…

Lorsqu'on est arrivés au campement et que Nine a vu les bestioles, elle m'a prévenu :

— Je ne mange pas ça.

Pendant qu'on faisait la gueule, ils les ont dépecés et leur ont coupé la tête et la queue. Ils ont mis à rôtir les singes, qui ressemblaient maintenant à des lapins, et ça s'est mis à sentir merveilleusement bon.

Nine et moi, on les a dévorés !

Julupari, c'était le paradis pour les enfants. Thomas avait un petit cochon qui le suivait partout. C'était comme un chien. Quand Nine lavait le linge au bord de la rivière, il reculait, rentrait la tête, courait et pan ! il la jetait dans l'eau. Je l'avais appelé « Olinto », du nom d'un gros qui habitait le village. Quand on a castré Olinto, le petit s'est douté qu'on allait le manger. Il a fait un scandale, on n'a pas pu le tuer et on l'a gardé. Il trouvait tout ce cochon. Avec Nine, on avait une planque, personne ne la connaissait. On devait se glisser sous des buissons… De temps en temps on s'y réfugiait pour être tranquilles et d'un seul coup on entendait « Groin, groin, groin ! » à nos pieds.

Lorsqu'on a quitté Julupari, les condés l'ont bouffé.

À Julupari, Il n'y avait pas de loi. C'était le Far West. Les mecs se saoulaient le soir, allaient dans les maisons, foutaient le bordel et violaient les femmes. En arrivant, j'ai dit au commissaire :

— Je suis très peureux, et de peur je peux tuer quelqu'un. Je ne veux pas que l'on vienne chez moi après 20 heures, sinon je tire.

Quelque temps après, le juge, le commissaire et un ou deux autres, tous saouls, sont venus vérifier.

— Hé, Pedro, Pedro !

C'était mon prénom du moment.

Ils étaient de l'autre côté de la rivière et voulaient traverser.

Pan !

J'ai tiré une fois à côté.

— Hé, Pedro !

Pan !

— Mais c'est moi, le commissaire !

Pan !

Et ils se sont cassés.

À Julupari, je me suis mis au boulot comme prévu avec mon associé. À la Modelo, j'avais retrouvé un chimiste que m'avait présenté l'escroc. Pour passer le temps, il m'avait longuement expliqué comment tourner la coke. Et, avant de tomber, j'avais un peu travaillé avec son équipe et regardé comment ils faisaient. Mais je ne connaissais que la cristallisation, c'est- à-dire la dernière étape. Là, il fallait que je parte de la matière première, les feuilles.

J'ai installé mon « labo » à côté de la maison et j'ai voulu me mettre au travail. Sauf qu'à notre arrivée, au printemps, je n'arrivais pas à acheter de feuilles, tout le monde avait déjà ses clients. Mais, surprise, pendant l'été, les Indiens avec qui nous étions bien nous en ont vendu en pagaille. Il en arrivait de partout. Je me suis alors lancé et… je n'ai quasiment rien sorti. Pourtant, je m'appliquais. J'y passais des heures, des nuits entières, pour pas grand-chose. Je ne comprenais pas pourquoi on obtenait si peu de marchandise.

La journée, j'étais toujours accompagné d'un Indien pour éviter de me perdre dans la jungle – si tu rentres tout seul tu ne sors plus, tu tournes en rond. Un jour j'ai fini par lui demander pourquoi on trouvait autant de feuilles à cette saison. Il a rigolé.

— Parce que à cette époque personne n'en achète, elles ne donnent rien.

Durant les trois mois d'été où il ne pleut pas, l'alcaloïde ne monte pas dans les feuilles, il reste dans le tronc. Habituellement, les Indiens ne livraient pas cette récolte, mais là ils avaient trouvé un pigeon…

Dans la jungle, tout le monde avait son champ de coca, sa *chacra*. Le commissaire, le juge, le curé, c'était un truc normal. Pour les Indiens aussi, évidemment. Depuis toujours, ils mâchent les feuilles, comme de la chique. Pour eux, ce n'est pas un crime, c'est une médecine. Dans certains villages colombiens, sur la place principale, il y avait un arbre de coke. Quand quelqu'un avait mal au dos, hop ! il cueillait une feuille… À Palmyra, j'ai même vu une haie de parc en coca.

Dans la jungle, j'y étais allé entre mes deux évasions. C'était avant que la coke n'explose. On était venus prospecter avec Jo Poconiani, un Niçois de l'équipe des Trois Canards monté me voir à Bogotá en cavale. À l'époque, il n'y avait qu'un demi-hectare de cultivé. Et il n'y avait rien, aucune infrastructure, juste des villages indiens perdus. Pour repartir, on a attendu l'avion un mois. Jo n'avait pas prévu, il était en costard…

Les Indiens étaient abandonnés du monde entier. Lorsqu'ils ont vu qu'ils pouvaient vendre la coca, ça a été une révolution pour eux. Ils n'ont pas fait fortune, mais ils ont acheté des moteurs pour produire de l'électricité, des vaches, des canots, ça leur a changé la vie. Ils ont eu un dispensaire et dix avions par jour au lieu d'un tous les six mois. Parce qu'ils avaient planté des hectares et des hectares… Les avions enlevaient la marchandise et amenaient des saisonniers payés à la journée pour récolter les feuilles. Comme pour les vendanges en France. Les feuilles, c'est très compliqué de les retirer. Il faut les cueillir une par une, de bon matin avant que le soleil n'arrive.

Personne ne leur a dit « Laissez tomber la patate, plantez de la coca ! », ils s'y sont mis parce que, dans la jungle, tu ne peux rien faire. Il n'y a ni route ni électricité ; il y a du bois en pagaille, mais tu ne peux pas le transporter. Ce que tu fais pousser, tu ne peux pas le vendre, c'est pour ta consommation personnelle parce que tout le monde produit la même chose et personne ne peut exporter. Mais avec la coke, les mecs venaient et leur achetaient les feuilles sur un plateau. Les trafiquants employaient des collecteurs sur place qui achetaient les récoltes et préparaient les lots pour les avions qui venaient les ramasser tous les trois mois. Comme à Leticia, tout le monde savait qui faisait quoi, c'était un biz quasi légal. Les acheteurs arrivaient et ils étaient tout de suite orientés :

— Va voir Untel, il a…

Si le gouvernement américain avait investi les centaines de millions de dollars qu'il dépensait à lutter contre les trafiquants dans la construction de routes et la production d'électricité, les Indiens auraient continué de cultiver des légumes. Mais ça ne les intéresse pas, ils préfèrent la solution militaire, qui leur permet de s'immiscer dans les affaires du pays et par là d'avoir un pied en Amérique latine.

Un jour, un évêque est venu à Julupari, l'événement : c'est comme si le pape arrivait ! Ce sont les sœurs de l'école où allaient mes enfants et où je jouais au football qui avaient organisé sa venue. Tous les Indiens sont allés à la messe écouter monseigneur. Perché dans sa chaire, il a commencé son sermon :

— Profitez de l'abondance que Dieu vous a envoyée. Ne dépensez pas cet argent avec le démon (dès qu'ils touchaient leur monnaie, ils allaient au bordel se saouler la gueule), achetez-vous des vaches, des cochons et des poules. Oui, profitez de cette abondance qui ne durera pas toujours.

J'étais dans l'église, je me suis tourné vers Nine.

— Putain, si les Américains l'entendent, ils lui filent vingt piges !

La coca a amélioré la vie des Indiens et elle leur a aussi permis de s'émanciper.

Avant, dans la région du Vaupez, la culture du caoutchouc prédominait. Et le système était simple : les Blancs étaient les patrons, les Indiens leurs esclaves. Ils tronchaient leurs femmes, leurs filles, bref, ils faisaient ce qu'ils voulaient, c'étaient les rois. Lorsqu'il n'y a plus eu de caoutchouc mais des champs de coke, l'Indien est devenu le patron ; il vendait ses feuilles selon son bon plaisir. Et le Blanc tirait la langue : « À moi ! à moi ! »

Un jour, alors que nous passions l'après-midi chez un de nos amis indiens, je le vois verser de l'eau sur des feuilles étalées.

— Mais qu'est-ce que tu fais ? Tu les fais sécher et maintenant tu les humidifies ?

— C'est parce que dans un quart d'heure je vais les vendre.

Il les mouillait pour en augmenter le poids.

— Pourquoi tu fais ça ? C'est pas bien.

— C'est pas bien ? Pendant des années ils nous ont exploités, maintenant c'est notre tour.

Les Blancs qui tenaient les commerces continuaient tout de même à les exploiter en leur vendant les produits quatre fois plus cher. Comme ça me faisait chier, je leur achetais ce dont ils avaient besoin – un moteur, etc. – et je le leur revendais au prix coûtant.

Et, au bout de quelques mois, je leur ai appris à faire la base. Ils avaient commencé par vendre des feuilles, puis, comme leurs « cousins » du Pérou ou de Bolivie, de la pâte, mais de mauvaise qualité. Aucun Blanc n'avait voulu leur apprendre la base, pour qu'ils restent cultivateurs. Ça ne m'arrangeait pas ; comme cultivateurs, ils avaient déjà leurs clients. Je leur ai donc appris à passer de la feuille à la base directement, pour éviter les impuretés de leur pâte, mais à la condition que je sois leur seul acheteur. C'était plus avantageux pour eux et pour moi. Ils me vendaient toute leur production, à l'exception de leur pécule pour acheter la nourriture... Comme tout le monde vit de la coca, il n'y avait pas d'argent, tu ne voyais pas un seul billet. La monnaie d'échange, c'était la pâte. Un revolver ? C'était 50 grammes. Un bateau ? 80.

Les Indiens faisaient trois récoltes par an, quatre s'ils irriguaient. Pendant deux mois et demi, ils vivaient à crédit et, lorsque arrivait la récolte, ils allaient payer leurs dettes en pâte à l'un des deux magasins qui se trouvaient à Julupari et Caruru.

Les Indiens n'étaient pas très doués pour la chimie. Ils oxydaient mal – c'est-à-dire qu'ils purifiaient mal l'alcaloïde – et ils avaient l'habitude de jeter les tissus qui leur servaient à filtrer. Je leur ai dit de me les donner. En les mettant dans une solution, je reprenais l'alcaloïde, je l'avais appris à Bogotá.

Depuis mes débuts laborieux, je m'étais perfectionné grâce notamment aux Indiens qui m'avaient expliqué les premières étapes. Mais, entre-temps, mon associé, fatigué d'attendre pendant que je tâtonnais, avait abandonné. Pourtant, avec les feuilles qui ne valaient rien, je m'en étais finalement pas mal tiré. Je n'avais rien gagné, mais rien perdu non plus. Et, par-dessus tout, à force de persévérance, j'avais réussi à sortir un peu de marchandise. Alors, lorsque les Indiens avec qui je m'étais lié nous ont fourni des feuilles de très bonne qualité, j'ai réussi à sortir plus que les autres. Et surtout je connaissais toute la chaîne de fabrication, ce qui me permettait de l'améliorer. J'étais passionné par la production. Je n'en dormais pas, Nine m'appelait depuis la maison pour que je vienne me coucher :

— Attends, j'ai trouvé autre chose.

Je me relevais même la nuit. Et, au fil des essais, je suis devenu l'un des meilleurs. En tout cas pour les petites quantités : 4, 5 kilos.

J'avais installé mon labo près de la maison : quelques gamelles, des bidons, des filtres en papier numéro 8, des bâches, le tout recouvert d'un toit en palme. La presse était artisanale, faite en bois parce que l'acide aurait rongé le fer. Pour les récipients, j'utilisais non pas du bois mais du verre, le top. Une fois terminée, la poudre ne doit pas être exposée à la lumière ; je l'empaquetais dans des sachets noirs, ce qui faisait ressortir sa blancheur extrême et du coup épatait les acheteurs. Des gars qui venaient acheter de la pâte et qui au passage embarquaient mes lots de 5 kilos.

Tourner de la coke ne demande pas beaucoup de matériel, c'est assez rudimentaire. Mais, comme pour tout, il faut un coup de main, et surtout être très appliqué et méticuleux. La moindre interférence avec les produits gâte la marchandise.

D'abord, il faut mélanger les feuilles, séchées ou non, avec du bicarbonate industriel. Ensuite, placer le tout dans une bâche que l'on ferme. Il faut alors laisser macérer vingt-quatre heures. Les feuilles deviennent squelettiques et sont ensuite plongées dans du kérosène ou de l'essence pendant encore vingt-quatre heures. Le bicarbonate qui a pompé une partie de l'alcaloïde se mélange alors avec l'essence. Puis il faut bien presser les feuilles, car l'essence a pompé à son tour l'alcaloïde. Il faut ensuite les séparer à l'aide d'une solution d'acide sulfurique et d'eau, que l'on « bat ». L'eau, en descendant, ramasse l'alcaloïde et l'essence remonte. À la fin, il faut laisser reposer pour que l'eau reste sous l'essence. Il faut alors plonger un petit tuyau bouché jusqu'à l'eau et aspirer jusqu'à ce que l'essence arrive. À cette étape, l'alcaloïde est mélangé à l'eau. La solution est alors passée directement en base ou transformée en pâte. Dans le premier cas, on la place dans des bidons en plastique pour l'oxyder, c'est-à-dire enlever la merde : l'acide, les impuretés de l'alcaloïde, etc.

L'oxydation se fait à l'aide de permanganate, qui en passant nettoie tout avant de remonter. Le plus difficile, c'est de trouver le point de fusion du permanganate avec l'alcaloïde, il y a une couleur, c'est là la magie. Le mec qui l'a trouvé ne le dit à personne. À force d'allers-retours, il apparaît une solution cristalline, que l'on filtre dans un drap. Le permanganate reste et ce qui passe est pur à 100 %. C'est toujours liquide. Pour la solidifier, on utilise l'ammoniaque en faisant attention de ne pas la brûler. Il y a alors beaucoup de précautions à prendre, c'est ce qui fait la différence. L'alcaloïde, c'est graisseux, donc toutes les étapes sont délicates. S'il y a trop d'acide, de permanganate, d'ammoniaque, la base va être rêche, comme brûlée, et quand elle sera cristallisée ce sera bien de la coke, mais elle n'aura pas d'éclat…

Avec l'ammoniaque, la solution se solidifie. Ça ressemble à du lait transformé en fromage. L'eau est alors filtrée et l'alcaloïde devient solide. C'est la base, ça ne sent pas. Après, pour cristalliser cette base, elle doit être très sèche. On s'en assure avec une cuillère à café bien sèche. Si la base colle lorsqu'on l'appuie, c'est que ce n'est pas encore bon. Il faut la sécher avec des lampes à sodium alimentées par un groupe électrogène, mais sans la brûler. Lorsque tout est sec, il faut la diluer dans un peu d'acétone. Puis ajouter une dose d'éther, ou d'alcool, plus une dose d'acide chlorhydrique. Si c'est bien fait, lorsqu'on la presse, elle sort en escames. Comme des lamelles de nacre, pleines de reflets.

J'allais acheter les produits chimiques à Caruru. L'éther et l'acétone y arrivaient par DC3. Des avions très recherchés là-bas ; leurs propriétaires ne les vendaient jamais. Ils peuvent atterrir sur des pistes tout-terrain très courtes et charger jusqu'à 3 tonnes de matériel. Ils servaient à tout : transporter la marchandise, les feuilles, la base, la pâte, emmener les travailleurs, apporter les produits chimiques.

Le mec qui nous livrait achetait en gros les produits à

Villavicencio ou à Bogotá et se pointait avec son zinc. Parce que je n'étais pas le seul à cristalliser dans le coin.

À Caruru, c'était pratique pour moi. Je jetais les bidons d'acétone et d'éther dans la rivière et ils descendaient jusqu'à chez nous directement. Les fûts tombaient dans la cascade, tournaient, tournaient et s'échouaient sur le sable devant la maison, comme aimantés.

Pour ne plus dépendre des autres, je me suis fait un champ, une *chacra*. C'était facile, il suffisait de monter dans la jungle, d'y abattre les arbres sur un hectare, et de les laisser pendant la saison sèche. Et, la veille de la première pluie, grâce aux Indiens qui déterminaient la date exacte, on faisait tout brûler. Il n'y avait pas de terrain à acheter. Dans la jungle, au bout de dix ans, il suffit de signaler que tu occupes le terrain et il est à toi, mais il faut être colombien. Le mien était bien dissimulé. Il fallait suivre le Vaupez puis emprunter un petit affluent et deux heures après on arrivait chez des Indiens. De là, il restait encore trois heures de marche pour monter dans la jungle et atteindre la *chacra,* qui n'était visible que du ciel. Et, à l'époque, les contrôles aériens étaient rares.

Je ne semais pas de graines, mais des boutures tenues par des bouts de bois qui donnent une récolte au bout de neuf mois, au lieu de dix-huit avec les graines. La première récolte ne donnait pas beaucoup. La deuxième un peu plus, la troisième encore plus et à la quatrième ça déclinait. Il faut alors recouper. Un hectare de coca donne

3 kilos de coke. L'unité de vente était l'*arroba*, c'est-à-dire 12 kilos et quelques de feuilles. Avec, on faisait de 15 à 30 grammes, mais ça dépend de la terre et de la qualité de la feuille.

Sur la *chacra*, je faisais travailler des saisonniers qui logeaient à côté de chez nous. Un jour que je me baladais sur le campement avec Nine et les enfants, j'engueule un mec de Barranquilla. Je ne sais plus pourquoi, mais je l'ai l'envoyé chier.

Une fois l'embrouille finie, je lui ai tourné le dos et, alors que j'avais fait trois pas, d'un seul coup Nine m'a fait un signe. Je me suis retourné brusquement, le mec braquait vers moi un petit pistolet que j'avais laissé sur le campement. Au moment où il allait tirer, je lui ai saisi le bras et lui ai arraché le calibre. Et, de rage, je vais pour le tuer. Dans ce genre de situation, tu es dans un autre monde, tu t'échappes… alors que si c'est une vengeance mûrie, là c'est tranquille, tu pars à la chasse, froidement. Tu sais qu'il y est… Mais dans ces moments de rage tu es complètement déconnecté.

Heureusement pour lui, mon fils Thomas, qui avait 4 ans, s'est jeté entre nous.

— Non, papa ! Ne le tue pas !

Ça m'a fait revenir. Il a eu du pot, celui-là, il y était.

Lorsque les Indiens allaient payer leurs dettes après la récolte, ils devaient passer devant chez moi. Ils avaient l'habitude de s'arrêter à la maison en chemin pour dormir dans des hamacs – j'étais le seul Blanc à les recevoir. Et ils m'apportaient leurs chiffons, que je retraitais. Pendant qu'ils allaient au village, je sortais 300 ou 400 grammes. Ma réputation grandissait ; ils étaient intrigués que je sorte de la marchandise des tissus. Un beau jour, un Indien s'est pointé.

— Vous devez me sauver ! On a mis tout notre argent dans la plantation et on n'arrive à rien sortir.

Il venait d'un village à huit jours de chez nous.

J'ai refusé. Je n'avais pas envie de me taper une semaine de canot.

Quelques jours plus tard, il est revenu à la charge. À ce moment-là, Nine avait un problème de santé et devait partir pour Villavicencio.

— De toute façon, je ne serai pas là. Pourquoi tu n'y vas pas ?

J'ai accepté et le lendemain de bonne heure on partait chacun de notre côté. Nine a pris l'avion et moi le canot. Son frère est resté chez nous pour garder les enfants. Arrivé là-haut, après une semaine de pirogue, j'ai été reçu comme un roi. Ils étaient contents de me voir, ils perdaient de la marchandise de partout.

Alors qu'ils faisaient péniblement 7 ou 8 grammes par *arroba*[1], j'ai réussi à leur en sortir 25. Du coup, ils m'ont surnommé *El Mago*, « le Magicien ». Ils le criaient : « *El Mago !*

1. *Arroba* ou *arobe* : ancienne unité de mesure de masse et de volume toujours utilisée dans le monde hispanique.

El Mago ! » Dans toute la région, j'étais devenu le Magicien. Le mec qui sortait la marchandise des tissus et qui avait sauvé leur production.

Évidemment, les condés du cru ont voulu savoir qui était cet *El Mago*… pour lui prendre des sous. Quelques semaines après être rentré, j'étais à la maison ; j'avais travaillé pendant deux jours et cristallisé 5 kilos. Je venais de terminer, les bidons et le reste traînaient. Je n'avais rien débarrassé, je n'en pouvais plus. J'étais en slip avec les kilos à côté de moi. D'un seul coup, le frère de Nine a débarqué.

— Pedro ! Pedro ! *La policia* !

J'ai jeté la marchandise dans un sac et je suis parti en slip vers la jungle. Mais, au moment où je détalais, un condé a gueulé :

— Arrête ou je tire !

J'avais un chien, il lui a sauté dessus et j'ai pu me faire la malle à poil. Je me suis jeté dans la végétation et je suis rentré dans la forêt. Les condés, eux, ne rentrent pas dans la jungle, ils restent en lisière. Ils m'ont cherché, cherché, de loin, et ensuite ont demandé à Nine de m'appeler.

Elle leur avait dit qu'elle ne me connaissait pas.

— Il est venu, il m'a dit qu'il me donnerait un peu d'argent si je le laissais trois ou quatre jours faire quelque chose.

— Comment il s'appelle ?

Et elle leur a donné un faux nom, elle s'est fait passer pour une pauvre fille qui avait été trompée. Ils l'ont crue.

— Appelez-le et dites-lui que nous sommes partis.

Pendant qu'ils faisaient semblant de s'en aller en démarrant les moteurs de leurs canots, elle m'a appelé par le faux nom :

— Viens, ça y est, ils sont partis.

Tu parles, j'avais compris. Je suis rentré dans la jungle encore plus profondément. Lorsqu'ils sont partis, heureusement qu'elle m'a appelé par mon prénom. C'est grâce à sa voix que j'ai réussi à sortir. J'étais coupé de partout, en slip dans la jungle !

Les militaires et les policiers étaient cantonnés à San José de Gaviria, un village équipé d'une piste d'atterrissage, situé plus bas sur le fleuve. Ils savaient que je travaillais, c'était un secret de polichinelle. Quand je cristallisais, tout le village venait regarder. Les flics eux-mêmes avaient des *chacra*. Comme en France, lorsque les bordels étaient interdits mais que tout le monde était ouvert. Dans la jungle, les policiers touchaient leur dîme sur les plantations. Ils se pointaient et prenaient une photo du proprio dans son champ pour le faire chanter. Et, régulièrement, ils descendaient la rivière et prenaient les affluents où les gens habitaient. Mais ils ne montaient pas jusque chez eux, ils avaient le trac. Les exploitants de *chacra* descendaient sur la rive et donnaient leurs enveloppes. Les militaires, eux, étaient postés près de la piste. Lorsque les avions venaient chercher la pâte, ils touchaient à l'atterrissage et au décollage.

Et, de temps en temps, condés et militaires faisaient une

descente. Lorsque j'étais finalement allé aider les Indiens, ça m'avait sauvé. Un peu plus, j'y étais. Trois quarts d'heure après mon départ, ils débarquaient.

Un autre jour, rebelote : *la policia* ! Les condés arrivaient avec trois canots.

Je me suis là encore sauvé dans la jungle avec l'Indien qui m'accompagnait partout. Pas trop loin. Je pensais qu'ils allaient fouiller et se tirer.

Mais, comme Nine était en train de faire cuire un poulet, ils sont restés. Et ils ont même dormi là, dans les hamacs. Et nous, on a passé la nuit dans la jungle, à même le sol. Un truc incroyable. Autant la journée il n'y a pas de bruit... mais là, t'entends trembler la terre, les animaux courent, ça gueule de partout, ça grouille, on dirait la fin du monde. Je n'ai pas pu dormir. Le matin, je me suis approché de la cabane avec mon Indien, ces enfoirés prenaient leur petit déjeuner. Enfin, ils sont partis, contents. Ils avaient bien mangé, le poulet, ils n'en ont pas souvent !

Avec eux, c'était moins le fait que je tourne qui me dérangeait mais plutôt qu'ils me reconnaissent. Ils avaient flingué les autres évadés, c'était pas de la rigolade. Pour changer mon apparence, je m'étais fait pousser la barbe et je portais le poncho, qu'on appelle la « *ruana* ». Je ressemblais à un homme des bois, avec un calibre à la main en permanence. Une fois, j'étais sous la cascade, et je vois débarquer d'une pirogue un voyou parisien qu'un ami français m'avait envoyé. Il était en costume, cravate, chaussures vernies...

— Tu viens ici comme ça, t'es barjot ?

— Mais non, c'est Untel qui m'a dit qu'il fallait que je mette la cravate pour venir te voir.

L'ami qui l'avait envoyé sortait d'une longue peine. Il croyait que le milieu n'avait pas changé, que c'était toujours l'époque des costards...

— Surtout, quand tu vas voir Charlot, sois présentable !

Il n'avait pas compris où je vivais... Le mec était arrivé à Bogotá et là...

— On va vous emmener voir Charlot, mais il est assez loin...

Il ne savait pas, il ne s'était pas changé. Ils l'ont conduit à Villavicencio, de là ils ont pris l'avion jusqu'à Caruru puis ont descendu la rivière en canot indien, tellement petit que tu ne peux pas bouger, et ils sont arrivés chez moi...

Les Français, je n'en voyais pas beaucoup, je les fuyais. Le seul que j'aie fréquenté, c'est Belaya, un cycliste, un mec très gentil. Il avait gagné le tour de Colombie. Et depuis il envoyait de la coke dans des vélos de course.

De prison, je lui avais fait parvenir la recette de la coke pour qu'il me la traduise en français. En douce, il en a fait un double et un jour, lorsque j'étais dans la jungle, je tombe sur un mec de la Farc, qui me dit qu'il sait comment faire et me tend mon papier.

— Qui t'a donné ça ?

— C'est un ami à moi, Belaya.

Belaya travaillait aussi pour la guérilla et acheminait des armes dans la région. C'était le début de l'implantation de la Farc. Ensuite, peu après notre départ, elle s'est durablement installée. C'est là qu'elle détenait Ingrid Betancourt.

Cela faisait près de trois ans que nous vivions dans la jungle, lorsque Carlos Ledher est arrivé.

Ce soir-là, un mec du village est venu me chercher.

— Viens, il y a quelqu'un qui veut te voir.

Un avion venait d'atterrir sur la piste du ranch. C'était Carlos Ledher qui pilotait. Il était avec sa petite bande, ils avaient embarqué des gonzesses et atterri là en bordée, sur les conseils de son acheteur de pâte, un botaniste qui sous couvert d'étudier les orchidées prospectait pour lui.

Ledher et sa bande comptaient passer la nuit au ranch et voulaient du produit.

J'ai pensé à 2 ou 3 kilos.

— Est-ce que tu peux nous vendre 100 grammes ?

— Je ne vais pas entamer un kilo pour 100 grammes.

— OK (et, en maugréant), rapporte un kilo.

Lorsqu'il l'a vu, emballé dans du noir, il est tombé sur le cul. Tout le monde tombait sur le cul, parce que dans la jungle tu prenais ton temps, tu utilisais des récipients en verre, elle sortait, un truc incroyable. Il l'a prise et, le lendemain…

— Tu en as d'autres ?

— Il me reste 4 kilos.

— J'achète tout !

Ledher, j'en avais entendu parler dans les prisons colombiennes. Carlos Ledher avait commencé comme pilote en transportant de la marijuana aux États-Unis. Il avait fini par tomber, et, comme il avait la double nationalité colombo-allemande, il avait alors essayé de négocier avec les Ricains pour faire sa peine en Allemagne. Ils avaient refusé et l'avaient incarcéré aux États-Unis. Comme la plupart de ces mecs, c'est dans les prisons américaines qu'il s'est formé… les contacts, les connaissances… bref, il en est sorti pire. Et étant donné que c'était un homme très intelligent…

En 1974, l'année où je suis arrivé en Colombie, les trafiquants de Medellin commençaient à envoyer fort. Et lorsque Ledher est arrivé dans la jungle, en 1978, ils étaient une poignée – lui, Pablo Escobar, les Ochoa, Gacha le Mexicain… – à former ce que les Américains n'appelaient pas encore le « cartel de Medellin ». Un cartel, c'étaient des gens qui travaillaient ensemble. Dans ce genre de business, il faut être plusieurs parce qu'il y a beaucoup de boulot. Les grands narcos avaient leurs hommes de confiance : l'un allait chercher la pâte, l'autre s'occupait des laboratoires, un troisième du transport, etc., ils donnaient du travail à tout le monde. Dans chaque zone, quelques familles faisaient le bizness. Il y avait les cartels de Cali, de Medellin, de Bogotá, de l'Atlantique. Ces familles étaient indépendantes mais mutualisaient les moyens. Ensuite, dans les années 1980, Pablo à Medellin et les Rodriguez à Cali sont devenus assez puissants pour fédérer et contrôler la filière.

À la fin des années 1970, ces équipes envoyaient en avionnette leur came aux États-Unis, notamment en Floride, où il y avait plein de petites pistes.

Ledher possédait une île dans les Bahamas, Norman's, à 200 kilomètres des côtes américaines, où ils faisaient escale.

Le lendemain de notre rencontre, il a embarqué les 5 kilos et s'y est rendu directement. Et le soir, dans sa discothèque, il a réceptionné 200 kilos apportés par un Colombien. Mais c'était de la merde. Les acheteurs américains étaient là. Et Carlos Ledher :

— Je vais vous donner quelque chose.

Et tac, il leur sort un peu de ma marchandise pour qu'ils goûtent.

— Oh, où t'as trouvé ça ?

— Dans la jungle, un mec que j'ai connu, et patati et patata…

Et il a sorti les kilos restants. Les Ricains :

— De celle-là, tout ce que tu as, on l'achète les yeux fermés.

Et ils ont dit à l'autre, avec ses 200 kilos balourds :

— Tu devrais aller voir ce mec-là.

Deux semaines après, un avion passait au-dessus de nos têtes en bougeant deux ou trois fois les ailes. Ce qui signifiait qu'il venait pour moi. Qu'est-ce que c'est ? Le voyant passer et repasser, je suis allé finalement à la piste, où je suis tombé sur les émissaires du Colombien. Les mecs m'ont parlé des 200 kilos qu'ils n'arrivaient pas à vendre, qu'il fallait que j'y aille, tout en me promettant monts et merveilles.

— Je peux pas, je suis en cavale.

— Te fais pas de mauvais sang, on va te refaire des papiers.

On a quitté Julupari en laissant tout : la maison, les affaires... parce que j'avais un peu menti à Nine en disant qu'on partait juste quelques semaines...

On est montés à Caruru attendre l'avion. Mais je faisais gaffe, un mec avait promis de me les filer. Peu de temps avant, j'avais eu un problème avec des types du village. Ils descendaient le fleuve et s'étaient arrêtés un soir à la maison, à Julupari. Je leur avais servi à boire et ils s'étaient mis à parler haut, à rouler, surtout l'un d'eux. Déjà que ça me gonflait, mais en plus il y avait les enfants. J'ai sorti une mitraillette.

— Bande d'enculés ! Barrez-vous ou je vous descends.

Les mecs se sont pris le trac, et ils ont gambergé.

— De toute façon, ce con devra repasser par ici s'il veut quitter le coin.

Et celui qui roulait le plus :

— Quand il va essayer, je vais me le faire.

Donc à Caruru, j'étais sur mes gardes. Tous les soirs, avec Nine et les enfants, on allait coucher dans la jungle. Et dans la journée j'étais au village. Sous mon poncho, j'avais mon petit Uzi. S'il se pointait, je l'allumais. Ce serait lui ou moi, enfin je pensais plutôt que ça allait être lui… Mais il n'est jamais venu. Au bout d'une semaine, l'avion est arrivé et nous sommes partis. Ce mec, quelque temps après, ils l'ont trouvé mort avec les couilles dans la bouche, quelqu'un m'avait vengé…

Cali-Medellin : les narcos en font des tonnes

L'avion a volé quelques heures et nous a déposés au bord d'une piste en pleine jungle. Nous étions censés y rester quatre ou cinq jours en attendant qu'un autre avion vienne nous chercher. Nous l'avons attendu plus d'un mois... Du coup on a eu le temps de s'organiser un petit campement. Nous avions planté des palmiers autour de notre tente, dressée près d'une rivière. L'eau était bizarrement rosée et nous avions du mal à enlever le savon lorsque nous nous lavions dans une grosse pierre en forme de baignoire. Une cascade tombait sur des marches sculptées naturellement dans la roche. Les immenses papillons multicolores adoraient *Opium*, le parfum dont Nine s'aspergeait en sortant du bain. Pour se nourrir, on chassait, on pêchait, les enfants étaient heureux. Un jour, alors que je prenais le soleil allongé devant la tente, un jaguar a sauté de rocher en rocher. Je n'ai pas bougé en gardant la main sur le fusil. Et, deux jours après, alors qu'elle lisait, Nine en a vu un noir qui passait d'un arbre à l'autre. Là encore, comme à Julupari, la jungle se réveillait la nuit. C'était parfois angoissant. Un soir, on a entendu comme un troupeau de buffles, une énorme cavalcade qui fonçait vers nous. Mais comment pouvaient-ils courir avec tous ces arbres ? Nous ne sommes pas sortis de la tente et nous n'avons jamais su ce que c'était.

Alors que je commençais à penser qu'ils nous avaient oubliés, l'avion est arrivé. Il nous a emmenés à Bogotá et de là nous sommes allés à Cali. Pendant tout le vol, j'étais en alerte, je me voyais déjà avec les condés à l'aéroport. Pas du tout ! Des papiers m'attendaient avec ma photo, et nous avons été conduits dans une immense propriété en plein centre-ville. La villa entourée d'un superbe parc, traversé par un ruisseau, abritait un terrain de football et une magnifique piscine. C'était la plus belle du quartier des millionnaires. Elle appartenait à mon employeur, Hector Roldan, qui était officiellement l'importateur BMW de Cali. Il en vendait à la pelle alors que très peu de routes étaient goudronnées. La monnaie commençait à couler à flots grâce au trafic de coke. Roldan, qui possédait également son avion privé, en était le patron à Cali. Son histoire ressemblait à celle de Pablo Escobar. Il avait commencé en attaquant des camions qu'il dévalisait. Il était ensuite devenu *Quigne*, c'est-à-dire tueur à gages. En Colombie, il y en a plein. C'est plus facile de tuer un mec à qui tu dois de l'argent que de le rembourser. Ensuite, il s'est lancé dans le business avec El Negro, le pionnier de la coke en Colombie, dont nous reparlerons. Et lorsque El Negro est tombé, il a volé de ses propres ailes.

On a vécu chez lui quelque temps. Mais, pendant les dix premiers jours, je n'arrivais pas à dormir dans le lit, je me couchais par terre. Après deux ans de hamac, je ne supportais plus le matelas.

Heureusement, la transition n'était pas trop rude. À Cali, contrairement à Bogotá, il n'y avait ni immeuble ni quartier d'affaires, uniquement de grandes maisons coloniales qui bordaient de larges avenues.

De retour à la civilisation, nous devions nous refaire une garde-robe. Roldan y a remédié.

— Ne t'inquiètes pas, va à tel endroit, et dis que tu viens de ma part.

J'y suis allé avec Nine. Lorsque nous sommes arrivés, il avait déjà téléphoné.

— Qu'ils prennent ce qu'ils veulent.

Le magasin était à nous !

Même par la suite, nous n'avons rien payé. Partout où nous allions dans Cali, Roldan avait une note.

Trois semaines après notre arrivée, j'ai commencé à travailler pour lui. Une semaine par mois. On m'appelait deux jours avant de venir me chercher. J'arrivais avec ma valise, comme un docteur, dans des propriétés de 10 000, voire 30 000 hectares, où étaient installés les labos.

Je bossais avec une dizaine d'assistants. Il faut des mecs pour filtrer, deux autres au four pour sécher… car tu dois sortir la marchandise très vite, et donc travailler jour et nuit pendant quatre ou cinq jours. Il fallait tourner entre 200 et 300 kilos. Quand je suis sorti de ma jungle, j'avais l'habitude de faire 3 kilos en dix jours. Alors, quand ils m'ont dit qu'il fallait en sortir 200… je ne voyais pas bien comment j'allais faire. Mais j'ai fermé ma gueule parce que je voulais ma monnaie. Finalement, ça s'est bien passé et j'ai continué. Mais au début je ne tenais pas le rythme. Arrivé un moment, avec la fatigue, je ne savais plus ce que je faisais. Un des assistants s'est alors tourné vers moi :

— Mais fume-toi un *basuco* ! Ça va t'empêcher de dormir et te couper la faim.

Le *basuco*, c'est la base. J'avais déjà essayé, je n'aimais pas ça. Mais c'est vrai que c'était efficace. Chaque fois que je m'endormais, il me faisait tirer quelques bouffées et je repartais. Et puis au fur et à mesure j'ai appris à fumer. De toute façon, le *basuco*, plus tu en fumes, plus tu en as envie. En groupe dans une soirée, tu peux fumer jusqu'à 50 à 60 grammes ! À Julupari, je payais mon pêcheur avec. C'était le seul Indien du coin à ne pas avoir de *chacra*. Mais il aimait fumer. De temps en temps, il descendait à la maison pour que je lui donne un ou deux *basuco*. Lorsqu'il en réclamait un troisième…

— Va m'attraper du poisson d'abord !

Le poisson constituait l'essentiel de nos repas. Et lui, c'était un excellent pêcheur. Il nous rapportait d'énormes silures de 1,50 mètre à tête plate et grosses moustaches. Nine faisait de la soupe juste avec la tête.

Il y avait également un vieux qui allait de temps en temps à Bogotá. Avant de partir, il passait me voir.

— Oh, Pedro, donne-moi un peu de *basuco* !

— Qu'est-ce que tu fais avec ça ?

— Avec ça, je tronche qui je veux.

C'était très répandu. Dans les boîtes de nuit, ils en vendaient au vestiaire. Dès que tu en allumais un dans les chiottes, les filles sentaient l'odeur et venaient.

J'en ai d'abord fumé pour ne pas dormir et après ça a commencé à me plaire. Au début, ça me faisait tellement d'effet que j'en avais des hallucinations. J'allais bosser, on s'en fumait un et je voyais les condés partout. Les mecs me prenaient pour un barjot. Je n'étais pas le seul.

Un soir, on était en pleine campagne en train de travailler et on fumait avec un nouveau. Et d'un seul coup le mec se met à stresser :

— Oh, des phares de condé !

— Ne bouge pas !

Et le lendemain, lorsqu'on s'est réveillés, c'était une rivière.

Le *basuco*, ça rend parano, ce qui parfois n'était pas un mal…

Un jour où je trimballais une dizaine de kilos en compagnie d'un ami, je me suis arrêté pour la nuit chez un mec que je connaissais à Palmyra. Et lui, prévenant :

— Attends, si tu veux je te les garde.

J'ai accepté et il est sorti de la maison pour aller les cacher je ne sais où.

À son retour, j'avais fumé et j'ai commencé à psychoter.

— Tu l'as bien planqué ?

— Mais oui, ne t'inquiète pas…

Mais dans cette baraque il y avait beaucoup de remue-ménage, plein d'allées et venues, je ne le sentais pas. On est allés se coucher, mais je n'arrivais pas à dormir, je gambergeais.

— Ils vont me faire marron. Le mec va me dire qu'il s'est fait braquer par les condés et va m'étouffer la marchandise…

Alors, vers 4 heures du matin, je me suis levé, j'ai réveillé mon pote et j'ai braqué toute la maison comme un fou.

— Tous contre le mur !

Au mec, j'ai dit :

— Que ton fils parte avec mon ami chercher la marchandise et qu'il ne lui arrive rien sinon je tue tout le monde ici.

Et à mon pote :

— Toutes les demi-heures, tu m'appelles.

J'ai récupéré mon bien et on s'est cassés. Mais, malgré le *basuco*, je reste persuadé qu'il voulait me faucher.

Une fois, un des « ouvriers » qui travaillaient avec nous est vraiment devenu dingue. Les équipes tournaient. Roldan voulait faire manger tous les pauvres qui lui demandaient, du coup les mecs changeaient tout le temps.

Celui-là venait d'arriver. On l'a affecté au four, chargé du séchage. Mais la poudre sèche est volatile et il s'en prenait plein la tronche. Comme il faisait très chaud, il buvait du coca et laissait les bouteilles ouvertes à côté de lui. La poudre s'y déposait. Et, pour parfaire le tout, il s'en mettait plein le pif.

Quand on a terminé, au bout de huit jours, il avait perdu la raison. Il montait sur les toits, gesticulait, gueulait.

Tous ces mecs qui venaient bosser n'avaient jamais vu ça, 300 kilos de pure…

Les haciendas ne servaient qu'une fois. À chaque session, on déménageait le labo. Quand c'était terminé, ils arrivaient avec un bulldozer, ils enterraient le tout et c'était fini. Les labos se démontaient et se remontaient dans la même journée.

Le seul truc qui demandait un peu de technique, c'était l'installation du four, dont se chargeait un électricien. Après, il fallait juste faire attention parce que ça peut exploser. Il faut installer l'endroit où sécher assez loin d'où tu cristallises à cause des vapeurs d'éther.

Pour éviter les accidents, on plaçait les fûts à distance du four. Ce qui n'a pas empêché qu'une fois ça pète. On venait de terminer, j'étais crevé, j'ai dit aux mecs de faire attention et de vider les résidus plus loin. Et je suis parti me coucher. Mais pour ne pas se faire chier, ils les ont versés dans un cabinet de campagne, un trou avec des planches. Dans la nuit je me suis levé, et aux chiottes j'ai allumé un *basuco*. J'étais peinard et d'un seul coup j'ai senti le souffle. Ça ne pète pas tout de suite, ça part et lorsque ça revient, boum ! J'ai juste eu le temps de sortir et de courir en tenant mon froc la merde au cul.

Deux ans après, j'ai connu un mec qui, lui, n'avait pas eu le temps de courir. Un ami d'El Negro. Le mec tournait dans un appartement de Cali quand ça a sauté. On est allés le voir à l'hôpital et ça a failli mal tourner pour moi aussi. Les condés nous ont arrêtés dans l'hôpital et emmenés à la F2, mais heureusement des amis bien placés nous ont sortis de là.

Roldan, qui était à l'époque le gros narco de Cali, tenait toute la chaîne et envoyait aux États-Unis en avion. La Colombie était truffée de pistes clandestines. L'une des plus grandes et des plus utilisées se situait à la Guajira, à la pointe nord du pays. Elle appartenait à un mec qui ne faisait que ça. Il louait sa piste pour le décollage ou l'atterrissage. Tu te pointais avec ton avion, il te faisait le plein et fournissait la main-d'œuvre pour le chargement et le déchargement. Au retour, les avions rapportaient la monnaie. Des millions de dollars en liquide. On allait porter des sacs et des sacs en voiture directement à la succursale de la Banque de la République [1] à Cali. Le président Lopez avait autorisé les narcos à déposer leurs millions à la banque à la condition qu'ils les changent en pesos.

Personne ne nous disait rien, c'était légal.

Moi, mon argent, je le dépensais. Je cramais pratiquement

1. Équivalent de la Banque de France.

tout parce que je me disais qu'à n'importe quel moment j'allais mourir ou qu'ils allaient m'arrêter. On vivait comme des rois. Roldan me payait 500 dollars par kilo. Et j'en faisais 200 ou 300 par mois…

Après quelques semaines chez lui, nous avions déménagé pour emménager dans une grande villa avec piscine. Nous habitions aussi dans les nombreux ranchs délaissés après avoir servi deux ou trois fois. Lorsque je ne travaillais pas, je passais la plupart de mon temps à la maison. On faisait des fêtes à tout-va. Et puis je faisais du cheval. J'ai toujours aimé monter. Avec les chevaux, j'ai dépensé des fortunes. Ça a commencé avec l'anniversaire de Nine. Je lui avais appris à monter et je voulais lui offrir un cheval. Nous sommes allés dans un haras de Cali qui vendait des fils de Dondanilo, le cheval le plus primé de Colombie. J'en ai repéré un superbe : grand, musclé. Mais Nine est tombée amoureuse d'un de ses demi-frères, tout petit, chétif. Lorsqu'elle est passée à côté de lui, il a posé sa tête sur elle. Elle le voulait à tout prix. On a discuté, discuté… rien à faire. Finalement tant mieux, il valait beaucoup moins cher.

Tous les matins au réveil, elle allait le voir dans son box. Et l'autre, qu'elle avait baptisé Seleno, dès qu'il l'entendait, l'appelait en hennissant. Lorsqu'il était en liberté dans la propriété, il venait nous emmerder à la fenêtre de notre chambre. Il était jaloux de moi, cet enfoiré, il ne pouvait pas me voir.

Puis d'un seul coup il s'est mis à grandir et il est devenu très beau.

Et un jour, dans une fête, un des invités, qui était entraîneur de chevaux, l'a vu.

— Il est à qui ?

— À moi.

— Il est magnifique, qu'est-ce que tu en fais ?

— Un type lui apprend à se mettre à genoux, etc.

— Mais t'es fou ! Ce ne sont pas des chevaux pour ça. Si tu me le laisses quelques mois, on peut le présenter dans un concours de *paso fino* [1].

On n'y était jamais allés, je ne savais même pas ce qu'était le *paso fino*. En Colombie, c'est *le* sport hippique.

J'ai accepté et il a commencé à l'entraîner. Le cheval a pris de plus en plus d'ampleur, il est devenu superbe. On a alors commencé à le faire concourir, et on a attrapé le vice. On y allait tous les quinze jours, on ne loupait pas une foire. J'avais acheté un camion pour le transporter, il fallait emmener l'entraîneur, celui qui le surveillait le soir, celui qui le brossait, qui le lavait…

Le cheval a tout raflé, jusqu'à devenir champion de sa catégorie. Nine est allée chercher le trophée en pleurant. Je crois qu'elle le préférait à moi. Elle l'embrassait et ne le quittait plus.

Ensuite, il a affronté les autres vainqueurs et il est devenu champion des champions. En arrivant au concours, les gens voulaient me l'acheter, le double. Et, lorsqu'il a gagné,

1. La *paso fino* est une race chevaline originaire de Colombie qui a la particularité de posséder des allures supplémentaires : le *paso fino*, le *paso corto*, le *paso largo* ainsi que l'amble (ces quatre allures sont innées dans cette race).

il en offrait quatre fois le prix. Mais elle n'a pas voulu. Ça me faisait enrager !

Gustavo Ochoa était l'acheteur le plus pressant, il le voulait à tout prix. Il était vexé de s'être fait battre. Parce qu'habituellement il gagnait presque tout. Il arrivait aux concours avec deux grands camions et 25 chevaux magnifiques. De tous les narcos, c'est lui qui aimait le plus les chevaux. Moi, j'en ai eu jusqu'à huit avec toute la logistique qui allait avec : camions, entraîneurs, etc. De toute façon, il n'y avait que les trafiquants qui pouvaient se le permettre. Le vieux Ochoa faisait partie avec ses deux fils du « cartel » de Medellin. C'étaient les partenaires historiques de Pablo. Et, comme leurs collègues, ils étaient pleins de monnaie. Gustavo possédait de nombreuses propriétés de plusieurs milliers d'hectares. Le truc des grands narcos, c'était d'acheter des haciendas et de claquer le reste dans les chevaux. Ceux d'Ochoa dormaient dans des étables luxueuses. La première fois que je suis allé chez lui, c'était avec El Negro. Alors que l'on s'approchait en 4 × 4, il m'a désigné une grosse bâtisse qui surplombait la route et dont toutes les fenêtres étaient éclairées :

— Nous sommes arrivés.

— Putain, il en a des chambres ! On dirait un hôtel.

— Non, ça, ce sont les écuries.

J'ai vu la même chose chez Gacha, qui possédait le cheval de *paso fino* le plus cher du monde. Les écuries étaient grandes comme des appartements, avec des haut-parleurs qui diffusaient de la musique classique...

Gonzalo Rodriguez Gacha, que les autres appelaient le « Mexicain » parce qu'il adorait les *ranchero*, la musique traditionnelle, faisait lui aussi partie du cartel de Medellin. À l'époque, il devait avoir 40 ans.

C'était un brave mec, mais c'est l'homme le plus dangereux que j'ai connue. S'il t'en voulait, tu n'y échappais pas. De son vivant, Gacha avait mis la main sur toutes les mines d'émeraudes de Colombie. Il ne payait plus en dollars, mais en pierres.

Je connaissais tous ces mecs parce qu'ils se connaissaient entre eux. À l'époque, Cali n'était pas en guerre avec Medellin. Tous les narcos se fréquentaient, et parfois bossaient ensemble.

Par exemple, deux ou trois grands, qu'ils soient de Cali ou de Medellin, tournaient ensemble. Mais ils voulaient tous placer leur chimiste. S'il y avait 300 kilos à faire, ils prenaient les trois mecs et leur donnaient un kilo chacun pour les tester. Normalement, avec un kilo de base, tu sors un kilo de poudre. Certains la sortaient belle mais à 900 grammes, moi il y avait 1,1 kilo. Une fois, devant des mecs de Medellin, avec 10 kilos, j'en avais fait 11. Quand ils l'ont vu, ils sont tombés sur le cul. *El Mago !*

Ce n'est pas de la magie, il faut calculer la dose d'acide chlorhydrique, qui pèse. Plus t'arrives à en mettre sans détériorer la marchandise, plus elle monte. Certains chimistes qui ne savaient pas trop en mettaient peu de peur de la brûler ; au lieu d'augmenter, le poids baissait. Quand chacun avait terminé, il y avait la présentation comme à l'école. Je passais à chaque fois.

Je bossais la plupart du temps pour Roldan, mais parfois on me sollicitait pour rattraper un lot mal fait. Un jour, Pablo Escobar m'a même fait appeler pour de l'héroïne. Ils avaient volé une cargaison de morphine qui venait d'arriver de Chine par bateau. Ils voulaient se mettre à l'héroïne, et avec mon passé dans la « French » il a pensé à moi. Il ne savait pas la tourner et voulait que je fasse venir un chimiste de France.

Pablo recevait alors dans un domaine immense. Mais, avant d'arriver à lui, il fallait passer beaucoup, beaucoup de monde. Tu entrais dans le bâtiment et tu traversais deux grandes pièces dans lesquelles se trouvaient entre 100 et 200 personnes. Ensuite seulement tu arrivais dans un bureau, où son cousin t'accueillait. Il discutait avec toi avant d'appeler M. Pablo, qui pouvait se faire désirer. Cette fois-là, j'ai attendu deux heures. Je le voyais, il avait son bureau en face de celui de son cousin. Mais il était en train d'embrasser et de peloter une superbe femme, un canon. J'ai dû attendre qu'ils aient terminé pour qu'enfin il vienne discuter avec nous. De toute façon, il n'y avait pas grand-chose à dire ; le mieux, c'était de fermer sa gueule...

Le mec qui m'avait emmené parlait bien le français pour avoir fait sept ans de placard en Martinique. Tous les lundis, il allait chez Pablo comme on va au bureau. Le week-end, il rentrait chez sa femme et la semaine, il était là à placer ses quelques kilos sur les parcours.

— Il y a un envoi.

— Mets-moi 10.

Et le coup d'après…

— Mets-moi 20…

En parallèle, il s'occupait de leur vendre un peu de marchandise à Miami. Mais un jour, à la suite d'une embrouille, elle n'est pas arrivée. Il est allé voir Pablo.

— Vous avez perdu.

Et Pablo, flegmatique :

— Ah, bon.

Le mec est parti en voiture et, arrivé au bas de la rue, il a pris une rafale de M16 dans la caisse. Indemne, il est vite remonté chez Pablo. Et, tout essoufflé :

— Pablo, putain, on m'a tiré dessus ! En bas de chez toi !

Et Pablo :

— Tu sais ce que je crois : quand tu me parlais, des jeunes (c'est comme ça qu'il appelait ses gardes du corps) ont dû entendre. Comme la marchandise est à eux, ils ont dû mal prendre le « vous avez ».

— Non, non, ils ont mal compris : c'est pas « vous avez », c'est bien « nous avons » perdu !

Lorsqu'il était sorti de son bureau, Pablo avait demandé à l'un de ses sbires de lui donner une leçon. Il ne voulait pas le tuer, c'était l'un de ses amis, il l'avait fait à la rigolade…

Les narcos bossaient ensemble, mais ils faisaient également de grandes fêtes, auxquelles ils se rendaient avec leurs jets privés. Tout le monde se réunissait dans une hacienda pendant plusieurs jours, avec des gonzesses à gogo, de l'alcool, de l'herbe, du *basuco*, du *churasco*, du bœuf à la braise. Mais en Colombie, où l'on était toujours en fête, c'était normal. Même pour les mariages et les baptêmes, sur les tables trônaient un bol plein de coke, un autre de marijuana et un troisième de *basuco*. S'ils n'y étaient pas, ça voulait dire que la fête était ratée ou organisée par un mec sans monnaie.

Carlos Ledher, qui était très ami avec Roldan – il habitait à Armenia, une belle ville du Quindio, plus proche de Cali que de Medellin –, venait dans ses fiestas avec son nain. C'était comme son chien. Il le suivait partout, il allait chercher ses cigarettes, etc. Comme Roldan le voulait, ils l'ont joué au poker et il lui en a fait cadeau. Un cadeau empoisonné. Ce nain, qui était un obsédé, a voulu sauter la femme de Roldan. L'autre s'en est aperçu et l'a fait tuer.

La Colombie était violente et les narcos encore plus. Un jour, Roldan est tombé en panne de batterie. Ses sbires sont allés chercher le garagiste du coin pour dépanner la voiture. Le type a apporté une batterie et l'a installée.

— Ça fait tant.

Roldan n'avait pas d'argent sur lui. Il lui a dit :

— Tu sais qui je suis ?

— Non.

— Je suis Hector Roldan. Viens à cette adresse et tu seras payé.

— Roldan, j'en ai rien à foutre, j'ai travaillé, je veux ma monnaie.

Roldan l'a fait tuer.

Les grands comme lui possédaient leurs propres équipes de sécurité et de tueurs. Ils étaient super protégés. Lorsque Roldan se déplaçait, il était escorté par deux voitures, une devant, une derrière, et par des motards sur les côtés.

Pour ceux qui n'avaient pas leur *team*, comme ils disaient, il y avait des prestataires, des tueurs professionnels qu'on appelait simplement des *Quignes*. Comme les trafiquants, ils se regroupaient en équipes. Tout le monde travaillait en bonne intelligence, mais si tu en voulais à quelqu'un tu le mettais sur la feuille des *Quignes*. Tu ne cherchais pas le mec ni rien, tu allais les voir avec la photo et des informations sur ses habitudes et tu leur disais :

— Tiens, regarde celui-là, j'en donne 3 000.

En fonction de la somme que tu offrais, tu étais plus ou moins haut sur la liste, sur le hit-parade, plus ou moins prioritaire. À Cali, je fréquentais l'une de ces équipes. Un jour, alors que nous étions dans une région voisine, les mecs ont regardé leur liste pour voir s'ils avaient des mises à prix dans le coin. Et, justement, il y en avait un qui était du village à côté. Ils y sont allés comme s'ils partaient jouer au tennis et après, dans la voiture…

— T'as vu la tronche qu'il a faite, oh, putain !

— Et moi, t'as vu comment je lui ai sorti le calibre ! Je lui ai filé dans la bouche !

Ils racontaient ça comme ça, pour eux ce n'était absolument rien. Ils ont une famille à nourrir, ils n'ont pas d'argent et tuer ce n'est rien du tout. Ils ne font que ça. Tous ces mecs avaient la même histoire. Ils tuaient la première fois pour se défendre ou protéger leur famille puis ça devenait un vice, c'est ce que me racontait le Ganzo, qui était devenu le plus gros assassin de Colombie. Aucun de ces *Quignes* ne ressemblait aux tueurs de cinéma. Les meilleurs, les plus dangereux, ce sont des petits gringalets que tu ne remarques même pas en passant devant.

À force, être *Quigne*, c'était devenu honorable, les gosses pauvres en rêvaient.

C'était un moyen de faire de l'argent et ils se sont multipliés. Tout le monde s'en servait. Par exemple, dans un village, un mec avec de la monnaie se faisait voler, il demandait à tuer tous les voleurs du village, tous ceux qui avaient des antécédents. C'est devenu surréaliste. Certains mecs qui travaillaient pour les gros bonnets prenaient des filles, les montaient dans des ranchs pour « rigoler » avec et ensuite les tuaient.

Même si la Colombie, c'était violent et dangereux, comme je bossais pour le patron de Cali, je n'étais pas emmerdé.

C'est le pays où j'ai vu le plus de malins. À Naples, où ils sont pourtant mariolles, ce sont des enfants de chœur. Là-bas, c'est de la folie, même dans la rue. Le mec qui m'avait posé la perruque, ils lui avaient filé un coup de couteau parce qu'il ne voulait pas donner sa montre ; la fille du docteur, pour lui voler ses boucles d'oreilles, ils les lui ont arrachées. Et lorsque mon cousin est venu… je lui disais de faire gaffe. Et lui :

— C'est pas ces Indiens de merde qui vont apprendre la vie aux Français !

Bref, ça roulait.

J'insistais :

— Attention, ils vont te faucher, surtout quand tu conduis.

Il avait consenti à mettre sa montre au poignet droit. Comme ça, lorsqu'il était au volant, il pouvait mettre son bras à la fenêtre. Il faisait le mariolle, il sifflait, un mec est arrivé, il lui a écrasé une cigarette sur l'avant-bras, par réflexe il a frotté avec l'autre main et à ce moment-là il lui a pris la montre.

J'avais acheté un 38 court nickelé à Nine. Question armement, le dernier cri arrivait des États-Unis, ça valait juste un peu plus cher. Chaque fois qu'ils montaient de la marchandise, ils rapportaient de l'argent et des armes. Moi, j'étais armé tout le temps, j'étais obligé… sinon on te les file.

Tous les jours je devais faire le cow-boy. Nine conduisait et moi j'étais sur le siège passager avec le matériel. S'ils n'ont pas peur de toi, ils te tuent. Alors je leur filais la frousse, j'étais obligé.

J'étais angoissé en permanence, c'est usant. Je m'en suis sorti grâce à Nine. Sinon je serais mort en arrivant. Je ne pouvais faire confiance à personne.

Ça faisait presque un an que je bossais avec Roldan et j'en ai eu marre. J'avais pas mal de contacts, j'ai décidé de bosser en free-lance. Et les ennuis ont commencé.

Tant que j'étais avec lui, *no problemo*… mais lorsque je suis sorti de son aile, il l'a fait savoir.

Ça faisait quelque temps que je travaillais seul et un matin un mec est monté me voir.

— Ton ami est arrivé, il t'appelle ce soir au bureau à telle heure.

C'était un bar installé dans une vieille maison où j'allais souvent. Peu avant l'heure, j'y suis descendu avec Nine et j'ai attendu. Au bout de deux heures, rien, je me suis cassé. Au moment où l'on montait dans le pick-up, cinq mecs l'ont encerclé avec les calibres à la main.

— Ne bougez pas, police !

Mais ils avaient peur, ça se voyait. J'ai glissé à Nine :

— C'est pour nous kidnapper.

Et je me suis tourné vers les mecs.

— Attendez, ne vous énervez pas, on va discuter, si vous voulez de la monnaie il n'y a aucun problème.

Et je les ai emmenés au bureau. Mais les proprios étaient dans le coup, la porte était fermée. J'ai fait un scandale – « Ouvrez ! ouvrez ! » – et ils ont finalement ouvert. On est tous entrés avec Nine, et ils ont fait semblant d'aller fouiller le bureau en m'oubliant un peu. Et là je me suis souvenu de l'échelle. Une dizaine de jours avant, alors que je pissais dans les chiottes de la cour, j'avais repéré une échelle qui traînait.

— Tiens, si demain il se passe un truc, je me fais la malle par là.

Tout doucement – même Nine n'a rien vu –, j'ai peu à peu décroché vers la cour. J'ai attrapé l'échelle et je me suis sauvé par les toits. En marchant, j'ai cassé des tuiles et les voisins sont sortis, m'ont vu et ont gueulé. C'est seulement là que les mecs se sont aperçus que je m'étais arraché. Ils ont laissé Nine et se sont cassés.

Avec le système de Roldan de faire bosser tout le monde, plein de mecs me connaissaient à Cali. Et savaient que j'avais des sous en pagaille. Les équipes de kidnappeurs s'étaient mises sur moi.

Ils ne font que ça, j'en ai bien connu en prison. Je me suis même évadé avec eux. Il y a celui qui lève le mec, celui qui le garde, celui qui demande la rançon et, derrière, un taulier pour monter tout ça. Il cloisonne, les mecs ne se connaissent pas entre eux.

Pour les éviter, je n'envoyais pas les petits à l'école. Ils étudiaient à domicile, dans le ranch.

Quelque temps après, avec Nine et les enfants, nous séjournions chez des amis. Après le déjeuner, je m'étais allongé dans notre chambre et, je ne sais pas pourquoi, je n'étais pas tranquille… J'ai dit à Nine de descendre fermer la porte du duplex. Cinq minutes après, elle m'a appelé :

— Viens voir, il y a un match de football.

C'était pendant la coupe du monde de 1982.

J'ai laissé mon 11.43 dans la chambre et j'ai mis ses sandales à talons qui traînaient pour la rejoindre dans la salle à manger. La pièce était pleine de téléspectateurs. Je me suis assis dans le canapé à côté de Nine et j'ai commencé à regarder le match. Et d'un seul coup un mec a surgi de l'escalier avec un calibre à la main :

— Que personne ne bouge !

J'ai tout de suite su que c'était pour moi. Je n'ai pas eu le temps de bouger. Au moment où il est entré en gueulant, le chien du voisin lui a sauté dessus. Il m'adorait, je lui donnais à manger, je le dorlotais, il dormait dans notre chambre, il n'était jamais chez lui.

Le mec s'est bagarré avec, et quand j'ai vu ça, je me suis levé, et j'ai foncé vers la fenêtre. J'allais pour sauter mais le mec, qui venait de tirer dans la tête du chien, a tourné l'arme vers moi. Nine s'est jetée entre nous :

— Ne le tuez pas ! Ne le tuez pas !

Pendant ce temps-là, j'ai sauté par la fenêtre du deuxième étage. Et là, coup de pot, le mec qui attendait en bas – ils étaient venus à deux – n'était plus là. Lorsqu'il avait entendu tirer et le chien gueuler, il était monté. Heureusement, parce qu'en atterrissant avec les mules à talons je me suis tordu la cheville. J'ai quand même eu la force de courir dans la rue, les mecs me tiraient dessus par la fenêtre et, là, une gouine du quartier est arrivé à moto. Elle m'aimait bien et m'a crié :

— Va chez moi, va chez moi !

Elle habitait à 20 mètres, je me suis traîné jusque chez elle. Après que j'ai franchi la porte – elles ne sont pas très grandes là-bas –, elle l'a bloquée avec sa moto. Les autres étaient derrière moi, ils arrivaient. J'étais par terre, j'avais trop mal à la cheville pour bouger.

J'attendais qu'on vienne m'en filer une, je n'avais plus la force de m'en aller. J'ai vraiment pensé que j'y étais, mais Nine a ameuté tout le quartier par la fenêtre :

— *Assassino ! Assassino !*

Les mecs ne pouvaient pas entrer chez la nana à cause

de la moto, les gens s'attroupaient, ils ont décroché. J'ai vraiment eu de la chance : le chien, la gouine, Nine, mon ange gardien…

J'avais un ami qui vendait du *basuco* et à qui j'apportais les déchets quand je travaillais. Il habitait à côté, je suis allé me cacher chez lui.

— Reste là, j'ai ma chambre, personne ne va te trouver.

Sauf le chien, qui avait survécu et n'était pas loin. Il me sentait et se mettait à la fenêtre. J'ai voulu l'acheter, mais ce con de voisin, qui ne s'en était jamais occupé, a refusé, c'était devenu le héros du quartier.

Les mecs n'ont pas lâché. Peu de temps après, mon hôte a reçu la visite d'un ami à lui. Il venait le prévenir qu'il avait été contracté pour me tuer. Mais en sortant, alors qu'il venait d'atteindre le carrefour au bout de la rue, ils l'ont abattu. Ils pensaient peut-être qu'il m'avait déjà fait. Dans le doute, j'ai vite bougé, mais entre-temps j'ai tout compris…

Ça faisait un mois que j'étais là lorsque j'ai entendu sonner à la porte. J'ai regardé par la fenêtre. Le mec qui m'hébergeait vendait du *basuco*, alors, des fois que ce soient les condés…

Le mec qui sonnait, justement – surprise, je le connaissais –, c'était un condé. Il m'avait braqué quelque temps avant. Je suis resté tranquille et il est reparti une demi-heure après. J'ai alors appelé mon hôte :

— Tu le connais ?

— Oui, c'est mon *compadre*.

C'est-à-dire le parrain de sa fille. Et il a ajouté :

— C'est un ami de Roldan.

Là, dans ma tronche, ça a fait tilt.

Ça s'était passé quelques mois plus tôt. Je travaillais encore pour Roldan à l'époque. Nous étions dans une hacienda en train de tourner lorsque les condés avaient débarqué.

Je pensais aller au trou. Mais un des condés m'a lâché :

— Attends, si tu nous termines ça, on peut discuter.

— Vous n'avez qu'à la faire vous-même.

Les mecs ont accepté. Et, alors que je leur expliquais la marche à suivre, j'ai vu arriver le patron du ranch.

— Qu'est-ce que c'est que ce bordel ?

Putain, il a des couilles, celui-là… Il a marchandé et les condés nous ont lâchés.

Le premier truc que j'ai fait, c'est d'aller voir Roldan.

— Est-ce que tu sais qui nous a balancés ?

— Non, on va voir.

— Quand tu le trouves, tu m'appelles, je veux être présent pour lui filer dans la bouche, à celui-là.

Et j'ai ajouté :

— Tout ce que tu me dois, je t'en fais cadeau. T'as pas gagné, je ne vais pas gagner, moi.

Quelques jours après, il me fait appeler chez lui, il était avec des Boliviens.

— Explique-leur.

Ce que j'ai fait, et je suis parti.

Lorsque j'ai vu le poulet sonner chez mon ami, j'ai percuté.

L'histoire, c'est que les Boliviens avaient envoyé cette marchandise à Roldan, qui l'achetait et la terminait. Mais jusqu'à ce que ce soit fait, elle restait sous la responsabilité des Boliviens. Sur ce coup-là, il les avait faits marron et partageait avec les condés. Le patron de la ferme pouvait être décontracté… Et moi, comme un con, je lui avais fait cadeau de ma paie. Roldan avait comme ami un haut fonctionnaire de la police qui l'aidait dans ses embrouilles. Les Boliviens, il leur avait déjà fait le coup. J'étais tout bleu, je ne connaissais pas toutes ces enculeries. Quand je suis arrivé en Colombie, et même quand j'en suis parti, j'étais un enfant. En France, on m'avait inculqué la mentalité « Tu ne dois pas voler ton ami », etc. Tu pouvais me laisser un million de dollars et partir, tu les retrouvais en rentrant. À Marseille, on allait d'abord chercher la marchandise et on payait dix, quinze jours après ; je pensais que là-bas c'était pareil…

Tout s'est éclairé. Toutes les emmerdes qui me tombaient dessus depuis que j'étais à mon compte, je les devais à Roldan. J'étais son chimiste et il ne voulait pas me perdre.

Tout le monde l'appelait « Patron » et au début, pour me foutre de sa gueule, je l'appelais « Patrrroonn ! ». Alors, un jour, il m'a dit :

— Carlo, ne m'appelle plus jamais « Patron ». Chaque fois que tu le dis, on dirait que tu prononces « *hijo de puta* ».

Si j'avais su, je serais resté salarié, mais j'en avais plein le cul ; on apprend dans la vie…

Lorsque je me suis barré par les toits, c'est lui qui m'avait envoyé l'équipe de kidnappeurs. Et moi, comme un con, j'étais allé me réfugier chez lui. Pareil pour les tueurs qui étaient venus me faire chez mon pote.

Un peu plus tard, rebelote. C'était le 23 décembre, j'étais en train de travailler dans une propriété et les condés ont débarqué à nouveau. On avait été balancés. Ils ont vu la marchandise, mais là non plus on n'avait pas terminé. Tant qu'à me la faire faucher, j'allais pas m'emmerder.

— Il y a encore une dizaine de kilos à sortir, moi je ne fais plus rien, mais si vous les voulez, travaillez.

Les condés en uniforme s'y sont mis sous ma direction. Les uns avec les filtres : « Mets-moi ça là ! » Et à un autre : « Mets de l'eau là », etc.

Et je leur ai fait faire la marchandise.

Pendant qu'ils bossaient, l'un de mes associés les a entendus dire qu'ils n'étaient pas montés pour ça, mais pour me tuer. Quelqu'un leur avait passé un contrat. Nine est allée les voir :

— Chef, vous êtes fou, il n'a fait de mal à personne.

Elle a bien plaidé ma cause et, comme on avait sympathisé, qu'ils voulaient la marchandise… ils se sont concertés et ont décidé de m'épargner. Mais ils voulaient des sous. Nine est allée avec eux à la banque, ensuite ils sont revenus chercher la marchandise. Lorsque enfin ils sont partis, j'étais un peu dégoûté.

— Passez un bon Noël ! Moi, je suis avec mes enfants et j'ai pas un peso…

— Non, non, t'es avec nous, on va partager.

Et sur mes sous, ils m'ont donné une part !

El Negro

Roldan, je lui ai rendu la monnaie de sa pièce. Il y a eu pas mal de morts. Il fallait donner, sinon je mourais. Ils ont eu un peu le trac, mais c'est bien beau de tuer des mecs, ensuite je les avais encore plus sur le dos. Comme ils n'arrivaient pas à m'avoir, un mec m'a lâché qu'ils voulaient m'empoisonner. Avec toutes ces embrouilles, c'était devenu trop chaud, je ne pouvais plus travailler. Mes associés ont préféré s'en aller– c'est un pays de fous !

J'ai alors cherché El Negro pour lui demander de l'aide. Je l'avais connu au pénitencier d'Atlanta en 1972 et à l'époque il s'appelait plus simplement « Javier ».

Alors que je venais d'arriver en Colombie, je me baladais dans Carthagène et je suis tombé sur un journal avec sa tronche en première page.

— Putain, je le connais, ce mec !

Au-dessus de sa photo, ils avaient titré : « *El Negro !* »

D'après le canard, c'était l'un des plus gros narcos du pays et surtout l'un des pionniers du trafic.

À Atlanta, nous jouions ensemble au tennis et nous avions sympathisé, on avait quasiment le même âge. C'était un gentil mec, un grand fin aux yeux bleus, très intelligent. À l'époque, il trafiquait déjà mais il n'était pas tellement puissant. Il était monté aux États-Unis avec de la coke, mais c'était alors très difficile de la vendre. Il m'avait raconté qu'il restait un mois et demi pour vendre 10 kilos. Ensuite, il s'est évadé d'Atlanta. Ils l'avaient mis jardinier. Il faisait les parterres de roses autour de la prison et il en a profité pour se casser. Et avec les connexions qu'il avait eues en taule, il a commencé à bien travailler. Il s'est fait plein d'argent, mais un jour en revenant du Pérou il a fait escale en Équateur et les Américains l'ont arrêté. Ils l'ont ramené chez eux, mais il n'a pas fait beaucoup et est vite rentré en Colombie.

El Negro a été le premier à envoyer en avionnette, 300 ou 400 kilos. Il a donc été le premier narco à s'enrichir et est vite devenu multimillionnaire. Il était de Medellin mais habitait Cali parce qu'il avait épousé une fille de Palmyra, à côté. Il a fait bosser Roldan, avec qui il était ami, et il a surtout montré la voie à Pablo, aux Ochoa, à Ledher… Puis, quand il est tombé en Équateur, Roldan et les autres ont pris leur envol et copié son système. À mon arrivée, en 1974, tous ces mecs commençaient. Ensuite, Pablo Escobar a escroqué une tonne de pâte à des Péruviens qui avaient dû lui avancer. À partir de là, ils ont démarré fort et se sont mis ensemble. Ils ont commencé à envoyer des tonnes et surtout à casser les prix. Au début, quand El Negro envoyait, le kilo lui revenait à 5 000 dollars avec le transport. Il était revendu 50 000 à New York. Avec les envois groupés du « cartel » de Medellin, les prix sont descendus.

En 1979, le kilo n'était plus qu'à 20 000, parce qu'ils envoyaient des tonnes. En 1985, le prix en Floride était descendu à 11 000. Ils se mettaient à trois ou quatre – les Ochoa, Pablo, etc. – et envoyaient jusqu'à 7 tonnes dans de gros porteurs qui atterrissaient au Mexique.

Au début, il y avait pas mal de mecs qui envoyaient seuls, mais s'ils l'apprenaient, ils t'appelaient… Et au fur et à mesure il y en a eu de moins en moins, à part quelques gros comme El Negro qui ne se laissaient pas faire. De toute façon, avec les prix qu'ils pratiquaient, ils ne pouvaient pas lutter. Ils ont anéanti les petites équipes, beaucoup plus chers qu'eux, qui réduisaient les coûts en envoyant groupé. À la fin, la majorité de ces solitaires passait par Pablo et ses avions à réaction. Il annonçait :

— J'ai un avion qui s'en va dans un mois.

Alors l'un : « Mets-moi 10 », l'autre : « Mets-moi 20. » Pablo allait jusqu'à assurer le transport. Si ça tombait, il te rendait ta marchandise. Le transport, il le faisait à 5 000 dollars le kilo, alors, même en te redonnant ton lot, il faisait encore du bénéfice. Il était très malin.

Tellement « malin » qu'une fois il avait fait partir deux avions : l'un avec sa marchandise, l'autre chargé pour des clients. Il avait balancé le leur à la DEA et, quinze minutes après, le sien atterrissait comme une fleur.

El Negro, j'ai eu du mal à le trouver. Il était alors au Brésil pour ses affaires. Mais, lorsqu'il est rentré, je suis allé le voir chez lui. Jusque-là, je m'en foutais, je n'avais jamais cherché à le rencontrer.

Lorsqu'il m'a vu, il était tout content. Je lui ai expliqué mon problème et lui, tranquillement :

— On va aller chez mes frères à Medellin.

Le problème a été réglé dans les mois qui ont suivi. Mais entre-temps ils ont tout de même essayé de me faire. El Negro avait un parking en plein centre de Cali, où l'on se réunissait. Un jour, un de ses amis péruviens qui en sortait s'est fait tirer dessus. Heureusement, il n'a été que blessé. Je suis allé le voir à l'hôpital et, sur son lit, il m'a dit :

— C'était pour toi, ce coup-là, tu sais.

Le jour où il s'est fait allumer, il portait une chemise très sud-américaine aux couleurs vives. J'avais la même ! On les avait achetées ensemble dans un magasin à côté du parking.

Je suis resté bosser deux ans avec El Negro et ses frères.

L'un d'eux, avec qui j'étais très lié, avait sept femmes, sept Mercedes avec chauffeur et sept maisons immenses. Le Colombien, lorsqu'il est pauvre, il n'a qu'une femme, mais dès qu'il s'enrichit il a des maîtresses en pagaille. Lorsque l'on sortait ensemble, on allait voir ses femmes. Le problème, c'est qu'elles voulaient toutes nous faire manger. On mangeait un peu chez la première, et lorsque l'on arrivait chez la suivante :

— Venez manger !
— Tu sais, je n'ai pas très faim.
— Bien sûr que tu n'as pas faim, tu t'es arrêté chez l'autre connasse !

Elles se connaissaient toutes et chacune d'entre elles lui créait des problèmes. Pourtant, elles avaient tout, elles vivaient dans un luxe inouï. Pour rien au monde je n'aurais voulu être à sa place, ce n'était pas possible de vivre comme ça. D'ailleurs, une fois, il a tenté de se suicider, il en avait plein le cul. Mais dans le fond, ces mecs adoraient ça.

À l'époque, j'habitais toujours à Cali et un jour un mec est venu me trouver. Il savait que j'étais chimiste et m'avait cherché. Il avait une affaire à me proposer : entuber les gens de Medellin !

Lui était grillé, mais il pouvait me faire enquiller. Sa technique était simple. Lorsqu'il cristallisait, il ajoutait 20 % de sucre glace, un alcaloïde plus puissant que celui de la coke. Ce qui lui permettait d'étouffer autant de marchandise. Mais il fallait faire attention à ne pas en mettre trop. Parce que sinon, lors du test de pureté, ça se voyait. Pour connaître le pourcentage de la marchandise, il faut la chauffer. Dans la jungle, j'utilisais un moyen artisanal. Une fois cristallisée, la poudre est mise à sécher et devient dure comme du caillou. Pour la tester, j'utilisais un récipient de chimiste avec deux trous : l'un où je plaçais un thermomètre et l'autre une éprouvette avec de la coke. Et dans le récipient je plaçais de l'huile de paraffine. Je chauffais le tout et, lorsque le produit changeait de couleur et se craquelait, je regardais la température. Si elle est entre 95 et 100 degrés, la coke est pure. Mais si tu mets trop de sucre, le thermomètre dépasse 100 et ça, c'est impossible normalement. Soit c'est le thermomètre qui déconne, soit on essaie de t'enfler.

Ce mec, lorsqu'il cristallisait, mettait 200 grammes de sucre glace par kilo. Alors, sur 300 kilos, il se faisait une bonne marge. J'ai refusé de le suivre dans sa combine. Il a insisté, il nous offrait des bijoux en or, des bracelets, des colliers... jusqu'au jour où il a disparu. Son tour de passe-passe, il l'avait fait à M. Pablo, et ils ont dû le sanctionner.

Les Colombiens étaient les rois des embrouilles. C'est pour ça que, lorsqu'un ami installé au Mexique m'a envoyé un mec en me disant: « Fais comme si c'était moi », j'ai fait particulièrement attention.

Le Mexicain, Jorge, un grand et beau mec, venait négocier de la marijuana, qu'il comptait rapporter avec son DC3. *El Negro* l'a reçu dans un superbe et immense appartement de Santa Martha sur la côte, la région de l'herbe. J'étais là, je ne voulais pas qu'ils le carottent.

Beaucoup de Colombiens travaillent avec le Narco Bureau, notamment pour sortir plus tôt de prison.

À Cali, j'ai connu deux frères, dont l'un était en prison. Pour qu'il sorte, l'autre montait une affaire, un bateau avec 300 kilos; ce n'était rien pour eux, ils étaient pleins de monnaie et puis là-bas ça ne vaut pas grand-chose. Ils embauchaient deux ou trois Noirs qui allaient tomber en toute connaissance de cause. Les mecs acceptaient, ils savaient que, pendant trois ou quatre ans, leur famille serait à l'abri. Ensuite, celui qui était incarcéré balançait l'affaire et, en la balançant, sa peine tombait, mais c'était un gros travail.

Donc, ce soir-là, on était dans le salon avec ce Mexicain ; le bras droit d'El Negro était assis à côté de moi. Et je vois qu'ils commencent à lui faire à l'envers. J'interviens :

— Là, je ne suis pas d'accord. Jorge, laisse tomber parce qu'ils te prennent pour un con.

Le bras droit d'El Negro se tourne vers moi.

— De quel côté tu es ?

— D'aucun, je veux que tout soit régulier.

— T'es un idiot, toi, ou quoi ?

Déjà que je pouvais pas le voir, j'ai sorti le calibre et je lui ai filé un coup de crosse, je lui ai ouvert toute la tronche, il saignait comme un porc.

El Negro, qui entre-temps était allé se coucher, n'a pas bougé. Il m'avait connu aux États-Unis et s'est dit : « Putain, avec le fou, là... » et il a fait semblant de dormir parce qu'il savait que s'il sortait, il y en avait pour tout le monde.

Jorge a emmené le type à l'hôpital, parce qu'il y avait de la marchandise dans l'appartement et qu'il fallait éviter le scandale.

Moi, je suis allé me coucher. Et le lendemain matin, le bras droit va voir El Negro dans sa chambre en « pleurant ».

— Mais qu'est-ce que tu me fais chier, prends le premier avion et casse-toi, tu m'as mis un bordel terrible.

Il te l'a jeté comme un chien. Moi je n'ai rien dit, je ne suis pas allé le voir et lui ne m'en a pas parlé. Et le soir, sur la terrasse, il a essayé de m'en mettre un coup.

— Qu'est-ce qu'il s'est passé ?

— Ah, justement, j'avais oublié, je voulais t'en parler. Si demain tu viens chez moi, mes amis vont te respecter. Et ils vont très bien te parler, sinon ils auront affaire à moi. Mais là, si ce mec s'est permis ça, c'est que tu ne dois pas tellement bien parler de moi. Ton connard, je ne l'ai pas tué dans l'appartement, mais ça y était presque. T'as eu de la chance.

El Negro n'était pas tellement à l'aise. D'ailleurs, l'autre, il n'est plus jamais remonté à l'appartement.

Le fils de ce bras droit faisait partie de la guérilla et quelque temps après, à l'automne 1981, cette dernière a kidnappé la fille des Ochoa. Alors qu'avant elle ne s'attaquait jamais aux narcos et à leurs familles, là, c'était la cinquième fois en quelques mois. Ils ont décidé de riposter et ont monté le M.A.S. (*Muerte a secuestradores*). Tous les trafiquants se sont concertés et ont donné des sous : un million là, deux millions ici, ce n'était rien pour eux. Le Mexicain a fait venir un Israélien, ancien du Mossad, pour entraîner cette milice.

J'ai bien connu certains de ses membres. Ils étaient super entraînés. Ils rentraient dans une maison, tu ne les sentais pas et tu te réveillais avec le canon sur la tronche. Le Mexicain avait créé le M.A.S. mais c'était un des frères d'El Negro, un ancien militaire, qui s'en occupait.

Ils ont commencé à éliminer pas mal de mecs, et le bras droit d'El Negro est venu plaider la cause de son fils. Son frère a été sans pitié : « Non, pas de cadeau. Que ce soit ton fils ou pas je m'en fous. » Là, il m'a quand même fait de la peine, le pauvre. Bref, la fille du vieux Ochoa a été libérée pendant l'hiver sans qu'il ait payé de rançon.

À partir de là, les guérilleros ont frappé la population, en évitant de s'en prendre aux narcos...

À la mort du Mexicain, en 1989, sa milice a été dissoute. Et, avec tous ces tueurs démobilisés, la violence a redoublé. Pour le faire, ils ont arrêté son fils sous un prétexte bidon puis l'ont relâché trois mois après et l'ont suivi. Il est allé retrouver son père à Carthagène deux jours plus tard. Gacha possédait des îles au large de la ville, ils ont pris le bateau pour y aller. Les Américains les y attendaient et les ont tués. Pourtant, Gacha le Mexicain était plus malin que Pablo, qui a d'ailleurs commencé à décliner après sa disparition. À l'époque, Pablo était devenu si dangereux qu'il ne pouvait plus tellement bouger. Il avait choisi des gens compétents, leur avait appris à bosser et leur avait confié les filières. Lui ne faisait plus rien et se contentait de toucher. Mais peu à peu le business lui est monté à la tête. Il a commencé à exiger que chaque équipe envoyant de la marchandise lui verse sa dîme, sous prétexte qu'il se battait contre l'extradition et qu'il n'avait plus le temps de travailler. Et, pour faire entendre raison aux récalcitrants, il comptait sur sa grosse équipe de *quignes*. En parallèle, il s'est mis en guerre avec Cali, où régnaient les

Rodriguez-Ojuela. Deux frangins très intelligents qui ont pris leur envol à la mort de Roldan, assassiné en 1983. Pourtant, le team de Roldan était l'un des meilleurs de Colombie. Mais, à force de faire marron les mecs, il avait pas mal d'ennemis. Des ennemis qui ont misé sur son point faible : les femmes. Lorsqu'il voyait une gonzesse qui lui plaisait, c'était plus fort que tout. Donc, un jour où il était à l'Intercontinental de Medellin, il a rencontré une très jolie fille. Ils ont mangé ensemble près de la piscine et ensuite il a voulu la troncher.

— Tu montes dans ma chambre ?

— Oh, non, pas ici, allons chez moi, j'ai un petit appartement.

Mais, lorsqu'ils ont quitté l'hôtel et qu'elle a vu l'escorte de gardes du corps qui les attendait, elle a renâclé :

— Comment ça, avec tous ces gens ? Non, on ne va nulle part avec eux. On y va à deux.

Le mec salivait, il a accepté. Et, un kilomètre plus loin, avant d'arriver à Medellin, ils l'ont enlevé. On l'a retrouvé le lendemain, la bite coupée dans la bouche. Il avait dû troncher la femme d'un autre, un *podero*, comme on dit là-bas d'un puissant. C'est là que les Rodriguez ont commencé à prendre de l'ampleur. Ils ont pris Cali. Lorsque je bossais avec Roldan, vers 1980, on commençait à entendre parler d'eux. Je les avais croisés, ils avaient un grand restaurant où j'allais manger. Ils envoyaient déjà pas mal, mais quatre ans après ils expédiaient des tonnes et des tonnes.

À l'époque, Cali n'était pas en guerre avec Medellin. Mais ensuite ils se sont disputés avec Pablo à cause d'un mec qu'ils connaissaient. Il avait dû faire un truc pas net à Pablo ou à un mec de son entourage. Escobar a demandé aux Rodriguez de lui tendre un piège et de le lui amener. C'était leur ami, ils ont refusé et Pablo s'est vexé. Pendant cette guerre, il a été incarcéré dans sa « propre » prison. Au moins, il était à l'abri, entouré de ses hommes. Ses associés venaient de temps en temps lui rendre visite et payer leur part. Et, un jour, il leur a demandé une contribution exceptionnelle. Pas 10 000 unités, non, 50 ou 80 millions. Ils lui ont répondu qu'ils ne les avaient pas en ce moment. Mais lui savait par un de ses hommes qu'ils avaient planqué 50 millions de dollars dans une ferme. Il a envoyé ses sbires les faucher et les autres n'ont évidemment pu se plaindre puisque officiellement ils n'avaient rien. Il a fait venir l'un des mecs chez lui et l'a coupé en morceaux, tandis que les autres, qui assistaient à une réunion dans une hacienda, ont tous été tués. Seuls deux chauffeurs, qui étaient sans doute partis pisser, en ont réchappé en se planquant sous leur voiture. Ils ont raconté le massacre, notamment aux condés. Et les familles des rescapés, les fils, les frères... qui avaient de la monnaie ont monté une équipe de tueurs surnommée « *Los Pepes* » pour régler le problème Pablo. Ils ont fédéré tous ces ennemis, de Cali comme de Medellin, notamment des gens qui avaient travaillé avec lui et qui connaissaient ses habitudes, ses planques. Ils ont commencé à s'attaquer à lui, ils lui ont fait sauter ses immeubles, ses voitures de collection. Pablo a été obligé de mettre sa femme et ses enfants à l'abri et il a commencé à avoir peur. L'État couvrait ses anciens employés et associés qui le traquaient. Les gens de Cali marchaient avec les militaires. Ils avaient les grands généraux et les grands condés dans la poche. Ils se sont dit : « On élimine ce connard et après on est les rois. » Bref, il avait tout le monde sur le cul excepté ses *sicarios*, qui, petit à petit, ont tous été tués, et il s'est retrouvé presque seul. Jusqu'à ce qu'ils le flinguent après l'avoir repéré grâce aux coups de fil qu'il passait à son fils, qui était logé dans un hôtel de Bogotá. Il avait voulu envoyer sa famille en Allemagne, mais elle en avait été refoulée. Je n'ai pas compris comment un mec comme ça n'a pas quitté le pays. J'ai toujours passé les frontières avec femme et enfants grâce à des papiers bidon.

Entre-temps, Carlos Ledher avait lui été extradé vers les États-Unis en 1987. Lors d'une fête, il avait tronché la femme d'un garde du corps de Pablo. Le mec s'en est aperçu, Ledher l'a tué préventivement, ce qui a fait scandale. Les condés sont arrivés et l'ont fait marron. Il a toujours pensé que c'était Pablo qui l'avait donné.

Quelques années avant, Ledher avait voulu monter son parti politique. Pablo aussi voulait faire de la politique, c'est ce qui les a perdus d'ailleurs.

S'ils avaient continué à prendre leurs sous et à financer les politiciens, ils n'auraient jamais eu de problème. Mais, lorsqu'ils ont voulu être eux-mêmes politiciens, là les autorités ont pris peur…

Du temps du président Alfonso Lopez (1974-1978), une partie d'entre eux se mettaient avec les conservateurs et l'autre avec les libéraux. Ils leur prêtaient leurs avions, des sous, etc. Tous les présidents étaient élus avec l'argent du trafic. C'est avec Lopez, qui était vraiment antiaméricain, qu'ils ont fait le plus d'argent. Le gouvernement américain a proposé de militariser la côte colombienne, Lopez a répondu qu'il n'avait qu'à le faire sur leurs côtes : « C'est à cause de vous que mon pays est gangrené. Si vous n'achetiez pas de drogue… »

Avec Lopez, les narcos faisaient ce qu'ils voulaient.

L'un de ses successeurs, Belisario Betancur, élu en 1982, leur a proposé une amnistie fiscale pour qu'ils se rendent. Le père Ochoa, qui était le plus intelligent, a poussé ses fils à négocier leur reddition. Ils ont été condamnés à huit ans, qu'ils ont faits dans des prisons quatre étoiles : appartement privé, téléphone, femmes du matin au soir… Ils ont également payé une grosse amende. Ils pouvaient, ils avaient de l'argent en pagaille. En plus, ils ont gardé toutes leurs propriétés. Après avoir fait leur peine, ils sont sortis blanchis tous les trois. Mais les Américains, qui l'avaient mauvaise, ont finalement réussi à faire marron le plus jeune.

Quant à El Negro et ses frères, lorsque la loi s'est durcie, ils ont arrêté d'eux-mêmes. Je suis alors allé voir l'un d'eux.

— Pourquoi tu arrêtes ?

— Écoute, Charlot, j'ai des sous pour moi, pour mes

enfants (il en avait pas mal, mais il n'a pas parlé des femmes), j'ai des sous pour les enfants de mes enfants, j'ai des sous pour les enfants des enfants de mes enfants.

El Negro est quand même retombé en 1987, lorsque j'étais au Brésil. Ils l'ont ensuite extradé aux États-Unis et incarcéré à Atlanta. J'étais alors en « maximum sécurité » dans l'Illinois et l'on n'a pas pu se voir.

Lorsque ça a commencé à mal tourner pour les Colombiens, j'étais déjà parti au Mexique. Alors que j'étais à Medellin, lors d'une réunion, ils ont discuté de l'assassinat du ministre de la Justice, Bonilla. Je suis sorti en disant à El Negro :

— Moi, je me casse, vous êtes fou !

Ils l'assassineront en avril 1984. Heureusement que je n'étais plus là, parce que la première photo qui est sortie dans les médias, c'est la mienne. Ce n'est pas que je craignais la justice colombienne – je n'étais pas dans le coup –, mais la plupart des gens ne savaient pas que j'étais évadé. Et là-bas, s'ils l'avaient su, ils m'auraient fait chanter avec les condés tous les mois.

Chaque fois que je passais une frontière, je risquais ma liberté. J'avais les condés américains, colombiens après moi. Les Français eux ne s'intéressaient plus à moi depuis 1979 : la condamnation pour l'affaire du *Caprice des Temps* était prescrite. En effet, au procès, en 1974, ils m'avaient filé quinze piges par défaut. Le juge n'avait pas précisé que, si j'étais absent, c'est parce que j'étais en prison aux États-Unis. En appel, j'avais eu droit au même tarif, mais depuis 1971 ils avaient modifié le code pénal et passé les peines pour trafic de stups de cinq à vingt ans, mais ils n'avaient pas changé le code de procédure pénal ; le délai de prescription était toujours de cinq ans. Ce qui explique que ma condamnation était alors prescrite.

Pour aller au Mexique, ces barjots de Colombiens m'avaient proposé de partir avec un petit cargo qu'ils avaient chargé. J'ai bien fait de refuser, il est tombé. Plus sûrement, El Negro avait une touche à l'aéroport de Bogotá. Lorsque j'y suis arrivé, son contact m'a emmené directement au pied de l'avion sans passer par la douane et je suis monté dedans sans problème. Nine et les enfants m'y attendaient.

Avant de partir, nous avions laissé le cheval de Nine à l'un des frères d'El Negro, qui en avait en pagaille. Il l'a fait concourir, il a gagné des médailles et on ne l'a plus jamais revu.

E viva Sud-Americoca !

Nous sommes arrivés à Mexico, où l'on a loué un appartement. Ça m'a tout de suite plu, le Mexique. Excepté que, chaque fois qu'une voiture de condés passait sous nos fenêtres, c'est-à-dire constamment, leur sirène me filait la chair de poule. Une sirène très spéciale qui avait le don de me crisper. À Mexico, on a fait pas mal de tourisme avec les enfants. Le premier soir, nous sommes allés sur la place Garibaldi écouter les groupes de *ranchero* et je suis tombé amoureux de cette musique. Les semaines suivantes, nous avons pris du bon temps à Acapulco, à Cancún…

J'étais venu au Mexique en vacances, et pour faire quelques repérages. Les cartels colombiens envisageaient de déplacer leur production dans le pays pour plus de discrétion. En Colombie, le trafic était tellement répandu qu'il était difficile de se procurer le matériel pour tourner sans attirer l'attention. Même l'achat des cuvettes en plastique devenait suspect ; le vendeur devinait immédiatement que c'était pour cristalliser. Au Mexique, en revanche, cette partie du business était inconnue ; il n'y avait donc aucun souci pour monter les « labos ». Et, avantage non négligeable, la marchandise arriverait plus « belle » aux États-Unis.

Après six mois dans la capitale, on est partis pour Guadalajara. Un ami de Cali, surnommé « l'Indien » – un mec en or qui était bien avec tous les gens de Cali et de Medellin – y possédait deux propriétés, et il m'avait proposé de m'en prêter une. Là, j'ai retrouvé Jorge, le Mexicain que j'avais reçu avec El Negro. L'affaire ne s'était pas faite, mais nous avions sympathisé et je l'avais revu quelques fois.

Un jour, alors que j'étais descendu de Mexico pour récupérer des sous, je l'ai rencontré avec ses associés et nous avons dîné. Je ne leur ai pas parlé de l'argent, j'attends qu'ils le fassent. Et, au milieu du repas, Jorge :

— Voilà, Carlos, l'argent je l'ai là, si tu veux le voir pas de problème, mais j'en ai besoin pour acheter de la marijuana. Tu rentres avec nous dans l'affaire.

— Moi, non, je ne rentre pas, je ne peux pas faire ça.

Parce qu'il voulait me faire croquer, mais pas mes associés. Je lui ai proposé un biais :

— Le seul truc que je peux faire, c'est aller en vacances quinze jours. Mais tu prends tes responsabilités, si ça se passe mal, tu les paieras.

Je me suis mis en planque pendant quinze jours d'El Negro et de nos amis. Ils devenaient fous, ils appelaient, je ne répondais pas. Jorge a fait son affaire et il m'a bien payé. Mais, lorsque je suis rentré, il y a eu des discussions… et l'un de mes assoces :

— La prochaine fois, je descendrai, moi !

Il a voulu faire le mariolle, il est descendu. Mais, une fois là-bas, Jorge a dit :

— Si tu ne veux pas, on les gardera quand même !

Jorge livrait la beuh aux États-Unis en avionnette. Le pilote décollait de la côte pacifique et volait à très basse altitude. Il fallait évidemment qu'il fasse très beau temps. Arrivé sur les côtes californiennes, il visait un petit vallon perdu, qui débouchait sur la mer, dans lequel il s'engouffrait, toujours à basse altitude. Il atterrissait au fond et déchargeait en toute tranquillité. Sauf une fois où l'un de ses avions s'est fait prendre. À cause du mauvais temps, il avait pris un peu d'altitude et les Ricains l'ont repéré.

Lorsque je me suis installé au Mexique, Jorge abandonnait peu à peu le trafic de marijuana. Il venait d'acheter une immense hacienda près de Nuevo Laredo, qui bordait la frontière américaine. Et dans cette immense propriété, il y avait un tunnel, datant de la prohibition et des *tequileros*, qui débouchait sur une seconde propriété qu'il possédait côté américain. Les avions arrivaient de Colombie dans la propriété et la marchandise passait directement de l'autre côté, où ses camions attendaient de livrer à l'adresse indiquée.

Quelques semaines après mon arrivée, je lui ai présenté

l'Indien. Jusque-là, El Negro ne voulait pas que je le branche en direct avec les Mexicains pour continuer de jouer les intermédiaires et un soir, alors que nous partagions une bouteille avec Jorge à Guadalajara...

— Demain, je te présente l'Indien.

— T'es sérieux ?

Je savais que l'Indien était en ville. Je les ai invités à dîner dans un grand hôtel. Ils étaient complémentaires : l'un avait le tunnel, l'autre la marchandise. Et à volonté ; il pouvait fournir 2 ou 3 tonnes quasi immédiatement.

— Bon, je vous ai présentés, maintenant vous pouvez discuter.

Ce qu'ils ont fait. Et, à la fin :

— Charlot, tu rentres avec nous.

Mais rentrer dans une affaire dans laquelle tu n'apportes rien... j'étais pas chaud et puis ça allait très bien pour moi.

— Merci, mais je n'ai besoin de rien, dans le cas contraire je vous appellerai.

En deux ans, ils se sont fait exactement 50 millions de dollars. Putain, la gueule qu'ils m'ont faite, les Colombiens !

Jorge avait démarré comme Quigne du plus grand trafiquant Mexicain avant de s'installer à son compte.

Les Mexicains, ce sont les mieux organisés. On parle d'eux aujourd'hui, mais à l'époque déjà ils contrôlaient tout dans le pays. Ils avaient démarré avec l'herbe et l'héroïne avant de faire la coke.

Chacune des régions appartenait à un groupe dont le

patron payait les condés et les militaires à l'année, et ainsi faisait ce qu'il voulait.

Chaque groupe faisait son business, et tous cohabitaient sans heurts, voire travaillaient parfois main dans la main.

Si un voyou de telle région voulait que ses avions atterrissent dans une autre, il demandait au boss local, qui autorisait ou non. Si c'était un ami, c'était gratuit.

Lorsque Jorge, mon *compadre*, a pris la frontière, le vieux et les autres sont allés le voir pour qu'il se rallie à eux. C'était la stratégie du vieux, comme il me l'expliquait :

— Un mec dangereux, il ne faut pas t'en faire un ennemi, mais un ami.

Parce que le *compadre*, c'était un drôle. Alors, plutôt que de lui faire la guerre… ils pouvaient emprunter son tunnel sans payer, ou très peu. « Ils », c'étaient tous les grands capos du pays.

Tous ces mecs étaient originaires du Sinaloa, sur la côte pacifique, mais en 1983 ils faisaient leurs affaires à Guadalajara. L'opération *Condor* exigée par les Américains – la destruction de milliers d'hectares de marijuana dans l'état de Chihuahua et de pavot dans celui de Nuevo León – avait poussé les *capis* à s'installer à Guadalajara, où ils se sont regroupés et travaillaient ensemble. Là-bas, ils étaient les patrons, ils payaient jusqu'au ministre. Ils invitaient le chef des condés, le chef des militaires, des narcotiques… enfin, tous les dirigeants dans un grand hôtel qu'ils possédaient. Ils y faisaient la fête pendant quinze jours avec les filles… Comme ils fumaient beaucoup, je leur passais la coke en base.

— Hé, Carlos !

Le mec en voulait 100 grammes.

Et, une demi-heure après, rebelote :

— Hé, Carlos !

Ils arrêtaient pas, ces connards, j'en avais plein le cul, mais au passage je prenais pour moi.

Au début, lorsque je suis arrivé à Guadalajara, Jorge m'avait présenté, et avait ajouté :

— Si quelqu'un veut quelque chose au *Frenchy*, vous me passez tous dessus.

Il faisait ce que j'avais fait pour lui en Colombie.

Depuis, j'étais tranquille. Ça valait mieux, parce que le Mexique, c'est encore plus dangereux que la Colombie.

Ils se tuent pour moins que rien et ils entretiennent des armées.

Un jour, pour éliminer un mec, ils l'ont allumé depuis un hélicoptère, ils l'ont coincé au volant de sa voiture sous un feu d'enfer. Mais le mec criblé de balles a survécu !

On vivait à Guadalajara, et on montait de temps en temps à Chihuahua, d'où était Jorge. La première fois qu'on y est allés avec Nine, je lui ai demandé les bonnes adresses du coin :

— Si tu veux manger de la bonne viande, il y a un restaurant fameux…

Et, un soir, on y va. Il n'y avait pas trente minutes qu'on était assis, je regardais Nine, qui était très en beauté et… soudain, les condés sont entrés, de partout, par la porte principale, par les cuisines… Ma fourchette est restée en suspens.

— Ça y est, j'y suis !

Le sang m'est tombé dans les talons, j'étais prêt à je ne sais quoi. Et d'un seul coup est entré Miguel de la Madrid, le président. Il a salué tout le monde et s'est assis à la table voisine de la nôtre. Je me suis détendu, mais j'étais en pétard parce qu'il regardait ma femme avec insistance. Et, avec tous ces condés, il m'avait un peu coupé l'appétit. J'étais tranquille dans un bon restaurant à des milliers de kilomètres d'où on me cherchait, j'allais savourer une bonne viande et d'un seul coup une armada de condés débarquait !

Nous étions au Mexique depuis un an, nos visas expiraient. Nous avons décidé de partir, d'autant que je devais aller en Bolivie préparer une opération. Le plus simple aurait été de partir de Mexico, mais j'avais un passeport mexicain et, comme il y avait beaucoup de faux, les douaniers de l'aéroport faisaient chanter l'hymne national à leurs concitoyens. Et, pour plus de vérifications, ils t'amenaient un mec de la région d'où tu étais prétendument originaire pour te poser des questions. L'Indien a proposé de me faire sortir par le Belize. Nine est partie en avion de Mexico avec les enfants et moi je suis descendu à Cancún, où l'Indien possédait un appartement. De là, nous avons pris la route en voiture pour le Belize, un petit paradis. Arrivé à Belizia, la capitale, j'ai pris un avion-taxi jusqu'au Costa Rica. J'y suis resté une journée et j'ai repris un avion pour le Brésil, où ma femme m'attendait. Et nous sommes partis en Bolivie à Santa Cruz, où nous avons loué une belle maison.

La ville était toute petite, tout le monde se connaissait et était dans le trafic. En Bolivie, où il n'y a pas d'accès à la mer mais beaucoup de jungle et de montagne, il n'y a pas grand-chose d'autre à faire. Les gros trafiquants donnaient à manger à des tas de gens.

Mais les Boliviens, grands producteurs de pâte, ne savaient pas cristalliser. Ils avaient donc besoin d'un mentor… et en plus j'allais chercher 200 kilos. Nous sommes allés dans la jungle, où la taulier m'a reçu comme un pacha. Il vivait comme tous les trafiquants de la région : grosse propriété, deux ou trois avions… et des gardes du corps en pagaille. Même si les Boliviens sont beaucoup moins violents que les Colombiens. J'ai bossé, je leur ai appris comment faire et ensuite l'avion qui devait venir chercher les 200 kilos est arrivé. Quasiment sans essence, en planant, et non pas sur la piste du mec mais dans une hacienda voisine. Parce que le Bolivien embarqué au Mexique et chargé d'indiquer la route au pilote mexicain se caguait dessus. Et là, c'est la vraie jungle. Alors, non sans mal, on leur a apporté de l'essence pour qu'ils redécollent et atteignent la piste pour charger. Les deux pilotes mexicains sont partis prendre une douche et s'en mettre plein le pif avant de repartir.

Seul problème, le client avait mangé les sous. Le Bolivien lui a avancé 100 kilos et on l'a convaincu de mettre 200. Le client lui vendrait. Mais, pour garantir le montage, nous devions rester, Nine, les enfants et moi, en otage… En résumé, si le client le faisait marron ou perdait la marchandise, on y passait !

Le mec était méfiant, des Brésiliens venaient de le faire marron de 50 kilos en payant avec des faux dollars.

L'avion est finalement reparti pour le Mexique, tellement chargé que j'ai cru qu'il n'arriverait jamais à décoller. El Negro, en vieil habitué, savait qu'avec le poids l'avion allait manquer d'essence. Il avait donc prévu une piste en Colombie avec de l'essence. Je ne voulais surtout pas qu'ils s'arrêtent, de peur qu'ils se fassent faucher la marchandise. Je priais pour qu'il ne leur arrive rien. On était otages, je n'avais plus un dollar pour me tirer et celui qui morflait, c'était moi. J'avais bien mes armes, mais ils me les avaient prises pendant que je dormais, ces enculés. Finalement, ils sont arrivés sans encombre.

J'ai un peu respiré, mais j'avais envie de faire chier notre hôte. Comme beaucoup de Sud-Américains, il possédait des coqs de combat. Il les vénérait comme des dieux. Et moi, à ses sbires :

— J'ai faim, tue-moi ce coq !

— Mais non…

— Tue-le-moi !

Et clac ! Ensuite, il appelait le patron en pleurant. Qui m'appelait :

— Mais qu'est-ce que tu crois ? Que je vais bouffer de la viande sèche tous les jours ? Je n'aime pas ça ! Et le poulet, il est super bon !

Je l'ai ruiné, ça ne lui a pas plu.

Et après…

— Je veux voir mon fils !

Mon fils était à Santa Cruz avec une nounou.

— Envoie-le-moi !

— Mais je ne peux pas !

Hop, encore un coq.

Finalement, il m'a amené mon fils en avion pour le week-end. Le pilote, je l'ai baratiné :

— Achète-moi une carabine Winchester et un pistolet.

Évidemment, il n'était au courant de rien. Et la semaine suivante il m'a tout apporté. Ce qui m'a permis de le braquer avec ses armes un peu plus tard. Tout s'était bien passé, mais, avant d'envoyer les sous, le client a exigé de me parler.

Je devais encore attendre une dizaine de jours avant qu'il vienne me chercher. J'en avais plein le cul.

— Si je vais à tel endroit, tu peux avant ?

— Oui, mais il faudra faire vite, parce qu'on y sera après-demain.

— Oh, tu m'as laissé là presque un mois et maintenant il faudrait que je me dépêche !

Le lendemain, quand le pilote est arrivé avec la bouffe…

— On repart avec toi.

— Désolé, ce n'est pas possible.

Je lui ai mis le calibre sur la tronche.

— Maintenant, tu vas nous emmener !

Je l'ai braqué depuis le ranch jusqu'à un village de la jungle, où ils sont venus nous récupérer avec leur avion.

Après un crochet par le Brésil, nous sommes partis avec Ciccio, un ami sénateur bolivien plus ou moins dans le trafic, au Costa Rica, pour récupérer la monnaie. Mais à l'arrivée les policiers nous ont mis de côté et interrogés avec insistance. J'avais de super papiers mexicains, ça ne craignait rien. Comme ça durait, Ciccio l'a ramenée :

— Je suis sénateur bolivien !

— Justement…

Les sous en poche, nous sommes repassés par le Brésil, où je louais un appartement à Copacabana, avant de retourner en Bolivie, à Santa Cruz. De là, j'allais régulièrement dans la jungle aider les Boliviens à s'instruire…

La jungle bolivienne est particulièrement dense et sauvage et j'emportais toujours avec moi des boîtes de conserve, du thon, des sardines… au cas où nous aurions des problèmes d'approvisionnement. La bouffe arrivait régulièrement par avion mais parfois la météo l'empêchait de voler. Sur une île au milieu du fleuve où nous tournions, ils nous avaient même envoyé un chasseur. Son chien dénichait les tanières des tatous et les faisait sortir. Une viande délicieuse ! Un jour, il a tué un truc gros comme une vache mais avec une trompe, qui passe son temps dans l'eau. C'est l'animal le plus con que j'ai connue. Le chasseur se servait d'une balle comme appeau en la plaquant à la verticale sur ses lèvres. Le machin sortait alors de l'eau, montait sur la rive jusqu'à ses pieds, et il lui en collait une dans le crâne.

Les locaux préféraient bouffer mes boîtes. Lorsqu'on

bossait dans la montagne, ils chassaient un animal réputé pour avoir la meilleure viande. Ils me le laissaient et se régalaient avec les boîtes... Ils adoraient les sardines, je rigolais. Moi je voulais bouffer du canard, il en passait en pagaille au-dessus de nos têtes. J'ai proposé à un mec de les chasser.

— OK, on y va !

Mais on n'y allait jamais. Et je voyais ces dizaines de canards qui continuaient à nous survoler. Le mec commençait à me gonfler jusqu'à ce qu'un soir il se pointe vers 20 heures. Il faisait déjà nuit.

— On va chasser !

Je l'ai pris pour une pastèque, on ne voyait rien. Bon, il a insisté et on a pris les fusils. On a marché un peu et là il a pointé des branches au-dessus de nous. C'était le dortoir des canards. Il y en avait 50 ou 60 qui dormaient sur leurs perchoirs. On a épaulé et pan ! pan ! pan ! C'est tombé comme à Gravelotte.

En Bolivie, il y avait de gros labos, mais également une production plus artisanale. Les gens aisés allaient acheter de la marchandise dans les fermes. Beaucoup d'agriculteurs tournaient eux-mêmes. Les acheteurs prenaient leurs avions, faisaient leur tournée et récoltaient 5 kilos ici, 10 kilos là. Une fois, j'accompagnais l'un d'eux. Alors qu'on approchait d'une ferme, le mec appelle à la radio et tombe sur une femme.

— Je voudrais parler à Untel.

— Mon mari n'est pas là.

Il insiste à mots couverts.

— On est venu, chercher des vaches blanches…

— Vous vous trompez, on n'a aucune vache blanche !

— Mais si, il m'avait dit de venir en prendre 10.

— Ce n'est pas possible, on n'a pas de vaches blanches et on n'en a jamais eu !

Elle faisait un scandale !

Comme nous pensions rester un peu, je suis monté à La Paz pour me faire des papiers. Ciccio, le sénateur, avait un gros carnet d'adresses ; je lui ai demandé s'il pouvait régulariser ma situation. Il disait toujours « Oui, oui… » mais il ne s'occupait de rien. Enfin, un beau jour, il m'a appelé :

— Je suis à La Paz, je vais m'occuper de tes papiers. Monte avec ta femme et tes enfants et apporte un peu de marchandise si tu peux, pour faire la fête ici.

J'ai apporté 100 grammes avec moi. Mais je n'étais pas tranquille. J'étais passé au travers depuis des années et je prenais le risque d'être marron pour presque rien. À l'aéroport de La Paz, j'avais un peu le trac, surtout que j'étais avec ma femme et les enfants. Une fois la douane passée, des condés se sont dirigés vers moi. Merde ! Et en plus, avec mon passeport mexicain… L'un d'eux :

— Vous êtes bien monsieur Untel ?

— Oui, c'est moi.

— Suivez-nous.

Je faisais une drôle de gueule… et d'un seul coup

l'autre con de Ciccio sort de derrière une colonne, mort de rire...

Ciccio nous a emmenés à l'hôtel. En route, il nous a mis en garde contre l'altitude et conseillé de ne pas trop manger pour ne pas être malade. Et de boire des infusions de feuilles de coca.

Le soir, j'avais rendez-vous avec lui dans sa suite. Lorsque je suis arrivé, il était avec plein de gonzes : un ministre, son secrétaire, d'autres hauts fonctionnaires... Et Ciccio, devant tout le monde :

— Va me chercher le paquet, s'il te plaît.

Je l'ai regardé dubitatif.

— T'es barjot !

— Ne t'inquiète pas, vas-y...

Et ils ont passé la nuit à s'en mettre plein le pif au son des guitares. Ils en sniffaient des quantités impressionnantes à grand renfort de :

— Oh, qu'est-ce qu'elle est bonne !

Et le ministre, pas ingrat :

— Demain, mon chauffeur viendra vous chercher et on fera vos papiers.

Effectivement, le lendemain le chauffeur nous a emmenés au ministère. Là, le garde du corps s'est occupé de tout.

— Donnez-moi vos papiers.

Il s'est dirigé vers le premier guichet, où il y avait une queue infinie.

— Mets un coup de tampon ici.

Un autre au suivant, et une signature au troisième...

Et le soir on avait une autorisation de résidence permanente.

Une fois notre situation réglée, nous avons loué une belle villa. Nous étions tranquilles. J'avais acheté des coqs de combat, dont s'occupait notre chauffeur, Luis le cousin du sénateur. Il les gardait, les entraînait, les choyait et, un jour…

— Don Carlo, est-ce que vous pouvez me prêter une de vos carabines ?

Il voulait une 22 long rifle Winchester.

— Pour quoi faire ?

— Pour chasser les voleurs de coqs. Je n'ai rien pour me défendre.

Je la lui ai passée et il l'a emportée chez lui. Quelque temps plus tard, il est venu me voir, soucieux :

— Je pense que ma femme me trompe. Je suis passé chez ma belle-mère, et je n'ai pas pu la voir. Elle m'a dit de ne pas la déranger, car elle dormait. Et, alors que je repartais, elle est sortie de chez le voisin.

Bref, il la soupçonnait et ils s'étaient disputés.

— Viens, on va aller discuter tranquillement.

Sa femme était restée chez sa mère. Luis m'a attendu dans la voiture pendant que je lui parlais. J'ai arrangé le coup, mais elle ne voulait pas rentrer à la maison.

— Il est fou !

— Réfléchissez le temps que Luis me raccompagne.

Sur le chemin du retour, dans la voiture, il était très remonté.

— Je vais les tuer !

— Si tu la tues, mets-lui bien là, à ta belle-mère, parce qu'après elle va parler et dire qu'elle m'a vu…

Je prenais ça à la rigolade. Luis ne disait plus rien. Et, une fois à la maison :

— Vous me prêtez la voiture ? La mienne est en réparation.

Il n'avait pas l'air bien, j'ai refusé. Et j'ai appelé le sénateur, son cousin :

— Il est barjot, il veut tuer sa femme.

Ciccio est venu immédiatement, il l'a baratiné, lui disant qu'il ne fallait pas ruiner sa vie.

L'autre avait l'air convaincu. Une fois son cousin parti :

— Vous avez raison, je suis bien con de vouloir tuer ma femme, qu'ils aillent se faire voir.

Bref, le mec raisonné. Quelque temps après, il m'a redemandé la voiture :

— Comme ça, je couche chez moi ce soir, j'ai des trucs à faire, et demain matin je vous la ramène.

Il avait l'air calme.

— Prends-la.

Il est rentré chez lui, a pris ma carabine et est allé chez sa belle-mère. Lorsqu'il est arrivé, son beau-frère a sorti un calibre et la belle-mère s'est interposée. Le chauffeur lui a mis une balle en plein front. Et il s'est fait la malle. D'un seul coup, vers une heure du matin, les condés ont débarqué chez moi. Sa femme leur avait dit qu'elle avait aperçu deux personnes dans la voiture. Voiture qui était à moi, tout comme la carabine. Le second, ce ne pouvait être que moi.

— Savez-vous où est votre chauffeur ?

J'ai entrevu l'erreur judiciaire… J'ai répondu oui, je me suis habillé et je leur ai demandé de me conduire chez le sénateur.

Deux militaires gardaient le portail. J'ai fait un tapage terrible pour qu'ils me laissent entrer. Et à Ciccio :

— Arrange-toi avec les condés qui sont dehors, ton cousin a tué sa belle-mère. Moi, je ne sors plus d'ici.

J'y étais à l'abri. Je suis resté le temps qu'il aille chercher son cousin. Puis, le climat devenant malsain, nous avons décidé de retourner au Brésil. Nine et les enfants sont partis en avion, pendant que je passais la frontière en train à vapeur… Nous étions restés près d'une année en Bolivie.

Au Brésil, j'avais des touches, bien sûr. Les trafiquants naviguent dans toute la région sud-américaine. Nous nous sommes installés dans deux suites du Copacabana Palace, à Rio, où nous sommes restés six mois. Avec ce que ça m'a coûté, j'aurais pu acheter deux appartements.

Pendant que nous y étions, des Boliviens avaient fait rentrer une centaine de kilos au Brésil. Un de mes amis devait leur en acheter 20. J'étais responsable, je suis monté les prendre pour les lui donner. Le soir, les Boliviens sont allés dans un bar à putes, et se sont levé des gonzesses, qu'ils ont ramenées dans leur appartement. Où il restait 80 kilos. Ils s'en foutaient, ils sont comme ça, les Boliviens, tranquilles. En revanche, ils voulaient faire des trucs que les filles refusaient de faire. Ils se sont disputés, les filles les ont bousculés, et elles sont parties. Les mecs se sont couchés tranquillement. Une demi-heure après, les condés sont arrivés. Au Brésil, ce sont eux qui protègent les gonzesses. Les Boliviens avaient dû sortir un peu de coke pour en prendre, ce qui n'avait pas échappé à ces demoiselles. Évidemment, l'un des Boliviens a proposé d'arranger le coup et a appelé sa femme. Qui à son tour m'a appelé :

— Vous ne pouvez pas vous en occuper ?

J'ai téléphoné à l'appartement, et je suis tombé sur mon ami :

— Passe-moi le condé.

Et au flic :

— Qu'est-ce que vous voulez ?

— 25 000 dollars.

— OK, mais vous nous rendez la marchandise.

Le mec a accepté. Il m'a repassé mon ami.

— Attends devant l'hôtel à côté. Quelqu'un va passer en taxi et te jeter la monnaie.

Le taxi est passé et l'ami a récupèré l'argent. Le tout sous les yeux d'un copain qui surveillait l'appartement depuis la rue. Tandis qu'il attendait, l'un des condés est sorti et s'est engouffré dans une cabine téléphonique. Le copain a tendu l'oreille et l'a entendu téléphoner à sa femme.

— Chérie, je suis allé en mission. On a l'argent pour acheter le terrain et faire construire la maison.

Une demi-heure après, les condés les ont relâchés, mais ils ont gardé la marchandise. Au Brésil, les flics s'arrangent, mais te mettent quand même en prison, alors qu'en Colombie ils partagent avec toi.

Pendant ces six années, j'avais continué à fumer du *basuco*.

J'étais bien accroché, j'y ai bouffé des fortunes. Tous les jours, je m'enfonçais un peu plus, je croyais y être. Alors que nous étions au Copacabana, j'étais allé chercher un kilo à la frontière, que j'avais stocké dans la suite. Et lorsque tu as bien fumé, ce qui était le cas ce jour-là, tu vois des condés partout. Là, c'était vrai. La rue en était pleine. Mais, au Copacabana, ce n'était guère étonnant, il y avait tout le temps des visites officielles. Bref, j'étais à la fenêtre et…

— Oh, Nine, regarde, les condés ! Je vais aux toilettes. Si tu frappes, je jette tout.

J'étais dans les cabinets raide défoncé avec le kilo et, d'un seul coup, elle a frappé.

— Hé, Octave.

C'était mon prénom du moment. J'ai tout filé dans les cabinets, sauf qu'elle tapait pour dire qu'il n'y avait rien. Le kilo, il faisait « frouch, frouch » dans l'eau des chiottes…

Et un beau jour j'ai arrêté le *basuco*. Grâce à mon fils Thomas. Le dimanche, c'était le jour des enfants. Pour leur faire plaisir, on les emmenait manger à la *Churascaria*. Ce dimanche-là, j'étais défoncé. Et sur le chemin, dans la voiture, il m'a hurlé :

— Mais quand vas-tu arrêter ça ? C'est tout le temps.

Ça m'a filé un coup… J'ai eu une honte terrible. Je me suis dit « C'est fini » et j'ai stoppé net. Pourtant, c'est difficile.

Ça a été le plus gros combat de ma vie. Lorsque je suis allé en prison au Brésil, des détenus venaient me chercher pour que je leur repasse la coke en base. Ils fumaient, et moi je restais exprès, pour voir si j'allais flancher. Finalement, il est arrivé un moment où je ne pouvais même plus sentir l'odeur, ça me faisait vomir.

C'est au Brésil que j'ai connu ma plus grande peur. J'ai vraiment cru ma dernière heure arrivée.

Après Rio, nous nous sommes installés à Campo Grande, à la frontière paraguayenne. J'y avais un ami qui trafiquait. Un Brésilien d'origine italienne, que l'on surnommait « *Chanchito* » (le petit cochon) à cause de son surpoids. Comme il avait pas mal d'avions, il avait décidé d'apprendre à piloter. Il se débrouillait bien, mais ce n'était pas un artiste. Un jour donc, nous étions en fête chez lui, et sa belle-mère voulait rentrer. Elle habitait à une demi-heure de vol. Il m'a proposé de l'accompagner ainsi qu'à un autre ami, aussi saoul que nous. L'aller s'est bien passé, on l'a déposé, et on a entamé le vol retour. Sauf que nous sommes arrivés trop tard à Campo Grande, l'aéro-club était fermé et les pistes éteintes. On a commencé à faire des ronds au-dessus en espérant que quelqu'un allait nous répondre. « L'Italien » s'époumonait dans la radio :

— Allô, allô, allô…

Silence total. Pendant dix minutes, puis vingt, puis trente… et on tournait, on tournait… L'angoisse a commencé à monter en même temps que la jauge d'essence descendait. L'Italien gueulait maintenant dans le micro à pleine voix ! D'ailleurs, on n'entendait que lui dans l'avion. L'autre était comme moi, livide et muet. On pensait tous les trois la même chose, cette fois on y était, et bien ! Ma vie a défilé devant mes yeux : la Corse, ma famille, Belle-Île, Atlanta… et, alors que tout était perdu, la jauge était quasiment vide, ça faisait une heure qu'on tournait, la radio s'est mise à cracher. Oh, putain, le soulagement !

À force de passer à très basse altitude au-dessus du terrain, le mec du club nous avait aperçus. En absence de lumière, ils ont disposé des voitures phares allumées le long de la piste et nous avons enfin atterri. Non sans stress. Lorsque mon ami est sorti de l'avion, il a flanché et s'est écroulé. Je n'étais pas loin non plus.

Des avions en Amérique du Sud, j'en ai pris en pagaille, bonjour le trac.

Une fois, en Bolivie, à l'atterrissage, on a décapité un nandou [1] avec une aile. On a fait un tête à queue et un peu plus on y passait. Des nandous, il y en avait beaucoup. Lors des plantations, les bestioles se faisaient la malle en abandonnant leurs nids et leurs œufs. J'en avais plein les bras en rentrant à la maison.

Pour le nandou, c'est mon cousin qui pilotait. On était d'abord partis en pirogue du Brésil *via* le Rio Madere, un fleuve bourré de *garimperos* qui prospectent l'or rouge, typique de la région. Le soir, on dormait dans leurs campements. La première nuit, j'ai vu que tous les mecs avalaient des cachets.

1. Sorte d'autruche vivant en Amérique du Sud.

— C'est pour les moustiques, il y a plein de paludisme...

Et, à mon cousin, qui partait se coucher dans un hamac :

— T'es fou ! Moi, je vais dans la voiture.

Je me suis bien calfeutré... et le seul qui ait chopé le palu, c'est moi ! On a ensuite passé la frontière avec la Bolivie pour retrouver le sénateur, qui arrivait de Santa Cruz et devait nous récupérer en avion. Tout s'est bien passé et, le soir, le cousin et moi sommes allés raisonnablement nous coucher tandis que le sénateur et le pilote sortaient. À 6 heures du matin, ils sont réapparus complètement saouls ! Heureusement que le cousin savait piloter. Il a pris le manche mais, lorsque nous sommes enfin arrivés, la piste était encombrée par des vaches. On a dû faire des ronds en l'air en attendant qu'on les évacue et, en atterrissant, nous avons coupé le cou du nandou et manqué de nous tuer... On a eu plus de chance qu'un autre équipage, qui venait de s'écraser sur une piste voisine. Un gros trafiquant bolivien qui habitait juste à côté avait fait partir un avion chargé à bloc avec une tonne de marchandise, sans compter le kérosène. Il a essayé de décoller mais, trop lourd, il est retombé en se crashant. Il y avait de la came partout alentour...

Je ne sais plus comment j'avais connu Chanchito l'Italien. Il était spécialisé dans la fourniture de produits chimiques, les précurseurs indispensables – acétone et éther – pour tourner. Il n'importait rien, il les faisait sortir des usines brésiliennes par camions entiers – il en possédait cinq – en soudoyant des mecs. Et les revendait une fortune aux

Boliviens. Ça partait comme des petits pains. Il les livrait par avionnette depuis Campo Grande, où les pistes clandestines ne manquent pas.

Chacun d'entre eux emportait trois fûts de 50 litres. Lorsque les Boliviens devaient tourner, plusieurs avions s'en allaient en même temps – quatre, cinq, six à la fois – et effectuaient des rotations. Ils revenaient le lendemain, rechargeaient et repartaient. À la condition qu'il fasse beau au Brésil et en Bolivie. Mais la plupart du temps, lorsque la météo était bonne à un endroit, elle était mauvaise à l'autre.

Il fallait parfois attendre quinze à vingt jours. Il a alors proposé un autre service : tourner au Brésil la marchandise pour le compte des Boliviens. C'était plus facile d'emporter 100 à 150 kilos de base de Bolivie au Brésil en un seul jour que d'acheminer le matériel en une semaine là-bas. Il avait un bon chimiste sur place… Il a donc livré la prestation complète jusqu'à la cristallisation. Mais il ne faisait payer que les services du chimiste et les produits. La logistique – la location du ranch, etc. – était gratuite. On venait avec un gros camion transportant un groupe électrogène et on pouvait travailler, même au bout du monde. À la fin de la semaine de boulot, comme en Colombie, ils enlevaient tout, enterraient le reste et tu ne voyais plus rien. Ne restait plus qu'à renvoyer le produit fini en Bolivie.

Ensuite, l'Italien devenu producteur s'est mis à envoyer également aux États-Unis. Il pilotait souvent lui-même son bimoteur. Il décollait du Brésil, survolait l'Argentine, suivait la cordillère des Andes et montait jusqu'aux États-Unis. La marchandise était cachée dans le fuselage de l'avion, dans les ailes, un peu partout. Les chiens ne sentaient rien, elle était enveloppée dans de la graisse. Il n'est jamais tombé… au contraire de l'un de ses pilotes, qui s'est écrasé dans la Cordillère en Colombie. Le mec était parti avec son coéquipier et leurs femmes. L'une d'elle, enceinte, ne voulait pas y aller ; ils avaient dû insister. Il paraît que les secours ont retrouvé les paquets – il y avait 300 kilos – sur le lieu du crash.

Chanchito envoyait avec de petits avions mais également par les lignes régulières. Il avait un passage sur la Varig, la compagnie brésilienne. Cachée dans des sacs de café pour l'odeur, la coke était embarquée à bord d'un avion-cargo le jeudi et le lendemain soir elle était débarquée à Miami. Évidemment, il avait des touches pour la sortie et l'entrée. Mais à la fin on ne gagnait pratiquement plus rien. La grand distribution colombienne et ses envois de plusieurs tonnes faisaient marron le « petit commerce ». Mon ami mexicain recevait alors jusqu'à 7 à 8 tonnes en un seul envoi groupé, de quatre équipes, qu'il faisait transiter par son tunnel.

Le kilo valait 11 000 à Miami alors qu'il nous revenait à 4 000 au Brésil, sans compter les 4 000 dollars de transport. Ça ne valait plus le coup.

Pourtant, à Campo Grande, on était tranquilles. Le procureur de la ville était parent avec mon ami qui avait la maison. On passait nos soirées tous les trois, on buvait pas mal et on jugeait aussi ! Le proc apportait ses dossiers et, vautré dans le canapé :

— Hé ! regarde celui-là, il a fait ça et ça, combien tu lui donnerais ?

— Acquitté !

— Non, on ne peut pas quand même, je vais demander dix-huit mois.

— Dix-huit mois, tu rigoles ? T'es un enfoiré !

— Trois mois !

Parfois, il arrivait en bringue avec des juges en pleine nuit chez moi. J'ouvrais… c'étaient des connexions qu'il ne fallait pas perdre.

— Qu'est-ce que tu veux ?

— On vient boire un coup.

Et plus bas :

— On vient chercher un peu de coke aussi.

— Et les juges !

— Ça craint rien, c'est justement pour eux…

Ils s'en mettaient plein le pif dans mon canapé, jusqu'à ce que j'en aie plein le cul :

— Allez, prends-en un peu et cassez-vous, il est 4 heures !

Au Brésil, nous avons reçu la visite du Mexicain avec sa femme et sa fille. Il voulait que Nine et mois soyons les marraine et parrain de la petite. Il partait ensuite faire une affaire en Colombie avec Pablo, les Ochoa, Gacha, bref, les gens de Medellin, et il voulait que je l'accompagne. J'ai refusé.

— J'ai réussi à sortir vivant et libre de là-bas et tu voudrais que j'y retourne ? T'es fou !

Il a fait son affaire et il est revenu au Brésil. Tout s'était bien passé, ils lui avaient versé une avance et Gacha, qui contrôlait toutes les mines, l'avait payé en pierres, des émeraudes commerciales. Ce qui présentait l'avantage pour le Mexicain de doubler son bénef en les revendant. Il était aussi revenu avec une proposition.

— Ils veulent tourner 10 tonnes, ils ont besoin de chimistes, je t'ai proposé.

— Pour combien ?

— 2 millions de dollars.

Ça me tentait, mais j'avais un problème.

— Et comment je vais rentrer ?

— T'inquiète, l'Indien viendra te chercher avec l'avionnette.

Tout roulait mais, quand j'ai annoncé à Nine que je retournais en Colombie, elle s'est mise à pleurer et elle m'a tellement fait suer que je n'y suis pas allé… Heureusement, parce que les condés ont bombardé l'endroit et serré tout le monde [1]. Je m'en suis sorti encore grâce à madame.

Entre-temps, le *compadre* était reparti non sans que je photocopie les tampons figurant sur son passeport. Je le faisais avec chacun de mes visiteurs. À partir de la copie,

1. À Tranquilandia, les Ochoa, Ledher, Gacha et Escobar avaient installé une « fabrique » comprenant 19 labos, où furent saisies 14 tonnes de cocaïne le 21 novembre 1984.

je les faisais faire, j'en avais un sac complet. Comme ça, lorsque je voulais voyager...

— On va où ?

— Au Costa Rica.

Et toc !

— Et ensuite ?

— Au Mexique.

Et rebelote !

Après Campo Grande, on a emménagé à Copacabana. J'avais loué un immense appartement au huitième étage, en face de la plage, on n'avait qu'à traverser. Au Brésil, il y avait une inflation terrible. Au début, on louait l'équivalent de 800 dollars par mois, et moins d'un an après je payais à peine 200 dollars. On vivait royalement avec femme de ménage et cuisinière. En Amérique du Sud, tu te régales, tu vis à la bonne franquette, tranquille... Enfin, pas si tranquille que ça. Au Brésil comme en Colombie, j'avais toujours le calibre à la main, soit dans la poche soit dans une sacoche. Lorsqu'on allait au restaurant à Rio, je sortais le premier avec l'arme pour vérifier. Je n'ai jamais eu de problème, peut-être qu'ils lisent dans les yeux. Pour les enfants, pareil. Afin d'éviter les enlèvements, le chauffeur les conduisait à l'école dans une grosse voiture américaine, très solide, que j'avais achetée exprès pour les petits.

Pas loin de l'appartement, dans le port de Copacabana, était amarré mon bateau, le *Macarena*, un 25 mètres typiquement brésilien, qui marchait à la voile et au moteur.

Tout en teck, avec une plage arrière de 30 m^2 où l'on pouvait danser, trois cabines, un bureau… et bien sûr je casquais un capitaine pour le manœuvrer. Ce mec, d'ailleurs, un jour, devait me convoyer de la marchandise, mais par la route. Elle arrivait par avion de la jungle bolivienne jusqu'à la frontière brésilienne, où il devait récupérer six batteries de camion contenant chacune 5 kilos. Des batteries habilement transformées et fonctionnant normalement qu'il devait ensuite redescendre en camionnette à Rio. Mais sur la route il est tombé sur un barrage de police.

— Vous avez les factures des batteries ?

— Non…

Et ils les ont gardées. Sans se douter, et ça m'étonnerait qu'ils l'aient découvert ensuite, qu'elles contenaient des kilos de poudre.

Le bateau, on faisait la fête à bord, et on allait avec sur les îles le temps d'un week-end et parfois plus longuement pour s'échapper lorsque j'en avais marre des coups de téléphone. Parce que, lorsque tu envoies, ça n'arrête pas. Avant que ça arrive, les mecs qui ont mis te harcèlent pour savoir si c'est bien parti… et, lorsque c'est arrivé, ils recommencent pour toucher leur monnaie. Un jour, j'ai dit à Nine :

— On se casse !

Tous les matins, je descendais à la plage courir et, au passage, j'achetais des œufs de poisson frais pour mon petit déjeuner à un pêcheur avec qui j'avais fini par sympathiser.

Et, le jour où j'ai envie de me casser pendant un mois, je suis allé le voir.

— Ça te dirait de venir avec moi ?

— Je vais voir, je dois me faire remplacer par mon frère…

Je ne savais pas pêcher, je lui ai payé le mois.

Et on est partis en famille dans un archipel proche de Rio, qui compte 300 îles. Sur l'une il y avait un restaurant, on amarrait le bateau et ils venaient nous servir à bord ; sur une autre, il y avait une discothèque, etc.

Personne ne savait où j'étais, tout le monde croyait qu'il m'était arrivé quelque chose.

Le matin, j'accompagnais le pêcheur, qui partait prendre des *oko de poi*, le poisson qu'ils utilisent pour préparer le *ceviche*. À la traîne, on en ramenait quatre ou cinq de 30 centimètres. On allait aussi à la rencontre des crevettiers, à qui on achetait pour rien des casiers remplis. Bref, une vie de pacha… avant la chute.

Rio, la fête est finie

En 1988, après seize ans de cavale en Amérique du Sud, ils m'ont retrouvé.

Mais ils n'avaient aucune preuve contre moi. Alors, pour nous faire marron, ils nous ont fait un « travail » avec un kilo.

Ce matin-là, le concierge a sonné à 6 heures du matin à l'appartement de Copacabana. Lorsque ma fille Patricia lui a ouvert, des policiers se sont engouffrés à sa place, l'ont jeté à terre en lui tartant la bouche et se sont dirigés vers notre chambre. Avec Nine, on s'est réveillés avec les calibres sur la tronche.

Dans la foulée, ils ont ouvert le coffre et piqué des bijoux, de l'argent, bref, tout ce qu'il y avait. C'étaient leurs faux frais. Ensuite, ils ont sorti leur kilo magique et ils ont fait le tour de la maison avec. Ils l'ont d'abord placé dans la chambre des petits. Pour officialiser leur découverte, ils ont appelé deux témoins, prétendument pris dans la rue. Là-bas, c'est suffisant pour constater un flagrant délit. Sauf que les deux mecs, ils étaient venus avec. Ensuite, ça a été le tour du garage. J'avais offert à Nine une Fiat toute neuve.

— À qui elle est ?

— À ma femme.

— Ah oui ? On va la perquisitionner.

Tac, ils ont remis le kilo et appelé deux mecs dans la rue. Du coup, ils ont arrêté Nine aussi. Je lui ai murmuré :

— Je vais dire que c'est à moi

— Non, ne dis rien, ne dis rien.

Elle pensait que ça ne tiendrait pas…

Et puis, une fois leur cinoche terminé, ils m'ont proposé le marché :

— On te laisse partir si tu nous fais porter un million de dollars.

J'aurais pu les trouver, mais il me fallait une semaine, surtout en liquide. Ils n'ont pas marché, ils le voulaient dans les vingt-quatre heures parce que les Ricains étaient sur moi.

L'arrestation de Nine a été le coup le plus dur de ma vie. Pendant toutes ces années, elle s'occupait de nos enfants et n'a jamais été au courant de mes affaires.

Ils nous ont embarqués à la prison *Federale* de Rio, le temps de l'instruction. Dans cette taule, ils torturaient les gens. On les entendait crier toute la nuit, hurler à la mort. Ce n'était pas dans notre bâtiment. Ils les emmenaient dans un endroit à l'écart. La *Federale*, c'est un pâté de maisons, avec un hôpital, les bureaux de l'administration, et un bâtiment avec d'un côté les hommes et de l'autre les femmes. Avec Nine, on pouvait se voir pendant la promenade, on criait pour se parler.

J'ai filé de la monnaie à un maton d'origine italienne pour qu'il me place dans une bonne cellule. Dans le système pénitentiaire brésilien, seuls les détenus ayant un diplôme d'études supérieures ont droit aux cellules individuelles avec télévision, ce qui en clair signifie qu'elles sont réservées aux mecs de bonne famille. Et que ceux qui n'ont pas d'instruction sont à 30 dans une cellule. Ils dorment debout appuyés les uns sur les autres. Je n'avais jamais vu une telle misère.

J'ai casqué pour que Nine soit bien placée également. Avec la monnaie, tout s'arrangeait. Chaque fois que l'Italien était de service, tous les deux jours, il la faisait sortir. Nous mangions ensemble et il nous prêtait sa chambre, on regardait la télévision, on passait la nuit mais ce n'était pas tellement agréable…

Et, un jour, Nine est arrivée, inquiète.

— Je ne fais que vomir.

— Ne t'inquiète pas, ma chérie, c'est le trac, les nerfs…

Et je vais voir l'Italien :

— Écoute, ma femme est malade, tu pourrais pas l'emmener à l'hosto de la *Federale* ?

Le mec a accepté et, lorsqu'elle est revenue, elle m'a souri :

— Je suis enceinte.

— Faut le faire passer !

Vu la situation dans laquelle on était… Mais elle n'a

jamais voulu. Elle ne pensait plus être enceinte, le dernier avait 11 ans et l'aîné 12.

Elle voulait le garder, seulement les femmes condamnées à plus de deux ans devaient avorter. Ils l'ont envoyée passer la visite médicale obligatoire, elle était terrifiée. De toute façon, elle ne pouvait pas s'expliquer, elle ne parlait pas portugais. Dans la salle d'attente, elle pleurait et priait en espagnol. Heureusement, un médecin qui le parlait s'est approché d'elle et Nine lui a expliqué qu'elle ne voulait pas avorter, qu'elle était innocente. Il l'a rassurée et lui a assuré qu'elle pourrait garder l'enfant :

— Ne vous inquiétez pas, je vous prends rendez-vous avec le service social, je vais vous mettre dans un endroit sans barreaux ni surveillantes. Le bébé aura un litre de lait chaque jour.

Parce qu'à la *Federale* il n'y avait pas de crèche, des enfants mouraient. Dans les jours qui ont suivi, elle a été transférée à Talavera Bruse, l'une des rares prisons dans le monde à abriter une maternité.

En attendant, j'ai concocté un plan pour que l'on se casse.

J'avais l'habitude de recevoir de la bouffe préparée dans un restaurant et qu'un ami me faisait livrer. J'en filais toujours une partie aux trois matons qui nous gardaient. Avec des codétenus, on avait prévu de leur glisser dedans de la scopolamine le soir du réveillon de Noël. On les aurait bien saoulés et hop ! Tout était prêt, on avait déjà la scopolamine, mais ces enfoirés ont dû s'en douter. La veille, ils m'ont transféré de la *Federale*. Mais quelques Brésiliens sont passés au travers et l'ont faite. Lorsque les gardiens se sont endormis, ils sont allés chercher Nine dans l'aile des femmes, séparée des hommes par une simple grille dont ils avaient la clé, mais elle n'a pas voulu partir sans moi.

Lorsqu'ils ont couronné, j'étais déjà à Aguasciente, une prison dirigée par la Phalange vermeille, un gang de prison créé par les détenus politiques du temps de la dictature pour réguler la vie à l'intérieur. Une sorte de police interne. Lorsque les politiques ont été libérés, la Phalange a perduré, reprise par les chefs des différentes favelas. Elle était devenue très puissante. Ses chefs faisaient la liste des détenus qu'il fallait tuer : les mecs par exemple qui s'étaient mis à table, qui avaient fauché des trucs, qui avaient violé une femme de détenu, etc. Pas de discussion, dans chaque prison ils avaient leur *Quigne* et, à l'arrivée, ils tuaient ceux qu'il fallait. Quand tu étais condamné, tu n'y échappais pas. Mais si tu ne déconnais pas, ils te respectaient. Le mec qui voulait vendre de la marijuana avait le droit de le faire, mais à un prix fixé par les chefs ; il ne fallait pas que les dealers exploitent les détenus.

Alors que, dans les prisons « allemandes », c'était au prix le plus haut. *El Commando de los Alemanes*, c'était le gang adverse, celui des violeurs, des mecs qui avaient fait marron leurs amis, bref, les crapules. À force de prendre des coups, ils ont monté leur groupe, celui des « Allemands ». Il était également dirigé par les chefs de certaines favelas.

La distinction se poursuivait à l'extérieur. Il y avait les favelas vermeilles et les allemandes, et chacun défendait son territoire, tout comme les prisons. Les Allemands ne pouvaient aller dans une prison vermeille, sinon ils se massacraient. Ils étaient aussi dangereux que les autres. Lorsque tu étais transféré, l'administration te demandait où tu voulais aller : « Vermeille ou Allemands ? » Moi, j'ai choisi vermeille, tu y étais évidemment beaucoup mieux qu'avec les autres salopards. Et je suis vite devenu ami avec ses chefs.

La prison était pleine de trous. Les Brésiliens s'en allaient en faisant des tunnels dans la cour, on aurait dit du gruyère. Dans la journée, comme souvent en Amérique du Sud, les cellules sont ouvertes et les détenus circulent librement. Et comme beaucoup travaillent dans les ateliers, il y a des pelles… à disposition. En fait, il y a de tout : des revolvers, des couteaux, etc.

Les mecs, c'étaient des spécialistes, je n'ai jamais vu ça. Ils creusaient et se tiraient par les canalisations.

Aguasciente était une gare de triage où on te faisait transiter avant de t'envoyer dans l'établissement où tu ferais ta peine. Là-bas, j'ai appris que Nine avait été transférée à la prison pour femmes de Talavera Bruse. Je me suis renseigné pour connaître le nom de la taule la plus proche ; c'était Bangu. Comme tout s'achète, j'ai commencé à bouger pour y aller. Ça m'a coûté 4 000 dollars. Mais il y avait un problème. La taule ne recevait que des condamnés à moins de huit ans. J'y ai quand même été transféré avec deux amis, dont Jacky, un Français que j'avais connu à Paris dans ma jeunesse et que j'avais retrouvé au Brésil. Sauf que, en arrivant, les matons ont regardé mon dossier.

— Quoi, dix-huit ans ? Vous n'avez rien à foutre ici, mettez-vous sur le côté.

En attendant de remonter dans le car qui devait nous ramener à Aguasciente, on a assisté à la cérémonie d'accueil. Les matons se plaçaient sur deux rangées qui se faisaient face et formaient une sorte de tunnel. Au bout, ils mettaient les affaires personnelles des mecs : la couverture, le sac, etc. Les arrivants devaient aller les chercher en passant entre les deux colonnes de matons, armés de gros bâtons en bois. Les mecs en prenaient plein la gueule. Certains Brésiliens étaient habitués. Avant de courir, ils scrutaient le terrain, se frottaient les mains et, comme dans un jeu, faisaient semblant de se lancer. Les condés tapaient dans le vide, et ils en profitaient alors pour partir d'un seul coup ; mais ils en ramassaient quand même.

Lorsque nous sommes revenus à Aguasciente, les avocats sont arrivés.

— Mais pourquoi vous ne nous avez pas attendus ? Je connais le directeur, j'étais son professeur de droit et patati et patata.

Le directeur était un ancien avocat.

— Si tu as la touche, dis au directeur que je ne veux pas me faire bastonner à l'arrivée.

Et effectivement leur touche était impeccable. Un mec de l'administration nous a descendu la sentence en falsifiant nos dossiers. J'avais sept ans à faire.

Et lorsque nous sommes retournés là-bas…

— Fiocconi, qui c'est ?

— C'est moi !

— Mettez-vous là.

Pareil pour mes deux amis. Quant aux autres, direction le supplice. Je me sentais mal…

Comme ailleurs, il fallait payer pour avoir de bonnes cellules. Nous sommes restés une semaine, sans sortir, dans une grande salle commune réservée aux arrivants puis, comme nous avions touché le directeur, nous avons été affectés à un pavillon bidon. Sans payer le chef des matons. Normalement, c'était lui qui prenait la monnaie pour les affectations. Mais nous, *via* les avocats, on était convenus de donner au directeur 100 dollars par mois : 50 pour moi et 50 pour mon ami, pour qu'on ait le meilleur endroit, les visites conjugales, etc.

On a atterri dans le meilleur pavillon, le surveillant chef faisait la tronche. Ça ne s'est pas amélioré lorsque, peu après, nous avons payé le directeur directement sans passer par les avocats. Je voulais être en prise directe avec lui pour bien le mouiller. Le mec était effectivement content de me voir. À l'époque, 100 dollars, c'était une fortune. Comme je le payais en monnaie locale et qu'après il y a eu une importante inflation, ça me coûtait beaucoup moins.

Un jour, je me suis engueulé avec le maton chef. Il avait tellement la rage qu'il m'a lâché :

— Fais attention, Fiocconi, moi je n'en ai rien à foutre que tu ailles faire ton rapport au directeur.

En me voyant monter dans son bureau tous les mois, il s'était imaginé que j'allais là-bas pour balancer les gardiens. Parce qu'en plus le directeur leur passait des consignes :

— Faites attention à eux, surtout ne les touchez pas...

Et moi, je ne pouvais pas lui dire que j'allais filer de la monnaie.

Quelques jours plus tard, alors que je revenais de chez Nine, j'ai trouvé Jacky salement amoché. Le surveillant chef lui avait filé une rouste. J'ai fait appeler l'ambassade immédiatement. Son représentant est arrivé très vite et a fait un scandale. Le directeur, qui jusque-là n'était pas au courant, a viré le chef le jour même. Ensuite, à notre demande, le consulat est venu nous voir régulièrement, les gardiens voulaient nous ruiner. Ils étaient jaloux parce qu'on était « bien » avec le directeur. La monnaie qu'on lui donnait ne leur allait pas... Mais moi, le directeur, il me faisait sortir pour aller voir Nine, qui était dans une prison à une dizaine de kilomètres. Tous les samedis j'allais en visite conjugale jusqu'au dimanche soir. Je n'étais pas le seul. Tous les prisonniers dont la femme était incarcérée y avaient droit.

J'avais également réussi à me mettre dans la poche le chauffeur qui venait nous chercher le samedi. Normalement, il devait se pointer à 14 heures. Je lui donnais un peu d'argent, pas beaucoup – 10 ou 15 dollars mais là-bas c'est une fortune –, pour qu'il vienne à 9 heures 30 ou 10 heures. Le matin, je descendais attendre le car dans le parc devant la prison. Tout se passait bien, jusqu'à ce qu'un matin des condés français débarquent. Ils venaient pour moi. Les mecs leur ont dit où j'étais. Lorsqu'ils m'ont vu dans le parc, ils ont pris peur et m'ont balancé immédiatement au chef.

— Vous êtes fou ! Il va vous faire la malle, celui-là !

Putain, quand je les ai vus discuter, je me suis dit que je n'allais pas avoir ma visite conjugale. Et puis le car est arrivé et ils m'ont laissé monter. Mais, une fois à la prison de ma femme, ils ne nous ont pas sortis du fourgon. Le directeur avait prévenu son collègue :

— Fais attention, il s'évade de partout.

L'autre s'est pris le trac et ne voulait plus de moi. Mais Nine était très appréciée parce qu'elle s'occupait des enfants.

La crèche était logée dans un bâtiment à côté de la direction et disposait d'un jardin. Le moral allait beaucoup mieux, mais chaque semaine des enfants mouraient. Nine angoissait à l'idée que le petit soit le prochain. Ce n'était pas une maternité comme les autres. La télé gueulait, la radio était à fond, les mères dansaient défoncées pendant que les enfants pleuraient. Elles revendaient le lait pour acheter de la drogue. Et puis un jour elle a entendu un enfant s'étouffer dans une pièce voisine. Elle est sortie pour aller voir et la gardienne lui est tombée dessus :

— Qu'est-ce que tu cherches, *gringa* ?

— J'entends les enfants qui pleurent.

— Va les coucher, on n'arrive à rien.

Nine y est allée, et derrière la porte quatre petits de 3 ou 4 ans versaient du talc dans la bouche d'un bébé. Elle est retournée voir la gardienne.

— Voilà comment ils meurent, les enfants, ici !

Parce que jusque-là personne ne comprenait pourquoi.

— Il y a trop de bruit, c'est une ambiance de fous.

— Mais ici c'est la *cadena*, c'est comme ça !

Nine devait passer deux ans à la maternité, elle vivait dans la peur.

— Non, ce n'est pas possible. Je vais prendre soin de cet endroit et vous allez m'aider.

C'est comme ça qu'elle a commencé à s'occuper de la crèche. Elle en a fait un endroit agréable, calme, sain pour les enfants, à tel point que les magazines comme l'édition brésilienne de *Marie Claire* sont venus faire des reportages sur Nine et sa maternité. Elle s'en est occupée pendant cinq ans, jusqu'à ce que notre fils quitte la prison pour aller en France.

Lorsque le directeur m'a interdit de séjour chez lui, Nine est allée le voir. Il a appelé mon directeur pour arranger le coup. De mon côté, je l'astiquais aussi. Finalement, je pouvais y aller mais je devais rester enfermé les deux jours. Parce que, jusque-là, on circulait librement durant le week-end ; on mangeait dans la cour avec les enfants.

Avec le « papier » qu'ils m'avaient fait et la monnaie que je distribuais, quand j'arrivais dans cette prison, j'entendais de partout :

— *Padrino ! Padrino !*

Il fallait que je distribue de l'argent à tout le monde. Ma femme m'avait présenté une fille, la maquerelle de la taule, qui voulait travailler avec moi pour rentrer de l'herbe. J'ai refusé, mais je lui ai dit :

— Tu sais ce que je fais ? Je te donne les sous, tu montes ton affaire et, si tu fais des bénéfices, tu les rends à ma femme. Si tu n'en fais pas, tu les gardes.

Du coup, Nine, tout le monde la respectait et tout le monde la défendait. La nana a fait son commerce et lui a rendu l'argent. Et, chaque fois que j'arrivais, j'allais la voir, elle me filait un petit paquet d'herbe et je passais le week-end avec ma femme. Un jour, pour rigoler, j'ai dit au chauffeur :

— Si je te donne 50 dollars, tu peux venir me chercher lundi matin ?

— Ouais !

— Mais comment tu vas faire ?

— Ne t'inquiète pas, je viens lundi matin.

Effectivement, le dimanche soir : personne. Mais lundi dans la journée, toujours personne… il est arrivé le soir. Trois jours dans une chambre en compagnie de madame à fumer des joints ! La semaine d'après, le mec m'a proposé de recommencer.

— Non, non, non.

Et quand je suis arrivé, Nine :

— Alors, t'as réussi à rester jusqu'à lundi ?

— Non, seulement dimanche soir…

Il m'avait fallu toute la semaine pour me refaire. Déjà

quand tu revenais le dimanche, t'étais mort. Le lundi, tu faisais à peine surface. Le mardi ça allait un peu mieux, et le jeudi tu avais enfin repris toutes tes forces… et tu devais repartir le samedi.

La semaine, je pouvais lui écrire. Le directeur m'avait attribué un gardien qui m'accompagnait partout. Je le casquais également. Lorsque ma lettre était prête :

— Vas-y et tu attends la réponse.

Il allait à la prison, les gardiennes lui ouvraient et il remettait le courrier à Nine. C'était mon facteur. On avait changé de directeur, mais mes avocats étaient très bons… Pour les un an de Benoît, on a fait une grosse fête dans la prison des femmes. Le ministre est venu, on avait fait de la viande à la braise.

Je passais mes week-ends avec Nine jusqu'au jour où l'on m'a renvoyé à la *Federale* : les Américains me réclamaient.

Je venais à peine d'arriver lorsqu'un matin j'ai vu passer un mec tout esquinté devant ma cellule. Ils l'emmenaient vers les cellules collectives, mais, vu l'état dans lequel il était, les détenus brésiliens m'ont appelé :

— Oh, *Frenchy*, il y a un mec de ton pays.

Je lui ai gueulé :

— D'où tu es ?

— *Jo soy* espagnol. Je vais mourir, je vais mourir…

Ça me faisait chier. C'est bizarre, mais quand tu es dans

cette merde, si loin de chez toi, un Européen, c'est comme si c'était ton frère.

— Tu veux que je te fasse venir avec moi ?

— Oui, si tu peux.

Je suis allé voir le chef.

— OK, prends-le avec toi.

Et il a ajouté, les yeux malins :

— Tu sais, ce mec-là, il a volé 2 millions de dollars…

Sous-entendu, tu l'accueilles, on partage. Le mec s'est installé dans la cellule individuelle que j'occupais moyennant finances et j'ai vite vu qu'il n'avait plus une tune. Il est resté pas mal de temps, jusqu'à ce qu'il reprenne du tonus. Et pendant ce temps-là il m'a raconté son histoire.

Luis était là pour avoir volé un fourgon blindé en Espagne. Il avait commencé comme simple chauffeur de fourgon dans une grosse entreprise de sécurité. Puis, au bout de quelques années de loyaux services, on l'avait changé de service et promu garde du corps. Ça se passait très bien pour lui, le boulot était moins chiant et mieux payé. Mais, un jour, il s'est disputé avec le neveu du patron et en quelques jours ils l'ont rétrogradé et renvoyé au transport de fonds. Il a pris les glandes et s'est mis à picoler sévère. Et le soir, dans sa saoulerie, il ouvrait sa gueule au bar qu'il fréquentait.

— Je vais les faire marron, après vingt ans, comme un chien…

Et c'est finalement arrivé aux oreilles de mecs de l'ETA. Ils l'ont travaillé en douceur.

— Pourquoi tu ne t'en vas pas avec le camion ?

Et lui, bourré :

— Moi, mais je suis capable !

Et il s'est un peu avancé…

Sauf que, une fois clair, il ne la sentait plus. Mais ils l'ont tellement fait chier qu'à la fin il a accepté. Dans le camion, ils étaient trois : le chauffeur et deux mecs qui portaient la monnaie, dont lui. Quelques jours avant l'affaire, il a commencé à se plaindre d'être malade. Et le jour J, il a demandé au chauffeur d'intervertir les rôles, il était trop mal pour descendre. L'autre, c'était son ami, il a accepté. Et il s'est cassé au volant du camion avec des millions. À l'intérieur, il y avait notamment la paie des employés de l'aéroport de Madrid. Il n'a pas voulu y toucher et a laissé un mot :

— Je ne touche pas à l'argent des travailleurs !

Et il s'est mis en cavale avec près de 2 millions de dollars. Il s'est planqué chez un ami et a caché dans l'un des murs de cette maison près d'un demi-million. Il est resté là quelques mois en attendant que les *etarras* – qui avaient changé l'argent en dollars – lui trouvent des papiers et il s'est envolé pour le Brésil, plein de monnaie. Le mec avait trimé toute sa vie, il a foncé aux putes, joué les seigneurs et s'est acoquiné avec l'une d'elles. Et il a claqué son pognon. Il a donc appelé en Espagne une copine à lui. Et il lui a dit d'aller avec son mari à telle adresse, un ami lui remettrait 50 000 dollars. Lorsqu'ils sont arrivés, il les a embarqués au Paraguay, ils ont fait la fête, il a acheté des revolvers pour les épater et ils sont rentrés au Brésil. Mais entre-temps les tapins avaient dû se confier.

Les condés sont venus pour lui soutirer de la monnaie, ils ont fouillé son appartement et trouvé tous les articles de presse avec sa photo relatant l'histoire. Il s'était fait un book en souvenir. Avec l'histoire des 2 millions, les condés ont cru que c'était Noël. Ils l'ont embarqué avec son couple d'amis et lui ont filé une rouste, mais sévère, ils te l'ont ruiné... pensant que les millions étaient au Brésil. Le mec ne pouvait évidemment pas le leur donner, ce qu'il a tenté de leur expliquer. Ils ont fini par le croire. Ils lui ont pris ce qui lui restait des 50 000 et ont prévenu la police espagnole. Parce que la copine, elle, leur avait raconté où elle était allée chercher l'argent. Les condés espagnols y sont allés et ont trouvé le demi-million.

Le mec allait mieux et m'accompagnait partout. Notamment lorsque j'allais chercher mon linge dans le quartier des femmes. L'une d'elles, que j'avais rencontrée lors de mon premier séjour en allant voir Nine, s'en occupait. Et lui, quand il l'a vue :

— Oh ! comme elle est belle !

— Tu la veux ? Tu mets des sous ?

— Oh, je mets, je mets...

Il avait déjà reçu ses cartes postales, c'est comme ça qu'on nous envoyait l'argent, en les dédoublant, il avait donc de la monnaie.

J'ai appellé la fille et je lui ai proposé.

— Bien sûr que je veux, je m'occupe de tout.

Tu penses, les pauvres femmes n'avaient même pas un franc pour manger. Parce que la bouffe qu'ils te donnent, c'est de la merde. Alors trouver un pignouf comme ça et se prendre 50 dollars par jour ! Parfois, je payais pour aller à la télévision et on entendait des cris de bêtes sauvages... Je le voyais arriver avec les yeux exorbités, on aurait dit un sadique, il y passait toute sa monnaie. Après, il a changé de gonzesse, et puis encore et encore... Il en voulait toujours de nouvelles. Mais les filles ont fait un blocus par solidarité avec la première, qui n'était pas contente. Elles se sont concertées et...

— Grève !

Du coup, il s'est remis avec la première.

Finalement, il a été extradé quelques semaines plus tard. Lorsqu'il est arrivé à Madrid, c'était le roi, les travailleurs l'attendaient pour le fêter. Finalement, comme il n'avait attaqué personne, il n'a été condamné qu'à deux ans. Et, avec le temps déjà fait au Brésil, il n'est pas retourné en prison en Espagne.

Et moi je suis finalement retourné à la taule proche de Nine après que mes avocats aient gueulé. J'en avais marre de louper mes visites conjugales. Heureusement, je voyais Benoît. Ma fille Patricia avait entre-temps accouché elle aussi. Alors, lorsqu'elle visitait Nine avec son petit garçon d'un an, elles échangeaient les bébés. Patricia lui laissait son fils et prenait Benoît le temps de me rendre visite avec lui.

De retour près d'eux, je n'ai pas profité de Nine et du petit longtemps. Deux ou trois mois après, ils m'ont extradé vers les États-Unis.

J'aurais déjà pu m'évader, mais je ne voulais pas le faire avant de passer en appel. Je prenais tout sur moi, je pensais sortir Nine. Pourtant, tout était prêt. Nous devions partir dans la voiture du directeur. Le chauffeur devait nous faire monter dans le coffre puis nous faire sortir par la porte en payant les gardiens. L'appel, je ne l'ai jamais eu. Un matin, on m'a appelé, et je me suis retrouvé menotté. C'était le jour de notre anniversaire de mariage, nous devions le fêter ensemble. Elle m'attendait, elle avait une autorisation de parloir. Lorsqu'elle ne m'a pas vu, elle est allée voir la directrice, qui a appelé mon directeur.

— Ils l'ont emmené.

Les Brésiliens m'ont quand même laissé la voir à la *Federale* et le lendemain ils m'ont remis aux Américains dans le hall de l'aéroport de Rio. Les US marshals m'ont fait mettre à poil et enfiler une combinaison de taulard américain avant de me menotter les mains et les pieds et de relier les deux avec une chaîne. Ensuite, ils m'ont embarqué dans l'avion au milieu des autres passagers.

D'après la loi, j'aurais pu faire appel, puis ensuite aller en cassation et reculer mon extradition. Là, j'ai laissé ma femme toute seule avec le petit, qui venait d'avoir un an.

US Federal Penitentiary

Lorsque je suis arrivé à New York, avec les poignets qui avaient doublé à cause des chaînes, ils m'ont filé au mitard. Ce n'était pas West Street, mais une prison neuve. Je pensais à Nine et aux enfants, j'étais réellement au fond du gouffre. Et quelques jours après est arrivé le *case manager* en chef :

— Oh, Fiocconi, tu ne me reconnais pas ?

— Non…

— C'est grâce à toi qu'en trente ans de service je suis seulement *case manager* chef. J'étais en poste à l'étage d'où tu t'es évadé.

Les *case managers*, ce sont les types qui suivent ton dossier, s'occupent des transferts, etc. Et lui, normalement, aurait déjà dû être directeur adjoint.

Je me suis dit qu'il allait me ruiner et m'envoyer dans la pire des taules.

J'ai tenté d'argumenter :

— Je ne me suis pas fait la malle, j'ai vu des gens qui sortaient alors j'en ai profité…

Le procès devait se tenir quelques semaines après. Je devais passer pour corruption de fonctionnaires. Lorsque les juges brésiliens ont autorisé l'extradition, j'ai dit à mes avocats :

— Ne vous battez pas contre l'extradition parce qu'ils vont me la donner, mais bataillez pour le motif.

Depuis que nous avions été marron en Italie, je connaissais le système. Le juge m'a filé l'extradition pour terminer ma peine et pour corruption. Mais pas pour l'évasion ; au Brésil, ce n'est pas un délit. J'avais l'évasion en moins, restait la corruption. Mais moi je n'avais rien donné, c'étaient les autres. À New York, l'avocat commis d'office est venu me voir :

— Il faut collaborer, sinon ils vont vous donner quinze ans parce qu'ils savent.

— Écoutez, si vous êtes mon avocat et que vous m'incitez à collaborer, je ne veux plus vous voir.

Ce n'était plus un avocat que j'avais, mais un condé !

J'ai demandé à ma mère, Colette, de m'en trouver un nouveau.

Dans la foulée, on m'a appelé au palais. Là-bas, dans la grande salle où je poireautais avec d'autres prévenus, j'ai repéré un mec qui parlait espagnol, un chauve, sa voix me disait quelque chose. Je le regardais et lui aussi. Il est passé derrière pour aller aux toilettes et je lui ai dit:

— Excuse-moi, je te regarde, mais il me semble que je te connais.

— Moi aussi, t'es pas Charlot ?

— Si.

— Putain ! Tu ne me reconnais pas ? On s'est évadés ensemble !

C'était l'un des deux Cubains que j'avais emmenés avec moi de West Street. Je lui ai expliqué ma situation.

— Tranquille, je t'envoie notre avocat.

Il m'a donné son nom, j'étais tout content. Et lorsque je suis passé devant le juge…

— Je voudrais être représenté par Me Machin.

Deux jours après, le mec est venu me voir, c'était l'avocat de tous les mafiosi. Je lui ai expliqué :

— Le seul qui peut confirmer, c'est Mario.

Celui qui avait balancé tout le monde après s'être fait reprendre. Autant dire que c'était impossible.

Je pensais prendre dix piges, qu'ils allaient se venger pour l'évasion. L'avocat est revenu me voir.

— Le procureur m'a appelé…

Ça se passe comme ça, là-bas. Le proc marchande avec les avocats avant le procès, qui n'est qu'une formalité.

— Si tu plaides coupable, il te donne deux ans.

— Deux ans ! T'es fou, ah non, non, non !

— Et s'il confusionne avec ta peine ?

— Là je suis d'accord, sinon non.

Le lendemain :

— Le procureur est d'accord.

Je suis arrivé devant le juge, un Italien. Il voulait à tout prix que je dise qu'on avait tous ensemble discuté de donner des sous…

J'ai dit à l'avocat :

— Non, non, moi je ne parle pas anglais et je n'ai rien fait.

Il est allé voir le proc, qui lui a répondu :

— Qu'il dise seulement : *money, money*.

Le juge m'a demandé pourquoi je plaidais coupable ; c'est un peu du cinéma.

— Je plaide coupable parce que je ne connaissais pas le gardien… et je ne parle pas anglais, mais oui j'ai entendu dire : *money, money*.

Il a alors demandé les deux ans. Mon avocat :

— C'est bien, mais le parquet est d'accord pour la confusion.

Le juge s'est barré et à son retour :

— La confusion, je ne peux pas la lui donner, car il a déjà été confusionné des vingt-cinq et des quinze ans. À la place, je le condamne à six mois.

Le proc s'est levé pour protester. Le juge l'a envoyé chier :

— Il a déjà vingt-cinq ans de prison, pourquoi voulez-vous en rajouter ? Il ne faut tout de même pas exagérer.

En définitif, sur les six, je n'ai fait que quatre mois, car j'étais sous l'ancienne loi. On avait droit à un tiers de remise de peine. Je m'en suis sorti sans payer l'évasion.

Je suis resté un an au mitard, c'est le consulat qui m'en a fait sortir, sinon ils m'y laissaient. En fait, ce qui m'a le plus miné pendant tout ce temps, c'était d'avoir laissé ma femme en prison, comme ça, du jour au lendemain, sans préparation.

Après le mitard, ils m'ont envoyé quinze jours en population dans une autre prison, avant de me remettre au mitard… La taule était trop éloignée – et ils le savaient – pour que les services consulaires viennent me voir. Alors que je me morfondais à nouveau dans mon trou, un maton est venu me voir.

— Tu me reconnais ?

— Non…

— Mais moi je te connais. Je suis à ce poste (il n'était pas monté) par ta faute, à la suite de ton évasion.

Décidément… Lui, à l'époque, il était gardien au rez-de-chaussée.

Peu après, ils m'ont embarqué dans un avion de l'administration pénitentiaire ; elle en a toute une flotte. Des zincs qui ont été saisis aux narcos colombiens… Je pensais qu'ils me transféraient à Marion, dans l'Illinois. Mais ils m'ont fait descendre à Terre-Haute, dans l'Indiana. Quand j'ai vu le nom, ça m'a rassuré, je me suis dit : « Tiens, un vieux truc français… » Ça n'en avait que le nom. Le pénitencier de sécurité maximale construit dans les années 1940 était immense, avec, à chaque extrémité d'une grande avenue, les bâtiments de détention et un gymnase. Et au milieu quelques bâtiments administratifs, des tennis, le tout clôturé d'un grillage habillé de lames de rasoir pour garder les 1 500 prisonniers.

À mon arrivée, j'ai travaillé en usine parce que je pouvais

gagner cinq jours par mois. Je les avais automatiquement grâce à l'ancienne loi, sinon il faut que ce soit ton patron qui te propose. Et, pour toucher un meilleur salaire, il faut avoir le niveau *high school*. Je l'ai passé en espagnol, mais j'étais aussi doué en mathématiques. Le prof qui faisait passer l'examen m'a proposé de donner des cours de maths en espagnol.

— Non, à l'usine j'ai cinq jours.

— Je te les fais donner aussi ici.

— C'est sûr ?

— Sûr.

C'est là que j'ai rencontré Mister Nice, qui est devenu mon ami. Howard Marks avait été condamné à vingt ans de pénitencier pour un trafic de hasch. Dans son pays, la Grande-Bretagne, il avait été considéré comme le plus gros trafiquant de marijuana. Au milieu des années 1970, il s'était fait arrêter pour l'importation de 15 tonnes d'herbe colombienne, mais il avait finalement été acquitté. Howard n'était pas un voyou. Fils d'un capitaine de la marine marchande, ce grand échalas aux cheveux longs était diplômé d'Oxford. Les années 1970, son amour de la fumette et de l'aventure avaient fait le reste. À Terre-Haute, c'était un professeur de philosophie réputé, ce qui lui permettait de gagner trente jours tous les trois mois. D'amis, on est devenus collègues.

— Charlot, tu ne veux pas donner des cours de français ?

— Tu rigoles ?

— Ce sont des Américains, ils ne comprennent rien du tout.

Et j'ai profité du même régime que lui.

Mon patron, celui qui m'avait fait passer le certif, était super content. Je lui tenais la classe, personne ne foutait le bordel. Et tous les trois mois il me faisait de bons rapports pour la conditionnelle.

Avec Howard, après nos deux heures de cours, on jouait tous les jours au tennis. Au début, j'étais plus fort que lui. Je ne bougeais pas, je l'envoyais à droite, à gauche, et lui :

— Oh, *motherfucker* !

— Et à qui tu dis *motherfucker* ?

Ensuite, il en a pris de la graine et les rôles se sont inversés.

Comme à Atlanta, je passais mon temps sur les cinq terrains de tennis. Le week-end, on faisait des tournois et on sortait des paellas énormes des cuisines.

Howard, qui était calé en droit, servait d'avocat à tous les mafiosi. Et parfois aux Sud-Américains. Quand ils n'arrivaient pas à lui donner un dossier parce qu'il avait trop de travail, ils passaient par moi. Il s'est aussi occupé de mon dossier et m'a fait gagner les dix-huit mois que j'avais passés au Brésil.

Je partageais ma cellule avec un Colombien. On s'entendait super bien. Ce qui était à lui était à moi, et inversement. On a fait sept ans ensemble. Quatre ans à Terre-Haute et trois à White Deers, en Pennsylvanie. Parce qu'un jour…

— Vous allez être transféré.

La femme de Bush père avait visité les taules et moyennement apprécié les tournois de tennis. Pour les transferts, ils avaient sélectionné les mecs avec de bons dossiers. J'étais dedans malgré ma réputation d'évadé. Les évasions, c'est ce qu'ils craignent le plus aux États-Unis. Que les détenus s'entretuent, ils s'en foutent, mais si un mec cavale, ils sautent tous : le directeur, les matons, etc.

Mon *room mate* était d'accord pour être transféré avec moi. *Mr* Nice m'a dit oui, mais il n'a rien fait, il était trop bien. Il est sorti peu après au tiers de sa peine, après avoir fait sept ans. Depuis, nous nous sommes revus à l'extérieur. C'est devenu une célébrité en Angleterre, il anime même un show à la télé.

Lorsque j'ai quitté Terre-Haute après quatre années, ils étaient en train de construire le pavillon des condamnés à mort. La peine capitale venait d'être rétablie.

À chaque transfert entre deux prisons fédérales, les prisonniers devaient passer par un centre de triage situé à El Reno, dans l'Oklahoma, près d'un aéroport. Lorsque j'y suis arrivé, ils m'ont filé au mitard. Putain, encore ! Mon *room mate*, qui était parti avant moi, était déjà là. Le midi, au réfectoire, il a abordé le directeur, qui était l'ancien de Terre-Haute.

— Vous vous souvenez de Fiocconi ? Il est au mitard, vous pouvez le faire sortir ?

Le deuxième jour : paquetage et population. Et de là ils nous ont envoyés à White Deers pour quelques années.

L'ambiance était tendue mais, en « maximum sécurité », il n'y a pas de bagarre. Tu plantes un mec, il te plante. Au début, j'ai eu un problème. Un matin, à l'ouverture des portes, trois mecs sont entrés d'un seul coup dans ma cellule. L'un m'a mis un couteau sous la gorge, et ils m'ont fait ouvrir mon armoire. Ils m'ont tout pris. Mais j'en ai reconnu un et, quelques jours après, quand il prenait sa douche, je lui ai filé quelques coups de couteau. J'ai passé l'arme à un mec, l'autre était plein de sang et ils l'ont enlevé. Dès qu'un détenu recevait un coup de couteau, c'était automatique, il était transféré. Le mec n'a pas parlé. À partir de ce jour-là, ça a été un peu mieux.

Au départ, ils te piquent un petit peu. Et si tu fais « aïe », ils te repiquent un peu plus fort… À la première alerte, il faut réagir. C'est comme les gosses, ils testent tout le temps, c'est là que tu dois faire très attention. Tu ne dois pas te laisser faire, mais il ne faut pas non plus montrer que tu es plus fort qu'eux, sinon tu les menaces…

J'avais les Italiens avec moi, et pas mal de Sud-Américains. Parce que là-bas il faut que tu rentres dans les gangs, sinon t'es marron. Moi, je ne voulais rentrer nulle part.

C'est à White Deers que j'ai vu le mort le plus horrible de ma vie.

Un mec condamné deux fois à perpète a demandé un jour à deux types qui travaillaient à l'infirmerie de lui passer des seringues. Ce qu'ils ont refusé. Le mec était en pétard :

— Faites-vous mettre au mitard ou je vous tue.

L'un des deux l'a fait. Il a appelé le gardien, qui a tout

de suite compris. Mais l'autre est resté dans sa cellule. Et un matin, à 6 heures, le perpète s'y est pointé alors qu'il était couché. Il lui a filé un coup de lame mais l'a juste blessé. Le mec s'est réveillé et a réussi à cavaler hors de la cellule avec l'autre derrière lui, ses deux couteaux attachés aux poignets. Ils montaient les escaliers, les descendaient, jusqu'à ce que le poursuivi, blessé et paniqué, se casse la gueule, dévale les marches et s'affale devant ma cellule.

J'étais comme tout le monde sur le pas de la porte à les regarder. Dix secondes après, l'autre lui est tombé dessus avec ses deux couteaux et lui en a mis une centaine de coups devant mes yeux. Tellement il en donnait, lorsque le couteau rentrait dans le corps, ça faisait le bruit d'un débouche-évier. Le sang sortait de partout. Il l'a tué pour rien. Le mec s'en foutait, ça lui ferait trois condamnations à vie au lieu de deux…

Dans ces taules, il n'y avait que des grosses peines : cent ans, deux cent cinquante ans… J'en ai connu un, il avait six perpètes et trois cent cinquante ans, donnés par le même juge, qui devait être encore plus fou que lui. Avec de telles sentences, les gens s'en foutent, ils reconstituent une société à l'intérieur avec les gangs et comme les portes sont ouvertes toute la journée… C'est une vie infernale. Il y avait un mort presque toutes les semaines, un truc incroyable. Comme en Colombie ou au Brésil, il fallait toujours être armé.

En 1998, on a suivi la coupe du monde de football. Pas les « Américains », qui ne sont de toute façon pas très nombreux, mais les Italiens, les Sud-Américains, les Mexicains et moi, bien sûr. On pariait des cigarettes sur les matchs. Pour la finale, j'en avais tellement, je ne savais plus où les mettre. Je ne fume pas, j'en avais plein le cul d'en avoir autant, alors j'ai joué tout ce que j'avais en pensant que la France allait perdre. Et j'ai gagné…

Les cigarettes et les timbres, ce sont la monnaie. C'est pour ça que les cigarettes étaient limitées à trois ou quatre cartons. Ceux qui ne fumaient pas gardaient les cartons des autres. Dans les prisons américaines, les détenus cantinent tout ce qu'ils veulent, comme au supermarché. Ils font de l'argent avec ce système. Ce qu'ils te paient dans les ateliers, ils te le reprennent au magasin, qui est ouvert tous les jours. À l'intérieur, il y avait de tout : des survêtements, des radios, des glaces une fois par semaine, etc. Ils te faisaient une facture et c'était immédiatement débité de ton pécule. C'est là aussi que tu créditais ton compte téléphonique. Une fois dans la cabine, tu tapais ton code et ils te donnaient ton solde. Avec ma femme, on a tenu comme ça, grâce au téléphone. On s'appelait le plus souvent possible.

Lors d'un de mes coups de fil, je lui ai parlé des Cubains qui croupissaient là. Ils étaient enfermés depuis dix-sept ans alors qu'ils n'avaient commis que de petits délits. Ces mecs étaient arrivés aux États-Unis au début des années 1980, lorsque Fidel, sous couvert d'un geste humanitaire, avait vidé ses prisons. Ils avaient pris des deux ou trois ans et devaient être expulsés à l'issue de leur peine, mais, comme ils ne pouvaient les renvoyer à Cuba, ils les gardaient là…

Par l'intermédiaire de Nine, je voulais les marier avec des Brésiliennes pour qu'ils puissent s'en aller. Je n'en ai pas eu le temps.

Au bout de deux ans, mon *case manager* m'a informé que j'allais changer de statut et passer en *medium security*. Ils te bougent de catégorie selon un système de points. Dans l'enceinte de White Deers, il y avait deux prisons : l'une *maximum security* et l'autre, qui regroupait *medium* et *low*.

J'aurais préféré rester *maximum*, tout le monde te respectait là-bas, alors qu'en *medium* il faut se battre toutes les cinq minutes.

Quelques jours avant qu'on ne me transfère, un mec est venu me voir :

— Ils vont te tomber dessus, Charlot.

— Pourquoi ?

— Parce qu'ils savent que tu vas terminer et que, s'ils viennent, tu vas éviter d'avoir un accroc pour ne pas rester plus longtemps. Ils profitent de l'occasion.

Lorsque j'ai entendu ça, j'ai voulu récupérer mon couteau. Jusque-là, il était caché dans ma fenêtre, mais je l'avais filé à un ami.

Tous les jours, je faisais des poids et des haltères avec des Noirs de Chicago, avec qui j'étais devenu très ami. Ils faisaient marron le petit *Frenchy* parce qu'ils avaient des bras énormes, mais je les battais aux jambes. L'un d'eux m'avait filé un coup de main.

— Enlève ton couteau de ta cache, parce que, s'ils le trouvent, ils te mettent quatre ans de plus. Tu me le donnes et quand tu en as besoin je te le passe.

Je l'ai sorti, je lui ai donné et j'ai eu un pot terrible. Quelque temps après, les gardiens ont organisé une grande fouille. Pendant toutes ces années, je n'avais jamais été marron de cette planque et là une gardienne est tombée dessus. Bien que vide, elle a vu que c'était une cache :

— Là, il y a eu un couteau !

— Madame, il y en a peut-être eu un, mais la cellule, je ne suis pas le seul à l'avoir occupée ! Alors vous allez me faire porter le chapeau ? Est-ce que vous avez trouvé un couteau ?

Je m'en suis sorti comme ça.

Après la mise en garde du mec, donc, je suis allé voir un ami de celui à qui j'avais filé la lame.

— Dis lui qu'il me rende mon couteau.

L'autre y est allé :

— Le *Frenchy* veut son couteau.

— Pourquoi ? Il a un problème ?

L'autre a commencé par nier puis finalement il s'est affalé et a expliqué la situation :

— Il paraît que ce sont des Noirs.

Le mec qui me le gardait, c'était le chef des Noirs de Chicago. Mais, le temps qu'il vienne me voir, l'information s'était propagée. Le chef des musulmans, avec qui j'étais ami – il avait étudié en France et nous parlions français – est allé voir tous les musulmans du bâtiment.

— Celui-là, il ne faut pas le toucher. Il ne peut pas se battre, soyez toujours autour.

Pareils pour les Italiens, avec qui j'étais très bien pour avoir travaillé avec eux, et avec les Colombiens, qui étaient mes « pays ». Comme les mecs qui voulaient m'attaquer, c'étaient deux Noirs, le boss de Chicago a passé ses consignes :

— Je veux savoir qui c'est avant ce soir, et s'il arrive un truc au *Frenchy*...

En fait, c'étaient des Cubains qui n'avaient pas trop les couilles de le faire qui voulaient m'envoyer deux Noirs me prendre le peu que j'avais. Mais quand ils ont vu ça...

J'ai été le premier surpris. Lorsqu'ils sont venus me voir les uns après les autres... je ne pensais pas avoir autant d'appuis. J'avais mis la taule en émoi pour cette histoire. Alors que j'avais seulement demandé mon couteau !

Je me suis sauvé de celle-là et j'ai été transféré en *medium security*.

Un an après, j'ai été libéré. C'était en juin 2000. Ils m'ont transféré de *White Deers* à l'aéroport de New York, où j'ai attendu des heures dans le fourgon cellulaire qui m'avait amené. Nous étions en juin, il faisait très chaud, j'ai fini par gueuler :

— J'étouffe, faites-moi sortir !

Personne n'a répondu...

— Putain, je vais pas me casser, je suis libéré !

Les matons, qui n'ont rien voulu savoir, m'ont fait sortir à la dernière minute pour monter dans l'avion. Ils ont filé mes papiers à l'équipage et m'ont laissé. Je me suis assis parmi les autres passagers, j'étais libre. J'allais retrouver la France où je n'avais pas remis les pieds depuis trente ans, et surtout ma famille, mais j'avais le trac. Ma condamnation à quinze ans dans l'affaire du *Caprice des Temps* avait beau être prescrite, je me méfiais un peu…

À l'aéroport de Nice, les condés m'attendaient à la sortie de l'avion. Simple formalité. Le temps de vérifier mes papiers et de me faire un mot pour les douanes et ils m'ont lâché. Cinq minutes après, le cœur à 100 à l'heure, j'ai retrouvé Nine, radieuse et heureuse. Elle était accompagnée de Benoît, qui avait maintenant 12 ans, de ma mère, Colette, et de Julia, la femme de Jean-Claude. Une joie indescriptible ! Dans les jours qui ont suivi, j'ai serré dans mes bras mes trois autres fils avec le même bonheur. Et pour Nine et les enfants, qui avaient toujours compté plus que tout, j'ai décidé de déposer les outils.

Nous avons habité un an et demi à Toulon, avant de nous installer tous ensemble au village à Pietralba, dans la maison de ma grand-mère. Pendant toutes ces années d'exil, j'y avais beaucoup pensé. Mais je n'ai pas retrouvé le village que j'avais laissé. La mentalité avait complètement changé. La Corse aussi.

En 2003, alors que j'étais détenu à la maison d'arrêt de Borgo, en Corse, pour une affaire de 300 kilos qu'ils voulaient à tout prix me mettre sur le dos, Nine m'a rendu visite. Le matin même, elle avait été convoquée au commissariat de Bastia. Sur la route, évidemment, elle s'était fait du mauvais sang et, en arrivant, les paroles du condé, venu exprès du continent, ne l'ont pas rassurée.

— Votre mari est accusé d'avoir attaqué la gendarmerie des Sables-d'Olonne. Il a été formellement reconnu sur photographie.

— Sur quelle photographie ?

— Regardez, ça, c'est pas votre mari ?

— Non, je ne le reconnais pas, ce n'est pas mon mari.

— Comment ça, c'est pas votre mari ?

— Monsieur, mon mari a 62 ans et je ne l'ai jamais connu comme ça. Sur votre photo, il doit en avoir 25…

Le mec a eu l'air très surpris. Après s'être concerté avec ses collègues, il a sorti les photos de moi qu'ils avaient pris quelques mois avant. Et, à partir de là, ils ont été plus souriants…

— Bon, de toute façon, on va aller voir votre mari cet après-midi.

Ce que Nine m'a expliqué lorsqu'elle est venue au parloir en sortant du commissariat.

Effectivement, vers 14 heures, on m'a appelé. Lorsque je suis arrivé, deux condés m'attendaient. Ils étaient venus en Corse spécialement pour m'entendre. Et tant qu'à être là, ils jouaient le jeu.

— Monsieur Fiocconi, vous êtes accusé de…

Et, toujours courtois, ils m'ont présenté la fameuse photo :

— C'est pas vous ?

— Si, c'est moi ! Mais il y a quarante piges…

— Pourtant la gendarmette te reconnaît formellement. Et je vais même te dire mieux, Fiocconi : quand elle t'a vu, elle s'est mise à trembler comme une feuille et à crier « C'est lui ! c'est lui, c'est lui ! ».

Un an avant, les gendarmes avaient trouvé, abandonnés sur une plage près des Sables-d'Olonne, des ballots contenant 330 kilos de coke ! Un de leurs collègues en retraite avait vu des mecs débarquer des sacs d'une vedette échouée. Et, trois jours après, un commando avait attaqué la gendarmerie des Sables pour récupérer la marchandise. Pour rien. Entre-temps, elle avait été transférée en lieu sûr. Mais personne n'avait été arrêté. La gendarmette, elle, m'avait reconnu à la télévision un an après. Faute de cliché récent, ils avaient diffusé une vieille photo pour commenter mon arrestation dans l'affaire de coke pour laquelle j'étais incarcéré.

En 2003, les condés avaient saisi 323 kilos dans un container à Nice. La marchandise colombienne avait transité par l'Équateur puis le port de Marseille avant d'être stockée à Nice, où des acheteurs anglais devaient la récupérer.

On m'avait pris en photo avec des mecs du port de

Marseille, et je téléphonais en Colombie. Personne ne m'accusait et les Anglais ne me connaissaient pas. Depuis j'étais incarcéré. Le flic a poursuivi son interrogatoire :

— Les braqueurs de la gendarmerie étaient cagoulés, sauf un. D'après elle, ce serait vous. Vous parlez espagnol ?

— Bien sûr.

— Elle a également déclaré que le braqueur parlait espagnol, mais avec un accent français… Bon, de toute façon, on voit bien que ce n'est pas vous.

Oui, sauf que personne n'avait pris la peine de vérifier avant de se déplacer en Corse… Et si j'avais eu trente ans de moins on me faisait payer le coup.

Je l'ai dit au juge qui instruisait l'affaire de Nice, pour laquelle j'ai été là aussi innocenté. Sur 33 personnes arrêtées, je suis même le seul à avoir fait deux ans.

— Dès que ça dépasse 300 kilos, c'est Fiocconi !

Il s'est mis à rigoler…

CET OUVRAGE A ÉTÉ ACHEVÉ D'IMPRIMER SUR ROTO-PAGE
PAR L'IMPRIMERIE FLOCH À MAYENNE EN OCTOBRE 2009
DÉPÔT LÉGAL : NOVEMBRE 2009. N° D'IMPRESSION : 74870
Imprimé en France